W0065820

Luca Rohleder

Die Liebe
empathischer Menschen

Die Gratwanderung zwischen wahrer Liebe
und seelischen Verletzungen

dielus edition
Bücher für ein besseres Leben

Die Liebe empathischer Menschen, Luca Rohleder
© 2017 dielus edition Leipzig, Impressum siehe: www.dielus.com
Alle Rechte vorbehalten.

Dieses Buch wird durch einen unabhängigen Kleinverlag herausgegeben. Es wird versichert, dass keine Beteiligungen durch internationale Investorengruppen, Großverlage oder sonstige Konzerne bestehen. Der Inhalt dieses Ratgebers folgt ausschließlich freigeistigen und fachlich orientierten Gesichtspunkten.

Des Weiteren ist dieses Werk urheberrechtlich geschützt. Dadurch begründete Rechte, insbesondere der Übersetzung, des Nachdrucks, des Vortrags, der Entnahme von Abbildungen und Tabellen, der Funksendung, der Mikroverfilmung oder der Vervielfältigung auf anderen Wegen und der Speicherung in Datenverarbeitungsanlagen, bleiben, auch bei nur auszugsweiser Verwertung, vorbehalten. Vervielfältigungen des Werkes oder von Teilen des Werkes sind auch im Einzelfall nur in den Grenzen der gesetzlichen Bestimmungen des Urheberrechtsgesetzes in der jeweils geltenden Fassung zulässig. Sie sind grundsätzlich vergütungspflichtig.

Lektorat/Korrektorat: Ina von Brunn, www.lektorat-von-brunn.de
Umschlaggestaltung: dielus
Umschlagabbildung: ©iStock.com/Makhnach_M
Printed in Germany

ISBN 978-3-9817975-8-9

Bibliografische Information der Deutschen Nationalbibliothek: Die Deutsche Nationalbibliothek verzeichnet diese Publikation in der Deutschen Nationalbibliografie; detaillierte bibliografische Daten sind im Internet über http://dnb.dnb.de abrufbar.

Inhaltsverzeichnis

Es könnte unbequem werden ...

▪▪

Dieses Buch bezieht sich auf empathisch veranlagte Menschen. Es wird sich zeigen, dass genau diese empathische Begabung dafür verantwortlich ist, dass das Liebesleben einige Besonderheiten für diese Zielgruppe bereithält. Dabei gilt: Je größer das empathische Talent ausgeprägt ist, umso extremer werden auch die Auswirkungen der empathischen Liebesprinzipien ausfallen.

Allerdings gibt es keinen klar definierten Grad der Empathie. Die Übergänge sind schleichend. Manche Menschen sind dahingehend außergewöhnlich stark veranlagt, andere in einer herkömmlichen Weise. Da ich aus der Ferne den Level der Empathie nicht bewerten kann, muss ich also einen Spagat machen. Schließlich soll die komplette Bandbreite bezüglich der jeweiligen empathischen Fähigkeiten angesprochen werden. Damit sind mit diesem Buch natürlich auch hochsensible Personen angesprochen. Falls Ihnen dieser Begriff nichts sagt, Hochsensibilität ist nichts anderes als eine Extremform der Empathie.

Nichtsdestotrotz werde ich alle Leser mit „empathische Menschen" (Kürzel: „EM") ansprechen, unabhängig davon, ob sie mit Hochsensibilität gesegnet sind oder ob sie eine übliche Ausprägung der Empathie besitzen. Sie müssen lediglich darauf achten, manche meiner Ausführungen ein wenig zu relativieren. Sie haben also meine Worte in Bezug zu Ihrer persönlichen Ausprägung der Empathie abzuwägen. Manchmal müssen Sie einige Schlussfolgerungen in Ihrer persönlichen Situation etwas abschwächen, das andere Mal müssen Sie diese in der Bedeutung etwas verstärken. Aber keine Sorge, die grundsätzlichen Prinzipien der empathischen Liebe werden unverändert bleiben.

Des Weiteren werde ich darauf verzichten, die männliche und weibliche Anrede konsequent durch das ganze Buch hindurch beizubehalten. Das würde den harmonischen Lesefluss zu sehr reduzieren, schließlich geht es bei Ausführungen über die Liebe permanent um die männliche und weibliche Form. Weniger Unterscheidungen zu machen, hat im Übrigen auch den Vorteil, dass insbesondere homosexuelle Leser nicht dauernd umdenken müssen. Wenn ich also beispielsweise den Begriff „Partner" verwende, dann meine ich beide Geschlechter.

Grundsätzlich beruht dieses Werk auf meiner über 25-jährigen Erfahrung als hochsensibler Coach und Berater. Ich habe mittlerweile meine zweite Lebenshälfte erreicht und kann sicher auf viele Tausende von Gesprächen und Seminarteilnehmern zurückblicken. Meine Beratungsschwerpunkte waren im Laufe der Jahre recht unterschiedlich und befassten sich eigentlich nie mit dem Thema Liebe. Es war jedoch immer ein ganz bestimmtes Phänomen zu beobachten: Unabhängig davon, welche Beratungsthemen im Vorfeld vereinbart wurden, es lief ungewöhnlich oft auf die Liebe hinaus. Schnell kam der Ehealltag und so manches Liebesdrama auf den Tisch. Ebenso Themen wie Scheidung, Betrugstragödien, Rosenkriege usw.

Wenn Sie sich als Hochsensibler über zwanzig Jahre mit Menschen über höchst existenzielle Themen unterhalten, sammeln Sie ein enormes Wissen über Lebensumstände an, die mit der Liebe eng verwoben sind.

Darüber hinaus bringe ich natürlich auch meine persönlichen Lebenserfahrungen mit ein. Scheinbar steht mein gesamtes Leben unter dem Stern der Liebe. Mir fallen manchmal keine Erlebnisse mehr ein, die ich in der Liebe nicht machen musste, durfte oder konnte. Neben unbeschreiblichen Glücksgefühlen durfte ich aber auch viele Irrwege und Umwege gehen. Sicher musste ich auch einige schwere seelische Verletzungen hinnehmen.

Im Nachhinein stellte sich jedoch immer heraus, dass alles seinen Sinn hatte. Schließlich führte die Summe all dieser unterschiedlichen Blickwinkel, Erfahrungen und Lebenssituationen dazu, dass sich mir die Geheimnisse der Liebe lüfteten und letztendlich in dieses Buch mündeten. Dabei gibt es allerdings einen kleinen Haken.

Die Liebe stellt sich in der Realität oft nicht so dar, wie wir das aus Hollywoodfilmen oder aus Liebesromanen gewohnt sind. Es gibt auch eine unangenehme, nüchterne Seite der Liebe. Das werde ich Ihnen natürlich nicht vorenthalten. Es könnte also manchmal etwas unbequem für Sie werden. Ihre Fähigkeiten zur Einsicht und Selbsterkenntnis sind in diesem Buch sicher gefordert.

Ich werde an manchen Stellen sogar ziemlich direkt unbequeme Wahrheiten ansprechen, da die Liebe speziell für empathische Menschen nicht immer nur das größte Glück auf Erden bedeutet. Insbesondere unglückliche Liebesbeziehungen können bei der empathischen Zielgruppe großes Leid auslösen. Dies kann so weit gehen, dass der Alltag nicht mehr zu meistern ist und sogar psychische Einschränkungen die Folge sind. Schließlich tragen empathisch veranlagte Personen eine hohe Verletzlichkeit in sich.

Infolgedessen wird dieses Buch die Liebe nicht sentimental verklärt beschreiben, sondern vor allem auch die Kehrseite der Medaille zum Inhalt haben.

Ich habe lange überlegt, ob es unbedingt notwendig ist, unbequeme Wahrheiten auszusprechen. Zumal mir sehr bewusst ist, dass besonders diejenigen ziemlich feinfühlig reagieren könnten, die sich gerade in einer schwierigen Lebenskonstellation befinden, in einer Liebestragödie feststecken oder ein altes Liebestrauma nicht überwinden können. In solchen Lebenssituationen ist es sicher nicht angenehm, sich realitätsnahen Einsichten zu widmen.

Muss da wirklich jemand kommen und Klartext reden? Ausgerechnet bei einem solchen hochemotionalen Thema? Ist das unbedingt notwendig? Wäre es nicht schöner, unsere Träume über die Liebe unberührt zu lassen, sodass wir weiter hoffen können?

Sicher bietet die Liebe höchstmögliche romantische Erlebnisse. Aber dennoch kann uns die Liebe auf gefährliche Weise schwere seelische Verletzungen zufügen. Es ist infolgedessen zu wichtig für unser Leben, dass wir mit der Liebe keinen Schiffbruch erleiden, sondern auch Realitäten ins Auge sehen. Schließlich beeinflusst nichts unsere Lebensqualität mehr als unsere Liebesbeziehungen.

Damit ist das Ziel klar benannt. Ich werde Ihnen selbstverständlich durch diesen Ratgeber auch vermitteln, wie Sie phantastische Liebeserlebnisse mehren können. In der Hauptsache wird es aber darum gehen, die furchtbaren Momente der Liebe endgültig aus Ihrem Leben zu verbannen.

Ich werde Ihnen dazu einen persönlichen Wachstumsprozess vorschlagen, der aus verschiedenen Lebensphasen besteht. Schritt für Schritt werden Sie nicht nur erleben, wie Sie sich mehr und mehr vor seelischen Verletzungen schützen, sondern auch, wie Sie noch mehr Liebe in Ihr Leben tragen können.

Machen Sie sich also auf den Weg, es lohnt sich. Ich lade Sie ein, mit mir gemeinsam eines der größten Geheimnisse des menschlichen Daseins zu erkunden.

Luca Rohleder

1

Die prägende Phase

■■

Erst durch die Betrachtung unterschiedlicher Lebensphasen werden Ihnen die erstaunlichen Parallelen bei der Liebe von empathisch veranlagten Menschen sichtbar. Wir beginnen hier mit der allerersten Phase Ihres Lebens – der „prägenden Phase". Es geht um den Zeitpunkt, als Sie das Licht der Welt erblickten. Was ist da wohl passiert, damit Sie im Laufe Ihres Erwachsenenlebens diese beneidenswerte Fähigkeit der Empathie entwickeln konnten?

Bei *Wikipedia* ist folgende Definition für die Empathie zu finden. Obwohl mittlerweile noch viel weitreichendere Beschreibungen und Interpretationen in der Fachwelt vorzufinden sind, ist die folgende Begriffserklärung zumindest für unsere Zwecke völlig ausreichend:

> „Empathie bezeichnet die Fähigkeit und Bereitschaft, Empfindungen, Gedanken, Emotionen, Motive und Persönlichkeitsmerkmale einer anderen Person zu erkennen und zu verstehen. Zur Empathie wird gemeinhin auch die Fähigkeit zu angemessenen Reaktionen auf Gefühle anderer Menschen wie zum Beispiel Mitleid, Trauer, Schmerz und Hilfsbereitschaft aus Mitgefühl gezählt."

Empathen besitzen also die Charaktereigenschaft, das Wesen anderer Menschen intensiv wahrzunehmen. Man könnte sie auch Empfängertypen nennen. Ihre Antennen sind derart ausgeprägt, dass auf ihr Nervensystem permanent Informationen über Umwelt und Umfeld einprasseln. Beginnen wir nun mit der Ursachenforschung.

Ihre Prägung zur Empathie beginnt im Bauch Ihrer Mutter.

Was ab diesem Zeitpunkt in Sachen Gehirnentwicklung und ganz besonders Charakterprägung passiert, da streiten sich noch die Geister bzw. Gelehrten.

Fakt ist, das neuronale Netzwerk Ihres Gehirns ist zum Zeitpunkt der Geburt noch nicht endgültig verknüpft. Und genau an dieser Stelle müssen wir beginnen, um in die Gabe der Empathie etwas mehr Licht zu bringen. Da es aber auch hier, wie bei allen Themen der Psychologie und Neurologie, fast unendlich viele Thesen gibt und sich die Experten erfahrungsgemäß eher streiten, als sich auf einen gemeinsamen Nenner zu einigen, ist es für Sie erst einmal wichtig zu erfahren, welchen Grundannahmen dieses Buch folgt.

Damit liegen ein paar wenige Seiten etwas trockener Definitionsarbeit vor uns. Dies ist aber sehr wichtig, damit Sie und ich in diesem Buch die gleiche Sprache sprechen. Aber keine Sorge, danach geht der Text schnell in das Thema Liebe über.

1.1 Die zugrunde liegenden Thesen

Ich stelle Ihnen zunächst ein psychologisches Erklärungsmodell vor. Es wird die Grundlage für alle weiteren Ausführungen innerhalb des gesamten Buchs über die Liebe sein.

Dieses Erklärungsmodell habe ich im Jahr 2015 speziell für Hochsensible neu entwickelt und publiziert. Da das Wesensmerkmal der Hochsensibilität den gleichen qualitativen Prinzipien, wie es die der Empathie sind, folgt, ist es mehr als naheliegend, dieses Modell weiter zu verwenden. Die einzige Änderung, die ich vorgenommen habe, ist, auf die Erklärung hochsensibler Extreme zu verzichten. Das Modell passt dadurch grundsätzlich auf alle empathischen Menschen.

Mein „Drei-Ich-Modell nach Rohleder©" baut zunächst auf der Annahme auf, dass Ihr Ego aus mehreren *ICH*s besteht. Eines ist dabei dem Inneren Kind gleichzusetzen.

Das ist zunächst nichts Neues: Die Philosophie des Inneren Kindes gehört ursprünglich zu einer Betrachtungsweise innerer Erlebniswelten, die durch Bücher von *John Bradshaw (*1933 – †2016)* sowie *Erika Chopich/Margaret Paul* bekannt wurden. Zusätzlich ist das Innere Kind aus der Transaktionsanalyse bekannt, die Mitte des 20. Jahrhunderts durch den amerikanischen Psychiater *Eric Berne (*1910 – †1970)* begründet wurde.

Das Innere Kind bezeichnet und symbolisiert die im Gehirn gespeicherten Gefühle, Erinnerungen und Erfahrungen aus der eigenen Kindheit. Hierzu gehört das ganze Spektrum intensiver Gefühle wie unbändige Freude, Glück, Traurigkeit, Neugierde, Wut etc.

Das Innere Kind umfasst alles innerhalb des Bereiches von Sein, Fühlen und Erleben, was speziellen Gehirnarealen zugeordnet wird. Zusätzlich taucht ein zweites *ICH* auf. Es wird dabei modellhaft angenommen, dass das Ego noch ein beobachtendes, reflektierendes inneres *ERWACHSENEN-ICH* enthält.

Es existiert jedoch auch noch die Gedankenwelt der Psychoanalyse von *Sigmund Freud*. In seiner Metapsychologie („*Das Ich und das Es*" – *1923*) unterscheidet *Freud* nicht zwei, sondern drei „Instanzen" des psychischen Apparats: Das ES (unser Inneres Kind), die naturnahe Triebinstanz, das ICH (unser Erwachsenen-Ich) und das Über-Ich. Ich werde dieser Dreiteilung folgen und ebenso ein weiteres *ICH* einführen. Es wird von mir allerdings nicht als „Über-Ich", sondern als *HÖHERES-ICH* bezeichnet.

Darüber hinaus werde ich das „Innere Kind" durch den Begriff *NEUGEBORENEN-ICH* ersetzen. Die Begründung für diese Namensänderung liefere ich Ihnen in den nächsten Kapiteln nach. In der Summe besteht also das „Drei-Ich-Modell nach Rohleder©" für EM aus folgenden drei Anteilen:

1. Neugeborenen-Ich

2. Erwachsenen-Ich

3. Höheres-Ich

Im Übrigen bauen unzählige andere Publikationen und Theorien über das menschliche Wesen ebenso auf ein „Über-Ich" bzw. auf ein *HÖHERES-ICH* auf. Dabei wird es oft als unser *SELBST* bezeichnet. Dieser Begriff wird uns zum Ende dieses Werks noch näher beschäftigen. Zunächst weiter mit den zugrunde liegenden Thesen dieses Buchs. Beginnen wir mit der näheren Erläuterung Ihres ersten *ICH*s.

1.1.1 Neugeborenen-Ich (NI)

Es wird sich herausstellen, dass Sie kein typisches Inneres Kind in sich tragen. Vielmehr wird es Merkmale aufweisen, die eher einem Neugeborenen zugeschrieben werden. Um dies anschaulich herleiten zu können, beginne ich zunächst mit der Beschreibung der traditionellen Philosophie. Schauen wir uns erst einmal an, welche grundlegenden Bedürfnisse Kinder haben:

- Kinder möchten spielen, toben und Spaß haben.
- Kinder möchten lernen und erleben.
- Kinder möchten sozial eingebunden sein, Freunde finden und geliebt werden.
- Kinder möchten beschützt und versorgt sein.

In der Regel sind die Kindheit und Jugend die schönsten Phasen des Lebens. Dennoch werden die meisten Menschen früher oder später gezwungen sein, sich einem Erwachsenenleben zu stellen.

Sätestens, wenn die Gründung einer Familie ansteht, sind neue Herausforderungen der Persönlichkeitsentwicklung zu meistern. Die Realität klopft praktisch an die Tür. Die Elternpflicht ruft und neue Aufgaben bestimmen nun den Alltag. Was Menschen als Kind (hoffentlich) erhal-

ten haben, müssen sie jetzt als Erwachsene ihren Nachkommen zurück-
geben:

- Erwachsene schaffen für ihre Kinder Spielmöglichkeiten, Abwechslung und freudige Erlebnisse.
- Erwachsene schicken sie zur Schule, lehren und erziehen sie.
- Erwachsene geben ihren Kindern Liebe und sorgen für soziale Einbindung.
- Erwachsene bieten Kindern Struktur, Halt, Schutz sowie räumliche und finanzielle Sicherheit.

Die Aktivitätsrichtung hat sich verkehrt. An die Stelle des Nehmens tritt nun das Geben. Diese elementaren Entwicklungsprinzipien betreffen praktisch jeden heranwachsenden Menschen. Die kindliche Persönlich-keit wird aber nicht einfach ausgetauscht, sondern lediglich ergänzt. So bleibt ein Stück Kindheit als Bestandteil eines jeden Menschen immer erhalten. Dies offenbart sich darin, dass auch Erwachsene typische Be-dürfnisse von Kindern in sich tragen. Sie werden ab einem bestimmten Lebensalter nur anders bezeichnet:

- Erwachsene wollen Neues erfahren, Experimente durchführen oder Abenteuer erleben (spielen, Spaß haben).
- Erwachsene erlernen einen Beruf, bilden sich fort und machen Lebenserfahrungen (lernen und erleben).
- Erwachsene gehen Freundschaften und Partnerschaften ein oder heiraten (Liebe und soziale Einbindung).
- Erwachsene schaffen Wohnraum, verdienen Geld und sorgen für finanzielle Reserven (Schutz und Sicherheit).

Das heißt, wenn Sie das Wesen und die Bedürfnisse von Kindern allge-mein beschreiben und diese in die Erwachsenensprache übertragen, erhalten Sie gleichzeitig die Definition des Inneren Kindes. Dieses erste *ICH* Ihres Egos entspricht Ihren emotionalen Grundbedürfnissen. Das Innere Kind repräsentiert damit die komplette Bandbreite Ihrer Gefühle.

Diese Philosophie passt jedoch nicht ganz zu empathischen Men-schen. Speziell in Ihrem Fall wird sich zeigen, dass nicht das Beschreiben von herkömmlichen Kindern zu Ihrem spezifischen emotionalen Naturell führen wird, sondern die Untersuchung eines solchen Kindes, das sich noch in der Lebensphase kurz nach der Geburt befindet. Es werden grundsätzliche Bedürfnisse von Babys sein, die Licht in die geheimnisvolle Welt der Empathie bringen werden.

Ihr Inneres Kind ähnelt eher einem Inneren Baby.

Es wird sich im Weiteren herausstellen, dass besonders Empathen über subtile Erinnerungen an eine Zeit verfügen, als sie noch im Paradies des Mutterleibs verweilten. Dies könnte auch die Erklärung dafür sein, dass besonders Hochsensible noch heute gebärmutterähnliche Bedingungen in ihrem Erwachsenenalltag nachstellen möchten. Beispielsweise, wenn sie eingepackt in einer warmen Kuscheldecke gemütlich auf einem weichen Sofa sitzen und sich ungestört kulinarische Leckereien gönnen. Vielleicht in einem harmonisch eingerichteten Wohnraum, der ihnen das Gefühl der Ruhe und Abgeschiedenheit vermittelt. Eventuell lieben sie es aber auch, beim Einschlafen die typische Position eines Fötus im Mutterleib nachzustellen. Oder sie mögen die Löffelstellung, wenn ihr Partner sie zärtlich mit seinen Armen umschließt und ihnen so das Gefühl des Schutzes oder der Geborgenheit einer Gebärmutter vermittelt.

Dass Sie niemals über ein herkömmliches Inneres Kind verfügten, zeigte Ihnen wahrscheinlich der Alltag, mit dem Sie als Heranwachsende/r konfrontiert wurden. Es ließ Sie nie das Gefühl los, dass Sie für diese grobe Realität nicht ausreichend gerüstet sind. Obwohl Sie von Gleichaltrigen umgeben waren, hatten Sie schon damals den Eindruck, kleiner, verletzlicher oder ganz einfach anders zu sein. Vielleicht bestand Ihre Kindheit sogar nur aus Flucht vor Grobheiten und schlechten Manieren Ihres Umfelds.

Falls auch Sie von beschwerlichen Umständen aufgrund Ihrer Empathie betroffen gewesen sein sollten, dürfen Sie sich aber nicht von Ihrem Schicksal betrogen fühlen. Es steckt tatsächlich eine tiefere Bedeutung dahinter.

Ausschließlich die Tatsache, anstelle eines gewöhnlichen Inneren Kindes ein praktisch hilfloses *NEUGEBORENEN-ICH* in sich zu tragen, ist die elementare Voraussetzung, damit Ihr entscheidendes Wesensmerkmal der Empathie entstehen konnte.

Bevor wir das näher untersuchen, steht jedoch erst einmal die Beschreibung Ihres zweiten *ICH*s an. Dieses werden Sie wahrscheinlich am besten von den drei Instanzen Ihrer Psyche kennen. Es ist nämlich gerade dabei, diese Zeilen zu lesen.

1.1.2 Erwachsenen-Ich (EI)

Der zweite Teil Ihrer Persönlichkeit entspricht praktisch Ihrem Intellekt. Sie können ihn auch als Ihren Verstand bzw. weite Teile Ihres Großhirns bezeichnen.

Ihr *ERWACHSENEN-ICH* (EI) ist manchmal schwierig von Ihrem *NEUGEBORENENEN-ICH* abgrenzbar. In Ihrem Kopf kommen schließlich auch alle Gefühle an, die Sie erleben (Freude, Verwunderung, Trauer, Wut, Angst etc.). Ihr Gehirn ist demnach einem ziemlich diffusen Brei von Gefühlen, Reizen und Informationen ausgesetzt. Dennoch können Sie sich Ihr *ERWACHSENEN-ICH* so vorstellen, dass es aus den Prinzipien Erkennen, Verarbeiten und Handeln besteht. Alles, was mit dem Verarbeitungsprozess Ihres Hörens, Sehens, Riechens, Sprechens, Schmeckens, Bewegens etc. zu tun hat.

Wenn Menschen von ihrem *ICH* bzw. Ego sprechen, meinen sie in der Regel ihr EI. So möchte ich es in diesem Buch auch halten. Wenn ich Sie hier anspreche, meine ich also Sie als Ihr EI.

Ihr EI ist infolgedessen der Teil Ihres Wesens, der gerade irgendwo sitzt oder liegt und diese einzelnen Buchstaben verarbeitet, um daraus aussagekräftige Informationen entstehen zu lassen. Gleichzeitig können Sie dabei ein Gespür für Ihr NI entwickeln. Das NI wird währenddessen in Ihnen Gefühle aufsteigen lassen.

Luca Rohleder

Was empfinden Sie, während Sie das hier Geschriebene lesen? Dasjenige Gefühl, das jetzt in Ihnen aufsteigt, ist Ihr NI (Neugierde, Freude etc.). Wenn Sie aber unbequem sitzen oder Ihre Kleidung zwickt, nennt man dieses Unwohlsein umgangssprachlich zwar auch Gefühl („Ich fühle ein Drücken an meinem Rücken."), jedoch sind dies nur Informationen Ihrer fünf Sinne. In dem Moment spricht wieder Ihr EI zu Ihnen.

Jeden Tag, Stunde um Stunde, Sekunde für Sekunde, prasseln Nervenreize auf Sie ein. Die Gefühle Ihres NIs („Ich habe Angst, dass er mich nicht liebt.") sowie die vielen Reize Ihrer körperlichen Sinne wie Sehen („Was für eine wunderschöne Frau."), Hören („Dieses verdammte Schnarchen."), Riechen („Sie duftet toll."), Spüren („Er hat aber eine zarte Haut."), Schmecken („Schokolade, wunderbar!") sowie die Koordination Ihrer Muskeln („Diese elenden Wadenkrämpfe beim Sex.").

Und zu guter Letzt wird in Ihrem Gehirn der ganze Gedanken- und Gefühlssalat mit Erinnerungen („Wahrscheinlich endet das wieder so wie das letzte Mal.") und Neurosen („Hoffentlich schaut er mir auf dem Weg ins Bad nicht nach.") verglichen, verknüpft und weiterverarbeitet. Hinzu kommen natürlich die unzähligen Gedanken an eine mögliche Zukunft, wie Vorstellungen bezüglich künftiger Risiken und Möglichkeiten, Pläne, Termine und, und, und.

Das passiert im Prinzip im Kopf eines jeden Menschen. Was Sie jedoch von nicht-empathischen Personen deutlich unterscheidet, ist die Tatsache, dass Sie neben Ihren fünf Sinnen noch eine zusätzliche Informationsquelle nutzen können. Jetzt kommt Ihr drittes *ICH* ins Spiel.

1.1.3 Höheres-Ich (HI)

Ich möchte gleich zu Anfang betonen, dass Ihr HI ein Teil von Ihnen ist. Sie werden also keine Stimmen hören, die Ihnen sagen, was zu tun ist. Ebenso werden Sie Ihr drittes *ICH* nicht durch Meditation oder durch sonstige intellektuelle Anstrengungen anzapfen können. Ihr HI ist nur eine weitere Funktion Ihres Gehirns. Während das EI eher eine ausführende Funktion innehat (zum Beispiel Tun, Unterlassen, Planen, Koordinieren etc.), übernimmt das HI eher eine lenkende Aufgabe.

Ihr *HÖHERES-ICH* ist eine Art innerer Führer.

Man könnte Ihr HI auch als Ihre Intuition, Ihre Instinkte, Ihren Riecher oder Ihren sechsten Sinn bezeichnen. Also etwas, was sich nicht so einfach faktisch greifen lässt. Ihr sechster Sinn, also Ihr HI, kann Sie nicht nur Menschen richtig einschätzen lassen, sondern Sie auch unbewusst an die richtigen Orte führen. Meist wird Ihnen dann erst im Nachhinein klar, dass es wohl kein Zufall war. Dann war Ihr HI am Werk. Durch Ihre Empathie haben Sie ganz einfach einen guten Riecher für alles. Es wird sich noch im Folgenden herausstellen, dass dieser dritte Teil Ihres Egos ein sehr dominanter Charakterzug Ihrer Persönlichkeit ist.

Denkt man über das bisher Geschriebene intensiver nach, stellt sich schnell eine entscheidende Frage:

Woher nimmt das HI diese Informationen, um den richtigen Weg einschlagen oder andere richtig einschätzen zu können?

Man muss unweigerlich zu dem Schluss kommen, dass Ihr HI mit etwas verbunden sein muss, das Ihnen sozusagen aus der Vogelperspektive Hinweise zur Verfügung stellt, die Sie durch bloßes Nachdenken nicht generieren können.

Es muss in der Folge mit allem Sein verbunden sein, um überhaupt sinnvoll arbeiten zu können. Wenn bei Ihnen bestimmte Ahnungen über Personen, Dinge oder sonstige Umstände aufsteigen, dann muss Ihr HI damit auch verbunden sein – zumindest in indirekter Weise. Es muss also ein Medium existieren, das alles miteinander verknüpft.

Da sich die Menschheit seit Jahrtausenden darüber streitet, was dieses übergeordnete Medium genau sein könnte, werde ich natürlich ebenso nicht aller Weisheit Schluss präsentieren können. Trotzdem muss ich diese geheimnisvolle Welt sprachlich irgendwie definieren, ohne Gefahr zu laufen, Ihnen eine bestimmte Lebensphilosophie, Glaubensrichtung

Luca Rohleder

oder Weltanschauung unterschieben zu wollen. Ich habe mich daher auch in diesem Ratgeber dazu entschlossen, einen Allroundbegriff zu verwenden. Er soll exemplarisch für eine höhere Informationsquelle stehen, auf die Ihr Gehirn mittels des HI zugreifen kann:

Ihr *HÖHERES-ICH* greift auf eine *UNSICHTBARE WELT* zu.

Und jetzt an dieser Stelle verlassen wir recht schnell die Welt der Fakten und Beweise – zumindest aus der Sicht der akademischen Lehrmeinung der Neurologie, Psychiatrie oder Psychologie. Die Lehrkörper an den Universitäten bestreiten vehement, dass es ein übersinnliches Medium gibt, auf das alle Menschen, Tiere und Pflanzen nicht nur zugreifen, sondern über das sie auch kommunizieren können.

Allein unser gesunder Menschenverstand (sowie einzelne Forschungsinstitute) weiß es natürlich besser. Alle, die schon einmal unsäglich verliebt waren, wissen sehr wohl, dass man mit dem anderen auf eine gewisse Art auch körperlich verbunden ist. Auch dann, wenn beide tausende von Kilometer voneinander entfernt sind. Es ist also unabdingbar, kurz auf diese *UNSICHTBARE WELT* einzugehen.

1.1.4 Unsichtbare Welt

Um zu verstehen, dass besonders empathische Menschen über mehr Zusatzinformation über Umwelt und Umfeld verfügen als andere Personen, kann es nur eine Erklärung geben.

Vergleichbar mit Ihrem Rechner zu Hause, der sich über das Internet theoretisch mit allen anderen Computern der Erde verbinden könnte, ist auch Ihr HI in der Lage, mit HIs anderer Menschen in Kontakt zu treten. Die *UNSICHTBARE WELT* könnte man also auch als das World Wide Web der geistigen Art bezeichnen.

Das *HÖHERE-ICH* ist eine Art geistiges WLAN, das die Verbindung zur *UNSICHTBAREN WELT* herstellt.

Ihr HI ist vergleichbar mit Ihrem Rechner oder Smartphone, bei dem im Hintergrund immer ein WLAN (Wireless Local Area Network) interaktiv mit dem Internet kommuniziert. So entsteht diese großartige Fähigkeit, bei der Einschätzung von Umständen und Personen verblüffend oft genau richtig zu liegen.

> Empathische Menschen können vermehrt auf
> *HÖHERE* Informationen zugreifen als andere.

Dass eine solche außersinnliche Verbindung tatsächlich existiert, ist sicher unbestritten. Das wissen beispielsweise Mütter in Bezug zu ihren Kindern sehr genau. Aber auch eineiige Zwillinge kennen dieses Gefühl. Sie wissen sehr oft, wie es dem anderen geht, obwohl er abwesend ist und keine handfesten Fakten über das Gegenüber vorhanden sind. Ganz zu schweigen von Zigmillionen Liebespaaren, die sehr genau spüren, dass diese wunderbare unsichtbare Verbindung tatsächlich existiert. Man könnte auch sagen, der eine spürt den anderen intuitiv.

> Das *HÖHERE-ICH* ist Ihre Intuition.

Auch diese Definition steht im Widerspruch zur akademischen Lehrmeinung. Laut deren Vorstellung ist die Intuition lediglich eine ausgeprägte Fähigkeit der Beobachtungsgabe.

Darüber hinaus gibt es in der konservativen Wissenschaft das Erklärungsmodell der Spiegelneuronen. Es wird dabei angenommen, dass im Gehirn bestimmte Nervenzellen existieren, die bei Primaten beim Betrachten eines bestimmten Vorgangs das gleiche Aktivitätsmuster zeigen, als würden sie diesen selbst ausführen. Auch Geräusche, die durch früheres Lernen mit einer bestimmten Handlung verknüpft werden, sollen bei einem Spiegelneuron dasselbe Aktivitätsmuster verursachen wie eine entsprechende tatsächliche Handlung.

Seit ihrer erstmaligen Beschreibung im Jahr 1992 (*G. di Pellegrino, L. Fadiga, L. Fogassi, V. Gallese, G. Rizzolatti: „Understanding motor events: a neurophysiological study“*) wird diskutiert, ob Spiegelneuronen auch das

Erklärungsmodell für Intuition, Empathie oder sonstige außersinnliche Wahrnehmungen sein könnten.

Das klingt zunächst plausibel, jedoch steht es im krassen Widerspruch zu der Tatsache, dass Liebespaare, Mütter und ihre Kinder sowie Zwillinge auch dann noch Informationen erhalten, wenn sie kilometerweit voneinander entfernt sind.

Also: Auch dieses Modell der Spiegelneuronen kann nicht widerlegen, dass es eine *UNSICHTBARE WELT* gibt.

Selbst das „wissenschaftliche" Erklärungsmodell für die Liebe ist nicht überzeugend. Demgemäß wäre Liebe lediglich durch die Funktion einiger Gehirnregionen und hauptsächlich durch das Ausschütten von Hormonen zu erklären. Dies trifft erst einmal zu hundert Prozent zu. Jedoch betont man gleichzeitig, dass Liebe lediglich ein Trick der Evolution wäre, um bei allen Lebewesen, inklusive dem Mensch, den Akt der Kopulation zu initiieren. Damit würden die Arterhaltung sowie die Genvielfalt sichergestellt. Auch diese Erklärung klingt erst einmal vernünftig.

Wie wäre dann aber der Fall zu begründen, wenn Frauen sich verlieben, die ihre Wechseljahre bereits hinter sich haben? Und wie würde es sich mit Männern verhalten, bei denen ab einem gewissen Alter keine Potenz oder fortpflanzungsfähiges Sperma mehr vorhanden ist?

Schließlich gibt es unzählige, in die Jahre gekommene Menschen, die von unglaublich rührenden und tiefen Liebesgeschichten berichten – obwohl dabei die Fortpflanzung keine Rolle mehr spielt.

Wie jeder Evolutionsexperte weiß, folgt die Natur dem Grundprinzip der Perfektion. Wenn die Liebe lediglich ein Dopingmittel zur Arterhaltung wäre, wäre es mehr als logisch, dass der Homo sapiens seine Liebesfähigkeit verlieren würde, wenn er seine Gene nicht mehr weitergeben kann.

Manchmal kommt der Eindruck auf, dass so manche hochakademische Gelehrte noch nie eine tiefe Liebesbeziehung zu einem anderen Menschen erlebt haben. Sonst kämen sie niemals auf die Idee, so manches Erklärungsmodell für die Liebe zu publizieren.

Es sollen allerdings auch keine Missverständnisse aufkommen. Ich möchte keine einzige wissenschaftliche Disziplin verunglimpfen. Ich bin überaus dankbar, dass es Schulmediziner gibt, die mich wieder zusammenflicken, falls ich einmal einen Unfall mit meinem Pkw habe.

Ich bin ebenso sehr froh, dass es Psychiater gibt, die bei einer akuten Depression schnell wirksame Medikamente verabreichen können, bevor jemand sein Leben durch Suizid verliert. So bin ich dankbar, dass bestimmte wissenschaftliche Disziplinen existieren.

Wenn ich mein Bein gebrochen habe oder an einer handfesten Psychose leide, kann ich noch so viel positiv denken, meditieren oder auf alternative Medizin bzw. Esoterik setzen – das wird mir nicht weiterhelfen. Ganz im Gegenteil – wenn das Kind bereits in den Brunnen gefallen ist, ist Handfestes und vor allem Bodenständiges gefragt. Da bringt es mir nichts, wenn ich beginne, zu philosophieren oder mich in spirituellen Weisheiten zu verstricken.

Wenn es allerdings um Feinstoffliches geht, wie beispielsweise den Sinn des Lebens, die Funktionsweise der Intuition oder der Liebe selbst, dann bin ich leider gezwungen, die üblichen Trampelpfade der Wissenschaft zu verlassen. Was möchte ich damit sagen?

> Überfordern Sie die Wissenschaft nicht.
> Sie kann nicht alles erklären.

Insbesondere dann, wenn es um soziale bzw. zwischenmenschliche Fragen geht, kann sie oft keine Hilfestellung leisten.

Wie sollen wir nun die *UNSICHTBARE WELT* erklären? Was ist das genau, worauf unser *HÖHERES-ICH* zugreift?

Wie ich hinlänglich erläutert habe, hängt die Deutung der *UNSICHTBAREN WELT* von Ihrer individuellen Glaubensphilosophie ab. Und da möchte ich mich eigentlich nicht einmischen.

Manche erklären das Übersinnliche mit ihrer Religion, andere haben sich der Philosophie zugewandt und dann gibt es Menschen, die sich ganz einfach ein individuelles Erklärungsmodell aus unterschiedlichen

Glaubensrichtungen zusammengetragen haben. Jedem das Seine. Dennoch werde ich regelmäßig von vielen Lesern angesprochen, auf was ich selbst meine Ausführungen über die geheimnisvolle *UNSICHTBARE WELT* stütze.

Da ich in den Genuss eines naturwissenschaftlichen Studiums gekommen bin, keiner Konfession angehöre und auch den Auswüchsen der Esoterik mehr als kritisch gegenüberstehe, bleibt meine Neigung zur Wissenschaft unverändert. Allerdings nicht diejenige, die Sie vielleicht jetzt meinen. Nein, es gibt ein akademisches Fachgebiet, das sich so ziemlich seine Unabhängigkeit bewahrt hat und sich zudem mit den Urprinzipien allen Seins beschäftigt. Diese akademische Disziplin hat sich mittlerweile auf die Suche nach dem Schöpfer gemacht.

> Es sind nicht mehr die Biologen, Mediziner oder Psychologen, die uns weiterhelfen können, sondern Physiker und Mathematiker.

Dabei spielt ganz besonders die Teilchenphysik (Quantenphysik) eine große Rolle. Sie hat eine neue philosophische Disziplin hervorgebracht – die „Quantenphilosophie".

Infolgedessen würde ich am liebsten jetzt einen kleinen Ausflug in die Quantenphilosophie machen (Quant = Teilchen). Ich möchte aber auch auf keinen Fall diejenigen Leser langweilen, die ihr eigenes Erklärungsmodell bereits gefunden haben.

Darüber hinaus haben Sie sich dieses Buch bestimmt zugelegt, um mehr über die Liebe zu erfahren und nicht Ausführungen über die Physik lesen zu müssen. Daher biete ich einen kleinen Kompromiss an: Ich mache einen Ausflug in die Quantenphilosophie. Allerdings nicht an dieser Stelle, sondern im Anhang.

Dort finden Sie einen Exkurs meines bevorzugten Themas zur Erklärung von Lebensprinzipien. Für diejenigen, die es interessiert, gibt es nach dem Ende dieses Buchs also noch eine Kleinigkeit zu lesen.

Für alle anderen geht es nun weiter im eigentlichen Stoff. Zunächst aber ein Fazit.

1.1.5 Fazit

Wie Sie nun erfahren haben, setze ich als grundlegende These voraus, dass Ihr Ego drei Bestandteile umfasst:

1. Neugeborenen-Ich

2. Erwachsenen-Ich

3. Höheres-Ich

Daneben nehme ich an, dass Ihr HI auf eine *UNSICHTBARE WELT* zurückgreift, die alles Sein miteinander verbindet. Damit folgen die hier zugrunde gelegten Thesen in keiner Weise der akademischen Lehrmeinung.

Nichtsdestotrotz lehnt sich dieses Buch an die Prinzipien des „Drei-Instanzen-Modells" von *Sigmund Freud (1923 „Das Ich und das Es")* an. Zusätzlich ist es stark von der Grundphilosophie der „Transaktionsanalyse" inspiriert.

In der Summe entstand ein „Drei-Ich-Modell", das sich hauptsächlich durch die Einführung des *NEUGEBORENEN-ICH*s inklusive seiner Eigenarten von allen anderen Erklärungsmodellen der Psychologie deutlich unterscheidet. Mit Hilfe dessen werden wir nun mehr Licht in das Geheimnis der Liebe bringen.

1.2 Die Empathie

Sie haben bisher erfahren, dass in Ihrem Gehirn beneidenswerte Zusatzinformationen über Empfindungen, Gedanken, Emotionen, Motive und Persönlichkeitsmerkmale anderer Personen ankommen. Man könnte auch sagen, Sie haben sich bestimmte Instinkte bewahrt, die so eigentlich nur aus der Tierwelt bekannt sind.

Kommen wir noch einmal zurück auf Ihre drei *ICHs* und wie es dazu kam, ein *NEUGEBORENEN-ICH* zu entwickeln. Wir schreiten wieder zurück in die Zeit Ihrer Geburt.

Die Entwicklung des Gehirns und Nervensystems beginnt beim Embryo in der dritten Schwangerschaftswoche. Bis zum Ende der achten Woche sind Gehirn und Rückenmark fast vollständig angelegt. In den folgenden Wochen und Monaten wird im Gehirn eine Unmenge von Nervenzellen durch Zellteilung gebildet.

Mit der Geburt ist die Entwicklung von Gehirn und Nervensystem noch lange nicht abgeschlossen. Zwar ist zu diesem Zeitpunkt bereits die große Mehrheit der Neuronen im Gehirn vorhanden, sie müssen jedoch zuerst einmal miteinander vernetzt werden. Das Gehirn von Neugeborenen könnte mit einer noch unbeschriebenen Festplatte eines Computers verglichen werden. Die Neurologie spricht davon, dass beim Säugling deshalb nur Reflexe im Vordergrund stehen können. In dieser Phase dient der ganze Körper des Säuglings dazu, grundlegende Bedürfnisse und Empfindungen wie Hunger, Angst und Unwohlsein zum Ausdruck zu bringen.

Laut unserer zugrunde gelegten These bezüglich der drei *ICHs* sind diese Reflexe nichts anderes als Ihre Urinstinkte, die auf Ihrem *HÖHEREN-ICH* beruhen.

> Instinkte sind der Zugriff Ihres *HÖHEREN-ICHs* auf
> Informationen der *UNSICHTBAREN WELT*.

Dass dem Homo sapiens noch eine gewisse Zeit nach der Geburt seine tierischen Instinkte vollständig zur Verfügung stehen, ist für sein Überleben enorm wichtig. Der Mensch wird im Prinzip zu früh geboren und ist danach allein nicht überlebensfähig (später mehr dazu). Der Körper ist darauf angewiesen zu wissen, was zu tun ist, ohne auf ein voll funktionstüchtiges Großhirn zurückgreifen zu können.

Diese fabelhafte Gabe, über Urinstinkte (schulmedizinisch: Reflexe) zu verfügen, bleibt bei allen Menschen nach ihrer Geburt für eine gewisse Zeitspanne erhalten. Besonders Mütter, die ihre Kleinkinder aufmerksam beobachten oder ihnen genau zuhören (wenn die ersten Worte erlernt sind), bemerken diese noch verbliebene Übersinnlichkeit. Diese Verbindung löst sich jedoch im Laufe des Heranwachsens immer weiter auf. Dieser Prozess findet also nicht von heute auf morgen statt, sondern ist ein sehr langsamer und braucht viele Monate.

Nach und nach nähert sich dann das gesamte Nervensystem inklusive Gehirn seinem finalen Entwicklungsstand. Das Kleinkind ist nun in der Lage, komplexe Denkprozesse und Bewegungen auszuführen. Bis dahin nimmt die Anzahl der Verbindungen zwischen den Nervenzellen (Synapsen) rasant zu. In dieser Zeit entsteht das hochkomplexe neuronale Netz, in dem jede Nervenzelle mit Tausenden anderen Neuronen verbunden ist.

So kann das bewusste Denken das Hauptkommando übernehmen. Der freie Wille wird dann zum Maß der Dinge. Menschen verlieren naturgemäß ihre Instinkte und sind dann ziemlich alleiniger Schmied ihres Lebensglücks.

Und exakt an dieser Stelle müssen wir die Zeit anhalten. Denn jetzt tritt der Unterschied zwischen empathischen und nicht empathischen Personen deutlich zutage.

> Sie unterscheiden sich von Nicht-Empathen dadurch, dass sich bei Ihnen die Urinstinkte nicht vollständig aufgelöst haben.

Jetzt können Sie besser nachvollziehen, warum ich zur Erklärung Ihrer empathischen Gabe ein *NEUGEBORENEN-ICH* ins Spiel bringen musste. Der langsame Ablösungsprozess von der *UNSICHTBAREN WELT* kam nicht vollständig zum Abschluss. Sie haben daher nie ein herkömmliches Inneres Kind entwickeln können.

> Das *NEUGEBORENEN-ICH* entsteht durch den Entwicklungsstopp des Inneren Kindes zu einem bestimmten Zeitpunkt nach der Geburt.

Luca Rohleder

Damit sind Sie mit diesem Persönlichkeitsanteil natürlich auch wesentlich hilfloser und verletzlicher als Menschen mit einem herkömmlichen Inneren Kind.

Da die Evolution grundsätzlich nach Perfektion strebt, muss in Ihrem Wesen etwas angelegt sein, das das Nichtvorhandensein eines üblichen Inneren Kindes kompensiert. Und diese Komplettierung Ihrer Persönlichkeitsstruktur wird dadurch erreicht, dass Ihrem hochfragilen NI eine mächtige Schutzinstanz zur Seite gestellt ist. Es ist Ihr HI, das speziell bei Ihnen bedeutend dominanter ausgeprägt ist als bei anderen.

Während bei Nicht-Empathen diese *HÖHERE* Gehirnfunktion auf ein Normalmaß reduziert ist, blieb diese in Ihrem speziellen Fall vollständig funktionstüchtig. Auch wenn es für Sie recht phantastisch klingen mag:

> Empathische Menschen stehen noch mit
> einem Bein in der *UNSICHTBAREN WELT*.

Nun können Sie besser bewerten, warum ein schleichender Übergang zwischen den verschiedenen Ausprägungen von Empathie existiert. Warum es bei Menschen Extremformen der Hochsensibilität, herkömmliche Hochsensibilität, Sensibilität, Empathie, reduzierte Empathie oder gar keine Empathie gibt.

Es ist der Zeitstrahl der ersten Monate nach der Geburt bzw. der Zeitpunkt, zu dem die neuronale Heranreifung eines herkömmlichen Inneren Kindes gestoppt wurde. Je früher dies erfolgte, umso weniger konnte sich die ursprüngliche Verbindung zur *UNSICHTBAREN WELT* lösen. Umso mehr Urinstinkte stehen Ihnen zur Verfügung. Umso größer Ihre empathische Begabung.

So sind zum Beispiel alle Extremformen der Hochsensibilität sicher auf den Stopp des Abnabelungsprozesses von der *UNSICHTBAREN WELT* kurz vor oder kurz nach der Geburt zurückzuführen. Während sich das Ganze bei herkömmlichen Empathen irgendwann danach ereignet haben muss.

Wenn also beispielsweise zwei Hochsensible bei einer Liebesbeziehung aufeinandertreffen, kann man niemals sagen, dass beide gleichermaßen empathisch sind. Einer von beiden wird immer empathischer sein als der andere. Dies kann zu schrecklichen Missverständnissen führen. Obwohl aus objektiver Sicht vielleicht zwei Hochsensible aufeinandergetroffen sind, der etwas sensiblere Partner wird das etwas weniger sensible Gegenüber immer als komplett unsensibel wahrnehmen.

Zurück zur alternativen Erklärung von empathischen Fähigkeiten. So großartig sie sind – es gibt aber leider auch eine Kehrseite der Medaille:

> Empathische Menschen haben schon recht früh in ihrem Leben das Gefühl, irgendwie fremd zu sein.

Ein schönes Alltagsbeispiel sind die Situationen, in denen Small-talk gefordert ist. Dies kann für empathische Menschen höchst irritierend sein. Der Austausch von höflichen, aber oberflächlichen Floskeln ist einfach zu kräftezehrend. Permanent spüren Empathen unterschwellig die wahren Gefühle des Gesprächspartners, vielleicht auch, was dieser tatsächlich aussagen möchte, werden aber gezwungen, diese inneren Empfindungen zu überspielen, um stattdessen etwas zu sehen oder zu hören, was im krassen Widerspruch zu ihrer eigentlichen Wahrnehmung steht.

Dies gilt ganz besonders für die übersteigerte Form der Empathie – die Hochsensibilität. Diese Menschen fühlen sich tatsächlich oft als eine Art Außerirdische, die sich den Erdlingen nicht zugehörig fühlen. Permanent empfangen sie Stimmungen von Menschen oder sonstige Umweltreize, die im Widerspruch dazu stehen, was sie sehen und hören. Personen mit einem ausgeprägt aufgesetzten Verhalten belasten Hochsensible infolgedessen besonders schwer.

Alles in allem überwiegen dennoch die Vorteile einer empathischen Begabung. EM sind aufgrund ihrer ausgeprägten Intuition tatsächlich in der Lage, in der Realität zumindest zu überleben, ohne ihr bewusstes

Denken einsetzen zu müssen. Alle dazu notwendigen Urinstinkte sind noch voll aktiv. Ähnlich wie in der Flora und Fauna, in der Tiere und Pflanzen ganz einfach wissen, was zu tun ist, ohne über ein ausgeprägtes Bewusstsein zu verfügen.

Empathen tragen demzufolge eine ungeheure Macht in sich. Würden sie sich zum Beispiel bei einer Bergwanderung verirren, dann wäre dies für sie nicht sonderlich gefährlich (wenn sie nicht in Panik geraten). Sie müssten im Weiteren nur gedankenlos umherlaufen und es würde sich dennoch alles von *SELBST* regeln. Wie zufällig stoßen sie dann auf andere Menschen, die ihnen den richtigen Weg zeigen. Oder sie erhalten wie von Geisterhand sonstige Hilfestellungen. EM selbst hingegen werden denken, das ist doch ein schöner Zufall („Toll, Sie zu treffen – der Himmel hat Sie mir geschickt."). Nur EM haben sich diese unglaubliche Macht bewahren können (was Sie sicher schon selbst bemerkt haben).

Empathen sind in der Lage, glückliche Zufälle zu produzieren.

Im Prinzip initiieren EM natürlich keine Zufälle in direkter Weise. Es ist nur die eigene Intuition, die EM dorthin subtil leitet, wo bessere Rahmen- bzw. Umweltbedingungen vorzufinden sind. Immer dann, wenn EM ohne Fremdbeeinflussung und ohne viel Nachdenken Entscheidungen treffen, werden die Auswirkungen in ihrem Sinne sein.

Spätestens jetzt, an dieser Stelle, wird Ihnen sicher endgültig einleuchten, warum es für Ihr Dasein so überaus notwendig war, über ein *NEUGEBORENEN-ICH* statt eines herkömmlichen Inneren Kindes zu verfügen. Nie hätten Sie sonst eine so übermächtige Gabe wie die Empathie entwickeln können.

Wenn Sie beispielsweise einen Raum mit unbekannten Personen betreten, wissen Sie sofort Bescheid. Obwohl Sie noch keine Fakten kennen und mit niemandem großartig gesprochen haben, können Sie die Situation oft treffsicher einschätzen (je nach Ausprägung der Empathie). Zumindest haben Sie ein sicheres Gefühl, ob sich etwas richtig oder falsch anfühlt.

Im Übrigen sind sich viele Empathen dieser großartigen Fähigkeit in keiner Weise im Klaren. Schließlich kennen sie in ihrem Leben von Beginn an nichts anderes. Sie gehen einfach davon aus, dass diese Gabe normal sei und wahrscheinlich alle Menschen darüber verfügen. Dann schütteln sie nur ungläubig den Kopf, wenn der geliebte Partner in derselben Situation mit seiner Einschätzung völlig danebenliegt.

Kurzum: Nach dem „Drei-Ich-Modell nach Rohleder©" ist Empathie folgendes:

> Empathie besteht, wenn noch alle Urinstinkte aufgrund eines dominanten *HÖHEREN-ICHs* erhalten geblieben sind.

Dies wird auf Ihr späteres Liebesleben drastische Auswirkungen haben. Zunächst entsteht erst einmal ein sogenanntes Liebesideal.

1.3 Das empathische Liebesideal

Aufgrund Ihrer sehr spezifischen Persönlichkeitsstruktur werden bei Ihnen schon früh bestimmte Erwartungshaltungen bezüglich der Liebe entstehen. Sie entwickeln innerlich eine Art Idealismus, was *WAHRE LIEBE* bedeuten könnte. Dies betrifft in der Hauptsache folgende vier Kriterien:

1. Ehrlichkeit
2. Bedingungslosigkeit
3. Engagement
4. Selbstlosigkeit

Beginnen wir mit dem ersten Punkt, was eine ideale Liebe aus Ihrer Sicht erfüllen müsste.

Luca Rohleder

1.3.1 Ehrlichkeit

Aufgrund Ihrer intuitiven Fähigkeiten umfasst Ihr *HÖHERES* Zusatzwissen weit mehr als nur unterschwellige Informationen über Personen oder Umstände. Es ist sehr auffällig, dass EM in ihrem Leben höchste ethische und moralische Werte verfolgen.

Die schulmedizinische Sparte der Neurologie weiß heute, dass der Ort der Wertevorstellungen sowie höherer Bewusstseinsformen der präfrontale Cortex (oberer Teil beider Stirn-/Frontallappen) unseres Gehirns ist. Wenn dieser Teil unseres Kopfes beschädigt ist (zum Beispiel durch Tumore oder Unfälle), verliert der Mensch jede Form von Moral und Ethik. Eine ungehemmte Triebsteuerung setzt ein. Betroffene verlieren praktisch ihr „zivilisiertes" Bewusstsein.

Jedoch rätseln unsere Wissenschaftler immer noch, wer diese Werte eigentlich definiert. Woher kommen sie? Was ist Ethik und Moral?

Man hat herausgefunden, dass es nicht ausschließlich die Erziehung sein kann, schließlich weisen bereits Kleinkinder eine gewisse soziale Kompetenz auf. Und vor allem tappen unsere Akademiker im Dunkeln, wenn es um die Definition von Gut und Böse geht. Sie können sich nicht erklären, warum wir von Anfang an den Unterschied kennen und warum manche Menschen dazu weniger in der Lage sind oder manche diesen Unterschied überhaupt nicht fassen können.

Die Antwort liegt auf der Hand. Ich bin zur Überzeugung gelangt, dass es eine höhere Instanz geben muss, die zivilisierte Werte definiert. Und damit sind wir wieder bei unserer *UNSICHTBAREN WELT*.

> Aufgrund Ihres dominanten *HÖHEREN-ICHs* tragen Sie bereits eine Definition über eine *HEILE WELT* in sich.

Sie haben sozusagen die Blaupause einer perfekten Welt im Kopf. Es ist eine Art *HÖHERE* Ordnung, die eigentlich niemand so richtig definieren kann. Auch Sie werden sich schwer damit tun, dafür Worte zu finden. Sie wissen es ganz einfach.

Das GeWISSEN ist ebenso nur schwer zu definieren. Es stellt eine Form des WISSENS dar. Es lässt uns spüren, was richtig oder falsch ist. EM können stets klar differenzieren zwischen Gut und Böse.

Dadurch können Sie sich Ihrem Gewissen in der Regel nur schwer entziehen. Es nimmt einen hohen Stellenwert in Ihrem empathischen Wesen ein. Ihre noch vollständig erhaltenen Urinstinkte sagen Ihnen ziemlich genau, was sich gehört und vor allem, was sich nicht gehört. Sie sind förmlich gezwungen, dahingehend hohe Maßstäbe anzulegen.

EM möchten hohe menschliche Werte verfolgen.

Sie haben damit im Prinzip schon ab Ihrer Geburt ein geradezu fanatisches Verhältnis zu den Themen Gerechtigkeit, Ehrlichkeit, Loyalität, Hilfsbereitschaft etc. Das wird auch Ihre Liebesbeziehungen später beeinflussen.

Falls Sie sich dann in Ihren Partnerschaften genötigt fühlen, einen bestimmten Schein zu wahren, eine Notlüge zu erfinden oder bestimmte Vereinbarungen brechen zu müssen, dann kann dies zu schweren Gewissensbissen führen. Es wird Sie wahrscheinlich auch um den Schlaf bringen.

In der Summe geht es also um den großen Komplex von Wahrheiten. Also um die Ehrlichkeit dessen, was man sagt, tut, denkt oder ausstrahlt.

Das Liebesideal von EM beinhaltet Ehrlichkeit.

Allerdings enthält Ihre HEILE WELT noch ein weiteres Liebesideal.

1.3.2 Bedingungslosigkeit

Während Ihre tiefe Sehnsucht nach der HEILEN WELT in Ihren späteren Liebesbeziehungen auf Ihr dominantes HI zurückzuführen sein wird, geht es jetzt eher um Ihr NEUGEBORENEN-ICH.

Luca Rohleder

Stellen Sie sich nun vor, Sie befinden sich noch im Bauch Ihrer geliebten Mutter. Der Zeitpunkt Ihrer Geburt liegt vielleicht noch ein paar Wochen in der Ferne. Es ist warm und kuschelig. Zudem werden Sie durch eine widerstandsfähige Gebärmutter hervorragend vor mechanischen Umwelteinflüssen geschützt. Sie genießen ein Rundum-sorglos-Paket.

Im Bauch Ihrer Mutter befinden Sie sich noch im Paradies.

Aber auch nach Ihrer Geburt geht es meist fast sorgenfrei weiter. Sie erleben das erste Mal, was Liebe bedeutet. Die unendlich reine und nicht auflösbare Liebe zwischen Mutter und Kind. Nie mehr in Ihrem Leben werden Sie so eine gewaltige Anziehungskraft haben. Sie sind gerade dabei, Ihre Mutter von sich emotional abhängig zu machen.

Durch diesen extrem hohen Anziehungseffekt ihrer Babys sind junge Mütter praktisch gezwungen, das zu tun, was im Sinne von Neugeborenen ist. Diese besonders intensive emotionale Bindung an ihre Nachkommen dauert allerdings nicht das Leben lang an. Dies ist Müttern oft nicht bewusst. Diese romantische Form der abhängigen Liebe, die Mütter praktisch keine Wahl lässt, ist nur für eine ganz bestimmte Zeit von der Natur vorgesehen. Die Ursache liegt in der Besonderheit der menschlichen Fortpflanzung.

Der Schweizer Zoologe und Anthropologe *Adolf Portmann (* 1897 – † 1982)* hat den Menschen als physiologische Frühgeburt bezeichnet. Und er hat zweifelsohne recht. Neu geboren ist der Mensch auf die permanente Hilfe anderer angewiesen – alleine ist er praktisch nicht überlebensfähig.

Tatsächlich erreicht der Mensch erst etwa ein Jahr nach seiner Geburt den Reifungszustand, den er, in Relation zu anderen Säugetieren, eigentlich schon bei seiner Geburt hätte haben müssen. Im Vergleich zu einem Schimpansen erreicht der Mensch sogar erst nach 18 Monaten ein vergleichbares Entwicklungsniveau.

Jetzt können Sie praktisch nachvollziehen, warum bei allen Neugeborenen das HI noch sehr ausgeprägt sein muss. Solange das junge Leben selbst nicht überlebensfähig ist, müssen andere animiert werden, Hilfestellung zu geben. Das betrifft in den ersten Monaten die Versorgung mit Nahrung und den Schutz vor ungewollten Umwelteinflüssen. Neugeborene brauchen also nur zu liegen, schlafen sowie zu schreien und alle anderen fangen wie hypnotisiert an zu rennen (insbesondere die Mutter).

Vielleicht haben Sie sogar Ihrer Mutter in den ersten Monaten bedrohliche Existenzsorgen beschert, sie um den Schlaf gebracht und ihr Nervenkostüm bis an die Grenze belastet. Ihre Mutter hatte leider nie eine Wahl. Sie wurde von Ihrem HI – Sie können es auch Ihre Reflexe oder Instinkte nennen – förmlich gezwungen, Ihnen zu verfallen.

Damit aber nicht genug: Nach neuesten Untersuchungen haben Sie mit Ihrem Gehirn sogar Ihre eigene Geburt maßgeblich beeinflusst. Schon der international führende Hirnforscher *Dick Swaab (* 1944)* stellte fest: „Das Gehirn des Kindes spielt sowohl bei der Einleitung wie auch im Verlauf der Geburt eine entscheidende Rolle" (Quelle: *„Wir sind unser Gehirn", Dick Swaab, 2013*). Also es kann durchaus die Behauptung aufgestellt werden, dass Sie beispielsweise den Geburtsvorgang maßgeblich eingeleitet haben – also Sie *SELBST* es waren, die/der für den eigenen Geburtszeitpunkt verantwortlich war.

Alles in allem sind es infolgedessen auch die Babys, die das Leben ihrer Mütter massiv beeinflussen und nicht nur umgekehrt. Mir ist bewusst, welche dramatische Auswirkung diese Feststellung haben kann. Schließlich lehren uns die Psychologie, die Schulmedizin und insbesondere die Pädagogik, dass unsere Fürsorge, unsere Förderung sowie unser Verhalten gegenüber unseren Kindern (besonders in den ersten Monaten nach ihrer Geburt) maßgeblich deren Schicksal bestimmen würde. Aber was wäre wenn?

Wenn es die Kinder wären, die mit ihrer eigenen Geburt die charakterliche und intellektuelle Entwicklung von Erwachsenen maßgeblich beeinflussen statt umgekehrt. Millionen von Menschen, die sich in einer Therapie befinden und hören, dass in der Hauptsache ihre Eltern dafür verantwortlich gewesen wären, was aus ihnen schließlich geworden ist, ständen plötzlich ohne jegliches Erklärungsmodell da. Es wären keine Rechtfertigungen für bestimmte Charakterschwächen (oder gar psychische Störungen) mehr möglich. Den Großteil aller psychologischen und pädagogischen Lehrbücher könnten wir wegwerfen.

Auf einmal wären nicht mehr unsere Mütter oder Väter an allem schuld, wie wir und was wir sind, sondern vor allem wir *SELBST*. Niemandem könnten wir die Schuld für unsere Komplexe, Ängste oder sonstigen persönlichen Unzulänglichkeiten in die Schuhe schieben. Plötzlich ständen wir allein da und müssten uns an die eigene Nase fassen, wenn wir für bestimmte Schritte unserer Persönlichkeitsentwicklung nicht genug Mut aufgebracht haben oder unsere Bequemlichkeitszone nicht überwinden konnten.

Zum Ende dieses Buchs wird es Ihnen einleuchten, dass diese These der hundertprozentigen Alleinverantwortung kohärent (stimmig) ist und mit an Sicherheit grenzender Wahrscheinlichkeit der Realität entspricht. Jetzt aber erst einmal wieder zurück zur Mutterliebe:

In der Summe zwingt also nicht die Liebe die Mütter, sich aufzuopfern, sondern die Anziehungskraft ihrer Babys. Diese süßen kleinen Wesen sind es also selbst, die uns förmlich dazu verdammen, sie lieben zu müssen. Ob wir wollen oder nicht.

Im Extremfall erreicht die emotionale Abhängigkeit der Mutter von ihrem Neugeborenen einen Grad des Versorgungs- und Schutzzwangs, der Mütter in dieser Phase zu allem bereit sein lässt.

> Ihre Mutter wäre bereit gewesen, ihr Leben für Sie zu opfern.

Falls Sie heute irgendeinen Groll gegenüber Ihrer Mutter hegen sollten, denken Sie bitte daran! Sie wurden als Baby von ihr so unglaublich geliebt, dass Ihre Mutter im Notfall alles – und ich meine wirklich alles – für Sie getan hätte, nur damit Sie weiterhin auf dieser Welt bleiben können. Die Nachkommen des Homo sapiens beginnen ihr Dasein infolgedessen mit der romantischsten Liebesbeziehung ihres Lebens.

Und jetzt tauchen schon die ersten Herausforderungen auf. Sie erinnern sich: Das menschliche Gehirn entwickelt sich in einem rasanten Tempo, bis es nach vielen Monaten den gleichen neuronalen Entwicklungsstand erreicht wie bei Erwachsenen. Währenddessen findet auch ein Prozess des Vergessens statt. Größer werdende Kinder können sich nach einer gewissen Zeit nicht mehr erinnern, wie das genau mit der Mutterliebe rund um den Geburtszeitpunkt war. Die Erinnerungen an diese paradiesischen Zeiten beginnen zu schwinden.

Aber auch auf der Seite der Mütter setzt ein gesunder, von der Natur so gewollter Prozess des Vergessens ein. Was zum Beispiel auch die Tatsache zeigt, dass die Erinnerungen von Frauen an ihre unter Umständen schrecklichen Geburtsschmerzen oder sonstigen Entbindungskomplikationen verschwinden oder zumindest stark gedämpft werden. Dieser von der Natur erzwungene Gedächtnisverlust ist sehr wichtig für das Überleben der Menschheit. Nur so kann gewährleistet werden, dass Frauen sich angstfrei für weitere Kinder entscheiden können. Sonst würden sie vielleicht noch zu sehr mit den Beschwerlichkeiten ihrer ersten Entbindung hadern.

Dieser Effekt des Vergessens umfasst auch die beschriebene suchtartige emotionale Abhängigkeit vom Baby, die dazu führt, dass die Mutter alles Erdenkliche und manchmal fast Unmögliche für ihr Kind tut. Diese Dramatik löst sich ebenso langsam auf.

Der freie Wille kehrt bei Müttern wieder zurück und sie erreichen einen emotionalen Normalzustand. Auch dies ist sicher von der Evolution so gewünscht. Kein Mensch der Erde kann es über Jahre hinweg aushalten, nahezu 24 Stunden permanent auf Trapp zu sein bzw. nur an einen einzigen Menschen denken zu müssen. Dieser Belastungszustand ist vom menschlichen Körper nicht länger als circa ein Jahr aushaltbar.

So werden auch die Mütter nach einer gewissen Zeit wieder von der Natur geschützt. Hat das Baby eine bestimmte Entwicklungsstufe erreicht, wird sich der Modus der Selbstaufopferung reduzieren. Spätestens, wenn Babys sich fortbewegen oder selbstständig nach Nahrung

Die prägende Phase

greifen können, um sich diese in den Mund zu stopfen, werden Frauen von ihrer emotionalen Abhängigkeit vom Baby befreit. Der gesunde Menschenverstand gewinnt wieder die Oberhand. Schließlich sieht die Evolution das Gebären von zahlreichen Kindern vor. Die Mutter kann dadurch emotional vom letzten Kind mehr ablassen und für das nächste Kind neue psychische und physische Kraftreserven aufbauen.

Manche Frauen halten zwar weiterhin an dieser Tendenz fest, sich für ihre Kinder im Übermaß aufzuopfern, jedoch hat dies nichts mehr mit einer evolutionär begründeten Willenlosigkeit zu tun. Die Liebesintensität bleibt auf hohem Niveau, fährt jedoch glücklicherweise auf ein naturgewolltes Normalmaß zurück. Die Evolution denkt bereits an die Geburt des nächsten Kindes.

Nach ein paar Monaten ist in der Mutter-Baby-Beziehung wieder ein gewisser Alltag eingekehrt. Beide Parteien vergessen die leidenschaftlichste Liebesbeziehung ihres gesamten Lebens und es kehrt eine wohltuende Normalität zurück.

Sie ahnen es sicher schon: In Ihrem Fall hingegen verhält sich das etwas anders. Sie besitzen ein NI statt eines herkömmlichen Inneren Kindes. Bei Ihnen hat dieses Vergessen nicht richtig funktioniert. Dies hat dazu geführt, dass Sie sich zumindest unterbewusst noch an alles erinnern können. Ihr NI weiß noch ziemlich genau, wie es sich angefühlt hat, eine von ihm emotional abhängige Person um sich zu haben.

Die Mutterliebe der ersten Monate im Leben eines Neugeborenen erfüllt damit die höchste Form der Liebe – die Bedingungslosigkeit. Allein die Tatsache, auf der Welt zu sein, reichte aus, unendlich geliebt zu werden. Und nur Sie allein bzw. Ihr NI können sich noch an diese wundervolle Konstellation unterbewusst erinnern. Diese tief sitzenden Erinnerungen führen zwangsläufig zu einem weiteren Ideal der Liebe. Sie sehnen sich danach, dieses unbeschreibliche Gefühl der Bedingungslosigkeit auch weiterhin erfüllt zu bekommen.

Das Liebesideal von EM beinhaltet Bedingungslosigkeit.

Ihr NI ist der Meinung, dass allein Ihre Anwesenheit ausreichend sein müsste, um geliebt zu werden. Sie beginnen praktisch Ihr Leben mit einer fast ideologischen Vorstellung von der Liebe. Damit sind Sie ein Romantiker, wie er im Buche steht. In Ihren Sehnsüchten über Ihre spätere Liebesbeziehung wird dieses Ideal wieder auftauchen.

1.3.3 Engagement

Wie Sie nun erfahren haben, möchten Sie aufgrund Ihrer spezifischen Egoanteile des NIs und HIs ehrlich und bedingungslos geliebt werden. Darüber hinaus weiß Ihr *NEUGEBORENEN-ICH* noch sehr genau, dass es für die wundervolle Liebe Ihrer Mutter absolut nichts machen musste. Sie profitierten von einer vielleicht um den Schlaf gebrachten und sich abhetzenden Mutter, die sogar bereit gewesen wäre, ihre Gesundheit zu ruinieren, nur damit es Ihnen gut geht. Und um diese unendlich große Fürsorge zu erhalten, mussten Sie noch nicht einmal auf irgendeine Art und Weise aktiv sein. Ihre liebe Mutter erwartete keine Gegenleistung. Es genügte, nur dazuliegen und ab und zu ein wenig zu schreien.

Ihr NI sorgt deshalb noch heute dafür, dass Sie eher passiv sein möchten, wenn es um die Liebe geht. In der Folge fällt es Ihnen später auch sehr schwer, aktiv Liebesbeziehungen zu initiieren. Es erscheint Ihnen wahrscheinlich sogar unmöglich, auf potenzielle Liebespartner zuzugehen. Ihr NI setzt einfach voraus, dass es schlicht nicht notwendig ist, das Heft in die Hand zu nehmen. Schließlich hat es ja schon erlebt, nur anwesend sein zu müssen, und es klappte mit der (Mutter-)Liebe dennoch.

Sie erwarten also schon seit Ihrer Kindheit ein gewisses einseitiges Engagement Ihrer Bezugspersonen, wenn es um die Liebe geht. Ihr NI setzt dies praktisch als Selbstverständlichkeit voraus. Dazu zählen natürlich auch bloße Zuneigungsbezeugungen. Sie erwarten daher, dass man

Luca Rohleder

Ihnen beispielsweise Lob, Aufmerksamkeit, Beachtung und Anerkennung zollt, und nur deshalb, weil Sie geboren wurden.

··
Das Liebesideal von EM beinhaltet Engagement.
··

Sie werden infolgedessen schon früh in Ihrem Leben geprägt, zuerst Liebe empfangen zu müssen, bevor Sie bereit sind, Liebe zu geben. Daher sehnen Sie sich später nach Liebeskandidaten und Liebeskandidatinnen, die Initiative und Engagement zeigen. Unabhängig davon, ob Sie männlich oder weiblich sind, insgeheim möchten Sie umgarnt und umworben werden.

1.3.4 Selbstlosigkeit

EM beginnen ihr Leben mit einer egozentrischen Weltsicht. Dies ist nicht mit Egoismus zu verwechseln. Empathen sind alles andere als egoistisch. Durch ihr großes Mitgefühl spüren sie natürlich die Nöte und Ängste ihrer Mitmenschen. Sie versuchen dagegen etwas zu tun. Sie möchten ganz einfach helfen. Permanent kommt der Ratgeber und Helfer zum Vorschein, der es nicht nur allen recht machen möchte, sondern auch darum bemüht ist, dass es Menschen ein wenig besser geht.

Dennoch fällt es EM in der Regel recht schwer, eine Vogelperspektive einzunehmen. Zumindest in jungen Jahren schaffen es viele nicht, sich die nötige Objektivität anzueignen.

··
Empathische Gaben führen in der Regel zur Subjektivität.
··

Die Ursachen hierfür können wieder durch das Modell des *NEUGEBORENEN-ICH*s wunderbar hergeleitet werden.

Die Fähigkeit von Neugeborenen, ihre Umwelt durch soziale Gesichtspunkte zu bewerten, ist noch stark eingeschränkt. Sie sind ausschließlich auf die Mutter und später auf den Vater fixiert. Man könnte es auch etwas unromantisch ausdrücken: Babys sind in erster Linie an den Menschen interessiert, die Nahrung und Schutz bieten. Ihre Urinstinkte (also ihr HI) sind ausschließlich auf die für das eigene Überleben notwendigen Personen fixiert. Sie wissen nicht, dass es noch andere Babys auf der Welt gibt (Ausnahme: Zwillinge). Ebenso ist ihnen völlig unbekannt, dass sie Teil einer Menschheit sind, die aus Milliarden von Individuen besteht. Babys sind aus ihrer Perspektive heraus allein. Und die Welt besteht ausschließlich aus Vater und Mutter.

Dies alles ändert sich natürlich im Laufe des Heranwachsens. Schon mit sechs bis zwölf Monaten interessieren sich die Kleinen für andere Kinder und machen damit die ersten sozialen Erfahrungen. Sie beobachten sich etwa und versuchen, den anderen nachzuahmen. Trotz dieses Interesses spielen Kinder bis zum Alter von zwei Jahren eher alleine oder nebeneinander, aber nicht als Partner.

Etwa ab dem dritten Lebensjahr setzt dann eine neue Phase ein, bei der aus einem Nebeneinander ein Miteinander wird: Die Kinder lernen, mit Gleichaltrigen zu kooperieren, aber auch sich durchzusetzen. Sie entwickeln zunehmend Sozialkompetenz und objektive bzw. neutrale Perspektiven ergänzen die egozentrische Sichtweise. Es entwickelt sich praktisch ein herkömmliches Inneres Kind.

Sie wissen es vermutlich bereits schon: Sie haben ein NI, was bedeutet, dass dieses noch immer der Meinung ist, die Welt drehe sich nur um dieses *ICH*. Die Tatsache, dass es daneben noch viele weitere Individuen gibt, die zudem noch für Konkurrenzkonstellationen sorgen, irritiert Ihr NI erheblich.

Insbesondere bei der späteren Partnerwahl werden Sie dies zu spüren bekommen. Ihr noch sehr stark egozentrisch geprägtes NI wird sich äußerst schwer tun, einen Wettbewerb mit anderen Partnersuchenden zu akzeptieren. Es wird sich sehr irritiert zeigen, sich gegen die Konkurrenz durchsetzen zu müssen. Selbst das Risiko, dass das Objekt der Begierde durch andere ausgeguckt oder sogar weggeschnappt werden könnte, wird Ihr NI eher hinnehmen. Es wird später dafür sorgen, dass Sie sich in solchen Situationen eher zurückziehen, wenn nicht sogar schleunigst die Flucht ergreifen. Sie würden lieber Ihren Geschlechtsgenossen Ihren Kandidaten oder Ihre Kandidatin überlassen, als dass Sie sich dem Liebeswettbewerb stellen würden.

> EM werden von Konkurrenzkonstellationen verunsichert.

Zumindest als kleines Baby waren Sie es gewohnt, als einzigartiges Wesen behandelt zu werden. Egal, was Sie taten oder unterließen, ihre Mutter gab Ihnen immer das Gefühl, dass ihre Liebe Ihnen ganz allein gehört. Auch wenn Sie ein schwieriges Kind waren, ständig kränkelten oder dauernd weinten, Sie konnten niemals ernsthaft den subjektiven Eindruck gewinnen, Ihre Mutter (zumindest in den ersten Monaten) würde sich noch um jemand anderen kümmern (Ausnahme: Zwillinge). Selbst wenn ältere Geschwister vorhanden sind, würde sich daran nichts ändern. Eine junge Mutter wird einem Neugeborenen automatisch das Gefühl der Einzigartigkeit vermitteln.

Für EM sind Gefühle der Einzigartigkeit daher überaus wichtig. Wenn Sie bemerken, dass eine wichtige Bezugsperson den Fokus von Ihnen nimmt, um sich anderen zuzuwenden, werden in Ihnen wahrscheinlich bedrohliche Gefühle aufsteigen. Ihr NI erwartet also noch heute, dass sich eine Bezugsperson völlig auf Sie konzentriert. Das bedeutet jedoch auch, dass das Gegenüber keine eigenen Interessen verfolgen darf. Ihr NI möchte schließlich der Mittelpunkt sein, um den sich alles dreht. Es erwartet vom anderen das Gegenteil von Egoismus.

> Das Liebesideal von EM beinhaltet Selbstlosigkeit.

Diesen Anspruch werden Sie später auch auf Ihre Liebespartner projizieren. Ihr NI möchte durch das Gegenüber deutlich das Gefühl vermittelt bekommen, absolut einzigartig (vielleicht auf der Welt) zu sein. Der Partner sollte sich selbstlos auf Sie fokussieren können.

Damit hätten wir den vierten und letzten Punkt Ihres Liebesideals erarbeitet. Es ist so eine Definition von Liebe entstanden, die aus Ihrer Sicht folgende Kriterien umfassen muss:

1. Sie erwarten Ehrlichkeit.

2. Sie möchten bedingungslos geliebt werden.

3. Sie erwarten ein hohes und einseitiges Engagement.

4. Wichtige Bezugspersonen müssen Selbstlosigkeit zeigen.

Da wir uns noch in der „Prägephase" befinden, betrifft das Ganze natürlich erst einmal Ihre frühe Kindheit. Das heißt, Sie beginnen gerade Ihr Leben, haben aber schon eine Art Blaupause für die Liebe im Kopf:

WAHRE LIEBE ist für Sie, wenn Sie ehrlich, bedingungslos, engagiert und selbstlos geliebt werden.

Sie könnten praktisch den Liebesfilm aller Liebesfilme produzieren. Oder den Liebesroman aller Liebesromane verfassen. Sie allein als EM beginnen Ihr Leben mit einem inneren Wissen darüber, was es bedeutet, *WAHRE LIEBE* empfangen zu können. Sie allein könnten der Welt erklären, was Liebe überhaupt ist.

Natürlich ist Ihnen aus heutiger Sicht auch klar, dass es sich dabei um Liebeserwartungen handelt, die nicht immer erfüllbar sind. Wahrscheinlich werden Sie auch ein wenig amüsiert sein. Dennoch möchte ich Sie daran erinnern, dass wir uns gerade in Ihrer allererstens Lebensphase befinden. Sie werden sich heute vermutlich nur schwer daran erinnern können, welch hohe Messlatte Sie an Ihre ersten Bezugspersonen gelegt haben. Und genau aus diesem Grund resultierte ein erster entscheidender Punkt Ihres Lebens. Wenn Sie damals den Eindruck hatten, nicht im Sinne Ihrer speziellen empathischen Liebesdefinition geliebt worden zu sein, sind in Ihnen ganz bestimmte Gefühle aufgestiegen.

1.3.5 Urängste

In der Hauptsache war es Ihr NI, das für das Entstehen Ihres Liebesideals verantwortlich war. Gleichzeitig kann dieses *ICH* aber auch Urängste entwickeln. Solche Ängste sind nicht einfach nur Sorgen und Nöte, die

Luca Rohleder

wir alle täglich in unserem Alltag zu überwinden haben. Nein, diese Form einer negativen Emotion ist die grundlegendste, die in der Natur überhaupt existiert. Sie tritt nur dann auf, wenn tatsächlich das eigene Überleben bedroht ist. Im Prinzip sind solche Urängste noch evolutionäre Altlasten aus einer Zeit, als der Mensch gerade anfing, den aufrechten Gang einzunehmen.

Sie hatten also schon als Kind etwas zu verarbeiten, was in einer zivilisierten und aufgeklärten Welt obsolet geworden ist. Schließlich hat sich der Homo sapiens von dem Evolutionsgesetz „fressen oder gefressen werden" längst verabschiedet.

Um dieses emotionale Phänomen des empathischen Wesens ein wenig näher zu untersuchen, müssen wir uns wieder Ihrem NI zuwenden, das heißt, uns geistig in die Zeit kurz nach Ihrer Geburt zurückversetzen.

Das neue liebenswerte Leben ist zunächst einmal recht genügsam. Das Kleine will schlafen und gefüttert werden. Wird es zudem regelmäßig mit Liebe versorgt, umso besser. So weit, so gut.

Werden diese Grundbedürfnisse nicht optimal erfüllt, ist dies natürlich im höchsten Maße tragisch, aber noch nicht lebensbedrohlich. Wenn das kleine Baby unregelmäßig Muttermilch erhält oder wegen Bauchschmerzen manchmal nicht schlafen kann, ist sein Leben noch nicht in Gefahr. Es gibt jedoch einen ganz bestimmten Fall, bei dem es sehr ernst werden könnte. Nämlich dann, wenn das Baby vergessen wird. Dann steht der Tod unmittelbar bevor. Falls es irgendwo liegt und unbemerkt bleibt, stellt sich das Ende durch Nahrungsmangel oder Kälte schnell ein.

Wie bereits erläutert, sind Nachkommen des Homo sapiens direkt nach der Geburt nicht selbstständig überlebensfähig. Sie können nur daliegen und hoffen.

> Babys sind auf zuarbeitende Personen in höchstem
> Maße angewiesen – sonst sterben sie.

Der Urinstinkt eines Neugeborenen wird immer dafür sorgen, sich konsequent bemerkbar zu machen. Die unbewusste Hauptaufgabe von Babys ist es sicherzustellen, niemals vergessen zu werden. Dazu prüfen die Instinkte des Neuankömmlings permanent (wenn sie wach werden), ob der Ernährer noch anwesend bzw. verfügbar ist. Deshalb können Babys nur liegen, schauen und hören. Gibt es nur den allerkleinsten Anhaltspunkt, dass zum Beispiel die Mutter ausfällt, sagt der Urinstinkt (Schulmedizin: Reflexe) dem Neugeborenen, dass es jetzt schnell um Leben oder Tod gehen könnte.

Je länger niemand kommt, umso intensiver schaukelt sich der Kampf ums Überleben hoch. Babys kennen noch nicht die soziale Zeit. Sie können nicht bewerten, wie lange Mama oder Papa brauchen, um vom Wohnzimmer an ihr Bettchen zu gelangen. Sie kennen nur die Gegenwart. Jetzt, in diesem Augenblick, ist niemand da. Und wenn keiner da ist, weiß es unterbewusst, dass es verloren ist.

> Entsteht bei Neugeborenen der Eindruck, allein gelassen
> zu sein, steigen unweigerlich Todesängste auf.

Und Todesängste sind Urängste. Es sind keine herkömmlichen Ängste und Sorgen. Es geht immer um Lebensgefahr – im Prinzip um die Sorge, bei lebendigem Leibe gefressen zu werden.

Und jetzt kommt wieder die empathische Definition der *WAHREN LIEBE* ins Spiel. Für Ihr NI ist die einzige Garantie, nicht vergessen zu werden, wenn es zumindest von einer Person geliebt wird. Nur wenn das Gegenüber sich in einer Art emotionalen Abhängigkeit befindet, ist das Risiko nahezu null, dass das Baby nicht versorgt wird. Ihr NI beobachtet infolgedessen permanent bestimmte Bezugspersonen, um zu erkennen, ob es geliebt wird. Das kann dramatische Auswirkungen für Sie haben.

> Hatten Sie von bestimmten Bezugspersonen den Eindruck,
> nicht geliebt zu werden, stiegen in Ihnen *URÄNGSTE* auf.

Dazu werden Sie Ihre innere Definition bezüglich der *WAHREN LIE-BE* als Referenzgröße herangezogen haben. Das heißt, alle Liebesbezeugungen werden Sie dahingehend abgeglichen haben, ob es sich tatsächlich um *EHRLICHE, BEDINGUNGSLOSE, ENGAGIERTE* und *SELBSTLOSE* Liebe handelte.

Sie erkennen sicher die Dramatik, die darin steckt. Dieses aussichtslose und ständige Abgleichen mit einem inneren Liebesideal, das in der Regel von den wenigsten Bezugspersonen erfüllt werden konnte, begann bereits zu einer Zeit, an die Sie sich auf keinen Fall erinnern können. Fiel damals das Ergebnis Ihrer Bewertung der entgegengebrachten Liebe negativ aus (und das war mehr als wahrscheinlich), mussten Sie sich schon als Kleinkind gegen lebensgefährliche Angriffe durch Säbelzahntiger, Mammuts oder durch Neandertaler-Nachbarstämme innerlich zur Wehr setzen.

1.4 Der Wachstumsprozess

Kommen wir nun langsam zum Ende der Ausführungen über Ihre „prägende Lebensphase".

Wir haben festgestellt, dass Sie Ihr Leben mit einer Art *HEILEN WELT* der Liebe begonnen haben. Dieses Liebesideal ist dadurch entstanden, weil Sie statt eines herkömmlichen Inneren Kindes ein *NEUGEBORENEN-ICH* in sich tragen. Das NI entspricht Ihrer Gefühlswelt. Gleichzeitig haben wir herausgefunden, dass für Sie die *WAHRE LIEBE* erst dann erfüllt ist, wenn Sie sich ehrlich, bedingungslos, engagiert und selbstlos geliebt fühlen.

Man könnte auch sagen, dass Sie mit fast engelhaften Vorstellungen geboren wurden, denen jegliches Böse und Dunkle fremd ist. Damit schleppten Sie von Anfang an eine Reinheit in Sachen Liebesvorstellungen mit sich herum, die es in sich hatte. EM sind damit wohl die einzigen menschlichen Wesen der Erde, die eine Art *HÖHERES* Wissen in sich tragen, was *WAHRE LIEBE* überhaupt bedeutet.

Wie Sie gerade erfahren haben, hat die Medaille eine sehr ernstzunehmende Kehrseite: In Ihnen werden keine herkömmlichen Sorgen, sondern Urängste aufsteigen, wenn Sie bei bestimmten Bezugspersonen Ihre Definition der *WAHREN LIEBE* nicht erfüllt sehen.

Im Körper von EM können infolgedessen hormonelle Zustände wirken, die eigentlich nur im Überlebenskampf vonnöten sind. Dies ist auch die Erklärung dafür, dass allein EM durch die Liebe nicht nur die größten Glücksmomente Ihres Lebens erfahren können, sondern leider auch Gefahr laufen, schwere seelische Verletzungen davonzutragen.

Es liegt in der Natur der Sache, dass solche Urängste überwunden werden müssen und stattdessen Urvertrauen entwickelt werden muss. Es ist nicht möglich, sein Leben lang von steinzeitlichen Ängsten verfolgt zu werden. Dies gilt insbesondere bei unserem Thema der Liebe. Die Überwindung von Urängsten kann jedoch nicht von heute auf morgen vonstattengehen. Sie benötigt Lebenszeit und Erfahrung. Es sind verschiedene Schritte der Charakterbildung und insbesondere die Erhöhung der Resilienz (seelische Widerstandskraft) vonnöten.

Ich baue deshalb in diesem Buch auf eine Unterteilung verschiedener Lebensphasen auf, die ich bereits früher im Rahmen des Werks *Die Berufung für Hochsensible* vorgestellt habe. Damals ging es jedoch nur um berufliche Themen. Ich musste infolgedessen nicht alle Lebensphasen abhandeln. Schließlich sind nicht alle persönlichen Entwicklungsschritte erforderlich, nur um seine Berufung finden zu können. Dies gilt für die Liebe allerdings nicht.

In diesem Werk über die empathische Liebe sind auch die finalen Schritte notwendig, um nicht nur die *WAHRE LIEBE* zu erleben, sondern sich auch gleichzeitig gegen mögliche seelische Verletzungen besser wappnen zu können. Während Sie in diesem Kapitel bereits die erste

Stufe „Die prägende Phase" kennengelernt haben, stellt sich der weitere Prozess Ihres persönlichen Wachstums folgendermaßen dar:

1. Die prägende Phase
2. Die vergeistigte Phase
3. Die überlastende Phase
4. Die lebensverneinende Phase
5. Die erwachende Phase
6. Die erlösende Phase
7. Die liebende Phase

Machen wir uns also auf den Weg und schauen uns die nächste Lebensphase an.

2 Die vergeistigte Phase

■ ■

Durch die vorangegangene „prägende Lebensphase" werden in Ihnen jetzt Urängste aufsteigen, wenn Sie sich nicht ausreichend geliebt fühlen. Es entsteht eine neue Lebensphase, in der Sie versuchen, mit Ihren Urängsten fertig zu werden.

Wann Sie in diese Lebensphase eingetreten sind, müssen Sie selbst entscheiden. Dieser Zeitpunkt ist immer dann gegeben, wenn Sie beschließen, bestimmte Verhaltensmuster anzunehmen, um entweder emotionalen Verletzungen zuvorzukommen oder mehr geliebt zu werden.

Es kommt zu einer Art Vergeistigung. Sie versuchen ausschließlich, mit Ihrem Intellekt für Ihr Leben solche Rahmenbedingungen zu schaffen, dass Sie sich emotional sicher fühlen können. Diese neue Verhaltensstrategie Ihres Verstandes ruft ein „empathisches Liebesparadoxon" hervor.

2.1 Das empathische Liebesparadoxon

■ ■

Dieses Paradoxon betrifft in der Hauptsache Ihre emotionale Bindungsfähigkeit. Um das Ganze vernünftig herleiten zu können, bedarf es zunächst der Betrachtung Ihres Selbstwertes und Ihrer Fähigkeit zur Emotionalität. Wir beschäftigen uns in diesem Unterkapitel also insgesamt mit drei Punkten:

1. Selbstwertgefühl
2. Emotionalität
3. Bindungsfähigkeit

Beginnen wir mit Ihrem Selbstwertgefühl. Es könnte mittlerweile ziemlich angegriffen sein.

2.1.1 Selbstwertgefühl

Zur Wiederholung: Ihr *NEUGEBORENEN-ICH* kann sich noch ziemlich gut daran erinnern, dass es eine Form der Liebe gibt, die fast einer göttlichen Perfektion gleichkommt – die Mutterliebe. Daraus entstand in Ihnen eine Prägung für das Ideal einer *WAHREN LIEBE*. Diese Definition dient für Sie ab sofort als Messlatte, wenn es um die Liebe geht.

Ihr NI erwartet, *EHRLICH, BEDINGUNGSLOS, ENGAGIERT* und *SELBSTLOS* geliebt zu werden.

Das Ganze wird aber nicht erst dann aktuell, wenn Sie Ihre Geschlechtsreife erreicht haben und Ihre ersten Liebesbeziehungen auf der Tagesordnung stehen, sondern bereits zu einem bedeutend früheren Zeitpunkt.

Ihre Mutter war natürlich die allererste Bezugsperson in Ihrem Leben. Auch diese bewundernswerte Frau, die erfolgreich einen harten Job bewältigt hat, um Sie durchzubringen, wird nach einer gewissen Zeit Ihres Heranwachsens schnell durch Sie in Bedrängnis geraten.

Obwohl Ihre Mutter Ihre größte und intensivste Liebesbeziehung aller Zeiten war, wird auch sie nach ein paar Monaten wieder in einen emotionalen Normalzustand zurückgekehrt sein. Sie hingegen erwarten weiterhin das fast suchtähnliche Liebesverhalten Ihrer Mutter, das Sie kurz nach Ihrer Geburt erleben durften. Während andere Menschen diese fast übermenschliche Kraftanstrengung längst vergessen haben (auch die Mütter selbst), können Sie sich aber noch ganz gut erinnern – zumindest Ihr *NEUGEBORENEN-ICH.*

Selbst für Ihre Eltern wird es nahezu unmöglich gewesen sein, Ihre idealisierten Vorstellungen von der Liebe zu erfüllen.

Auch wenn Ihre Eltern sich Ihrer Vorstellungen von der *WAHREN LIEBE* bewusst gewesen wären, Sie hätten wahrscheinlich niemals eine Chance gehabt, Sie zufriedenzustellen.

Dies hat leider erst einmal tragische Auswirkungen auf Ihr weiteres Leben. Aus Ihrer kindlichen und natürlich auch hochgradig subjektiven Sichtweise werden Sie nahezu gezwungen sein, Enttäuschungen zu erleben. Zumindest unterbewusst werden Sie schon in Ihrer frühen Kindheit Ihren Eltern vorwerfen (vielleicht heute noch), nicht genug geliebt worden zu sein.

Beispiel:

Andre war hochsensibel und stand in seinem 45. Lebensjahr. Er hatte einige Probleme in seinem Leben. Er verfügte über wenige Freunde, war beruflich alles andere als erfolgreich und litt immer wieder an Phasen tiefer Frustration. Aber auch in der Liebe fand er nie die Erfüllung, nach der er sich immer sehnte.

Sein Vater war schon während seiner Pubertät verstorben und gegenüber seiner Mutter empfand er einen tiefen Groll. Er verachtete sie manchmal sogar für ihre Lieblosigkeit, Ignoranz und Oberflächlichkeit. Aber auch seinem Vater gegenüber fühlte er negative Emotionen. In seinen Kindheitserinnerungen tauchten immer wieder dessen zahlreiche Verbote und seine permanent schlechte Laune auf.

Irgendwann wurde auch seine Mutter schwer krank. Die Schwester seiner Mutter kam deshalb zu Besuch. Aufgrund der tragischen Familiensituation kamen sich Andre und seine Tante etwas näher. Es ergaben sich viele Gespräche über seine Eltern. Die Tante erzählte folgende Geschichte:

Andres Mutter hätte in ihrer Jugend große Lebensträume gehabt. Sie wollte ursprünglich überhaupt nicht heiraten, viel von der Welt sehen und ihrer tiefen Sehnsucht nach Freiheit nachgehen. Jedoch kam alles

Die vergeistigte Phase

anders. Zuerst kam das erste Kind und sie war in der Nachkriegszeit gezwungen zu heiraten. In den nächsten Jahren kamen zwei weitere Kinder zur Welt und der Vater musste auf einmal eine große Familie finanziell durchbringen. Jedoch war er ebenso wie Andre hochsensibel. Er fühlte sich schnell überfordert mit dieser Aufgabe. Zudem schwand seine Liebe zu seiner Frau. Dennoch quälte er sich. Er erkannte aber früh, dass er es wohl nicht schaffen würde. Schon als junger Mann zerbrach er an seiner großen Verantwortung für die Familie. Er gab aber nicht auf. Er war der Ansicht, dass es seine verdammte Pflicht sei, seine drei Kinder und seine Frau finanziell irgendwie zu versorgen. Er verlor seine Lebensfreude und wurde nach und nach cholerisch und frustriert. Schließlich schlitterte er von einer Krankheit in die nächste. Es kam, was kommen musste. Seine Überforderung brachte ihn schließlich mit Mitte fünfzig um. Er gab sein Leben für seine Familie. Obwohl er seine Frau nicht liebte und alles andere als geeignet war, als Ernährer zu fungieren, hielt er immer an seiner schweren Lebenslast fest, auch wenn er früh bemerkte, nicht bieten zu können, was er sich für seine Familie wünschte.

Aber auch die jetzt schwer kranke Mutter gab für ihre Kinder alle Lebensträume auf, so die Tante. Sie war nie glücklich, sehnte sich immer nach ihrer verlorenen Freiheit und konnte nie etwas von der Welt sehen. Dennoch war es für sie undenkbar, ihre drei Kinder im Stich zu lassen. Auch sie tauschte ihre Lebensfreude für ihre drei Kinder ein.

Andre brach in Tränen aus. Nie wieder werde er es zulassen, nur einen einzigen negativen Gedanken über seine Eltern zu hegen. Sie hatten ein heldenhaftes Leben gelebt – und das alles nur für ihn und seine beiden Schwestern. Wie konnte er nur ...

Ihre Eltern werden Sie vermutlich ausreichend geliebt haben, dennoch ist die Wahrscheinlichkeit recht hoch, dass Ihnen dies nicht genügte.

Vermutlich hatten Sie sogar das subjektive Gefühl, dass einer Ihrer Elternteile Sie im Stich gelassen hat. Oder es tauchen Themen wie Vernachlässigung, Ignoranz, mangelnde Zärtlichkeit, zu wenig Zuneigung, keine Unterstützung oder zu wenig Schutz auf.

Obwohl dies in der Realität nie so gewesen sein musste, zumindest aus der Sicht Ihres sehr fragilen NIs könnten Sie einige dieser Punkte nicht anders empfunden haben. Wie gesagt, Ihre Eltern hatten wahrscheinlich niemals eine Chance, Ihrem hohen Liebesideal vollends zu entsprechen.

Es wäre aber noch eine andere Konstellation möglich: Eventuell hatten Sie keinen richtigen Bezug zu Ihren Eltern. Oder Sie waren ein Träumer, der sich geistig immer wieder in andere Welten zurückzog. Vielleicht waren Ihre Eltern aber auch tatsächlich Übermenschen und gaben Ihnen genau die Liebe, die Sie erwarteten. Dann werden Sie Ihre Enttäuschungen bezüglich der *WAHREN LIEBE* wohl etwas später gemacht haben.

Als Ihr Leben als Jugendlicher oder junger Erwachsener langsam Ihre Kindheit beendete, werden andere wichtige Bezugspersonen aufgetaucht sein. Es waren solche Personen, die etwas mit Ihrer Zukunft zu tun hatten. Ihr NI „denkt" (fühlt) grundsätzlich an das Morgen. So wie Ihre Mutter oder Vater das Morgen und Übermorgen maßgeblich gesichert haben, indem sie Sie nach Ihrer Geburt mit Nahrung, Fürsorge und Schutz versorgt haben, so traten nun andere Menschen in Ihr Leben, die Ihre Zukunft maßgeblich beeinflussen konnten.

Es tauchten Menschen auf, wie beispielsweise Freundinnen, Freunde, Lehrer, Klassenkameraden etc. Auch von diesem Personenkreis hätte Ihre weitere Zukunft abhängen können. Falls Sie von diesen Menschen nicht ausreichend gemocht würden, wären Sie wieder allein gewesen, und was das für Ihr NI geheißen hätte, müsste mittlerweile klar geworden sein.

Deshalb werden Sie jetzt nicht mehr Ihre Eltern, sondern die neu in Ihr Leben getretenen Bezugspersonen genau beobachten. Stellen Sie Verhaltensweisen fest, die von Ihrer Blaupause der *WAHREN LIEBE* zu sehr abweichen, werden in Ihnen wieder die Säbelzahntiger auftauchen. Spätestens dann werden Sie Ihre ersten Enttäuschungen erleben.

Während nicht empathische Menschen nichts von Gemeinheiten, Lieblosigkeiten, Hinterlist oder sonstigen Unehrlichkeiten in ihrer Umwelt bemerken oder ganz einfach wieder zur Tagesordnung übergehen können, ist dies für Sie als empathischer junger Mensch natürlich nicht

Die vergeistigte Phase

machbar. Alle Verstöße gegen Ihre heile Welt werden Sie nicht nur sehr deutlich spüren, sondern auch bis aufs Knochenmark treffen.

So wachsen Sie langsam heran und holen sich einen Tiefschlag nach dem anderen ab. Immer öfter steigt in Ihnen ein ganz bestimmtes Unwohlsein auf. Sie bemerken, dass in Ihnen langsam, aber sicher eine gewisse Unsicherheit entsteht. Erste Zweifel beginnen an Ihnen zu nagen. „Vielleicht liegt alles nur an mir", werden Sie sich fragen. Schnell werden Sie einen Höhepunkt Ihrer Selbstzweifel erreichen. Entweder als Kleinkind, Jugendlicher oder junger Erwachsener. Irgendwann ist es dann soweit. Ob Sie wollen oder nicht. Ihnen wird aufgrund Ihrer recht hohen Erwartungshaltung in Sachen *WAHRER LIEBE* und der noch zu geringen Lebenserfahrungen nichts anderes übrig bleiben, als zu einem dramatischen Schluss zu kommen:

> Sie beginnen zu glauben, dass Sie nicht genug liebenswert sind und den äußeren Ansprüchen nicht genügen können.

Mehr und mehr gelangen Sie zu der Überzeugung, dass mit Ihnen etwas nicht stimmt. „Es muss doch Gründe geben, warum die mir wichtigen Menschen mir nicht genug Beachtung (*WAHRE LIEBE*) schenken", werden Sie sich sagen hören: „Vielleicht habe ich es einfach nicht besser verdient?"

> EM entwickeln früh erste Minderwertigkeitsgefühle.

Zu diesem Zeitpunkt kann Ihnen noch nicht klar sein, dass nicht das Verhalten der anderen Ihre Enttäuschungen hervorruft, sondern lediglich die Kombination aus einer zu hohen Erwartungshaltung aufgrund Ihres Liebesideals und Ihrer empathischen Gabe, alle Verstöße hautnah miterleben zu müssen.

So wird es wohl unumgänglich gewesen sein, dass Sie schnell Probleme mit Ihrem Selbstwertgefühl bekommen haben. Dieses dramatische Missverständnis Ihrer Kindheit bzw. Jugend wird maßgebliche Folgen für Ihr emotionales Auftreten haben.

2.1.2 Emotionalität

Sie haben mittlerweile die eine oder andere emotionale Enttäuschung hinter sich. Sie beginnen nun, sich schützen zu wollen. Sie werden sich angewöhnen, eine gewisse Habachtstellung gegenüber bestimmten Menschen einzunehmen. Dazu erfordert es Konzentration und Beobachtungsgabe. Dies erreichen Sie durch die Überaktivierung Ihres Verstandes – also Ihres EI. Wenn Sie auf wichtige Personen stoßen (Ihre Zukunft betreffend), werden Sie spontan aufkommende Stimmungen (Emotionen) bewusst dämpfen. Bei Gefahr bleibt keine Zeit für Gefühle. Zu sehr sind Sie damit beschäftigt, Ihre Umwelt nach potenziellen Gefahren abzusuchen. Viele EM entwickeln in bestimmten Situationen eine gewisse Unnahbarkeit.

Negative Erinnerungen beginnen, das Denken zu bestimmen.

Das EI ist zunehmend damit beschäftigt, die Vergangenheit zu verarbeiten. Deshalb bauen EM langsam eine emotionale Schutzmauer auf. Dieser Effekt wird verschärft, weil Sie zudem versuchen, aufgrund Ihres mittlerweile zu geringen Selbstwertgefühls bestimmte Rollen einzunehmen. Sie lernen schnell, dass bestimmte Verhaltensmuster mehr Beachtung erzeugen. Sie tun alles, um mehr Anerkennung und Wertschätzung zu erhalten. Durch Streicheleinheiten für das Ego fällt es Ihnen leichter, Ihre Selbstzweifel, das heißt Ihre Vergangenheit, verdrängen zu können.

Viele EM beginnen nun, sich eine Maske aufzusetzen.

Sie übergehen dabei nicht nur ihr eigentliches Naturell, sondern sind leider auch gezwungen, fremde Werte zu übernehmen. Nur wenn sie die Erwartungshaltung anderer erfüllen, können EM sich sicher sein, auch deren Wertschätzung genießen zu können. Sie beginnen, Glaubenssätze von anderen zu leben.

Das alles kostet viel Verstandeskraft. Viel Kopfarbeit ist erforderlich, um sich abzusichern und das eigene Verhalten zu kontrollieren. EM

Die vergeistigte Phase

beginnen, mit ihren Gedanken nicht mehr im „Hier & Jetzt" zu sein. Sie sind geistig immer einen Schritt voraus. Für alles, was sie tun oder unterlassen, überlegen sie sich blitzschnell erst einmal die Konsequenzen.

Wer könnte die nächste Minute wie reagieren, wenn ich dies und jenes sage. Was könnte morgen oder übermorgen sein, wenn ich dies oder jenes nicht sage. Wie wird meine Zukunft aussehen, wenn ich dies oder jenes tue (oder unterlasse).

Während andere solche Zukunftsgedanken in einem gesunden Maße hegen, beginnen EM, dies zu übertreiben. Zu groß ist die Gefahr, weitere emotionale Enttäuschungen zu erleiden. Was EM zu diesem Zeitpunkt noch nicht wissen können, ist, dass zu viele Gedanken über die Zukunft auch zu viele Emotionen über die Zukunft erzeugen. Die zunehmende Vergeistigung nimmt ihren Lauf.

> EM beginnen, ihre ersten Zukunftsängste zu entwickeln.

In der Summe pendelt das EI zwischen der Vergangenheit (Verletzungen) und Zukunft (mehr Liebe oder besser genügen können) hin und her. EM denken, fühlen und leben zunehmend nicht mehr im „Hier & Jetzt". Und jetzt passiert etwas Entscheidendes im Körper der EM. Sie verlernen nach und nach die Fähigkeit, sozusagen „in Stimmung zu sein". Gefühlslagen für die Gegenwart werden immer weniger. EM dämpfen ihre Emotionen, das heißt ihren Bauchraum.

In unserem Bauchraum sitzt jedoch nicht nur unser Verdauungstrakt, sondern vor allem unser „emotionales Gehirn". Es ist das „Enterische Nervensystem" (ENS). Dieses hat anatomisch eine sehr ähnliche Struktur und funktioniert auch in etwa wie unser Gehirn. Es zieht sich als durchgehendes Netzwerk von der Speiseröhre bis zum Darmausgang mit über 100 Millionen Nerven- und noch mehr Gliazellen. Das sind weitaus mehr, als sich im gesamten Rückenmark befinden.

Zudem sind Zelltypen, Wirkstoffe und Rezeptoren in beiden Hirnen gleich. Ihre Funktion ähnelt sich insofern, dass beide autonom sind, also auch unabhängig voneinander arbeiten können.

Die Wissenschaft geht heute davon aus, dass wir zwei Gehirne haben, ein emotionales sowie ein intellektuelles (Quelle u. a.: „*EQ – Emotionale Intelligenz*", *Daniel Goleman, 1997*). Deshalb wird dieses „Enterische Nervensystem" im Englischen auch treffend als „Second Brain" bezeichnet.

Im Übrigen ist es ein schönes Aha-Erlebnis, wenn wir einmal Bilder vom Gehirn und vom Dünn-/Dickdarm nebeneinander legen. Die vielen grauen Windungen und zahlreichen Zerklüftungen weisen schon allein optisch eine gewisse Ähnlichkeit auf.

Man könnte auch sagen, wenn es um unsere Gefühle geht, „denken" wir mit dem Bauch (zum Beispiel Schmetterlinge im Bauch). Allerdings gibt es einen kleinen Haken. Das „Enterische Nervensystem" ist nur für die Gegenwart ausgelegt. Dort entstehen die jeweils aktuellen Empfindungen bezüglich unserer Umwelt, die an das Gehirn weitergeleitet und dort abgespeichert werden. Das heißt, unser Bauchraum kann nur Gefühle bezüglich des „Hier & Jetzt" erzeugen. Alle anderen Gefühle (Zukunft, Vergangenheit) sind infolgedessen bloße Effekte unseres Gedächtnisses.

Von außen betrachtet bleiben EM weiterhin hochemotionale Wesen. Was jedoch niemand bemerkt (EM oft selbst nicht), ist, dass sie zunehmend von Gefühlen aus ihrem Gedächtnis zehren. Selbst explosionsartige Gefühlsausbrüche sind nur Auswirkungen von Gefühlen, die bereits erlebt wurden bzw. nur im Erinnerungsvermögen hochgestiegen sind.

> Die emotionale Welt von EM beginnt sich langsam nur noch
> um Vergangenheit oder Zukunft zu drehen.

Leider sind dies keine „echten" emotionalen Erlebnisse, sondern im Prinzip rein geistige Abläufe. Der Nachschub gegenwartsbezogener Emotionen versiegt und das „Enterische Nervensystem" des Bauchraums wird zunehmend zur Passivität verurteilt (inklusive der darunter liegenden Organe). Dies wird erhebliche Auswirkungen auf die Bindungsfähigkeit von EM haben.

2.1.3 Bindungsfähigkeit

Ab dem Zeitpunkt der Pubertät werden Sie schnell bemerken, dass Ihnen das andere Geschlecht (bzw. das Geschlecht Ihrer Wahl) etwas zu schaffen macht. Irgendetwas Bedrohliches steigt in Ihrem Inneren auf. Sie bemerken, dass es da um die Zukunft gehen könnte. Und wenn das Morgen im Spiel ist, entstehen Risiken, die nicht abzusehen sind. Ihr NI schlägt Alarm.

> Sie entwickeln eine gewisse Vorsicht gegenüber dem anderen Geschlecht.

Dazu sollten Sie sich an das Kapitel „Urängste" erinnern. Diese urzeitlichen Effekte wirken in Ihrer „vergeistigten Phase" noch sehr intensiv. Falls Sie also bemerken, dass eine aus Ihrer Sicht wichtige Person Sie übersieht, Sie glatt vergisst oder im Extremfall komplett ignoriert, werden bei Ihnen bedrohliche Gefühle aufsteigen. Wie das Baby, das sich vergessen fühlt und den Hungerstod vor Augen sieht. Je mehr Sie den Vertreter des anderen Geschlechts als wichtig für Ihre Zukunft einschätzen (potenzieller Liebeskandidat), umso intensiver schaukeln sich Ihre Urängste hoch.

Kommt es dann zu Ablehnung oder sonstigen Situationen, die im Widerspruch zu Ihrem Ideal der *WAHREN LIEBE* stehen, wird in Ihrem Körper eine solche hormonelle Bedrohungskonstellation ausgelöst, die eigentlich nur für einen Todeskampf vorgesehen ist.

Adrenalin, Kortisol und alles andere, was für einen Überlebenskampf notwendig ist, wird ausgeschüttet. Nur die wichtigsten Organe werden jetzt noch mit ausreichend Blut versorgt. Der Blutdruck steigt, der Herzschlag erhöht sich und der Muskulatur wird für den anstehenden Kampf gegen den Säbelzahntiger oder gegen das Mammut mehr Sauerstoff und Glukose zur Verfügung gestellt.

In diesem Überlebensmodus hat der Körper auch keine Zeit mehr, sich mit Krankheiten herumzuschlagen. Das Immunsystem wird wei-

Die vergeistigte Phase

testgehend heruntergefahren und Bakterien und Viren haben erst einmal freie Fahrt. Darum kümmert sich der Körper später. Jetzt setzt er Prioritäten. Obwohl vielleicht nur ein Vertreter des anderen Geschlechts ohne jegliche böse Absicht vor Ihnen steht, Ihr Körper kämpft jetzt verzweifelt um das nackte Überleben – zumindest aus der subjektiven Sicht Ihres *NEUGEBORENEN-ICHs*.

Alles in allem ist Ihr NI für einen mehr als schrecklichen Leitsatz verantwortlich. Dieser spukt wahrscheinlich ständig in Ihrem Unterbewusstsein herum, wenn Sie vor potenziellen Liebeskandidaten stehen:

....
NI: „Wenn ich nicht geliebt werde, dann sterbe ich ...“
....

Wenn sie nicht so ernst und vor allem für Sie nicht im höchsten Maße unangenehm wäre, ist diese hormonelle Bedrohungskonstellation eigentlich ein schlechter Witz – eine furchtbare Fehlinterpretation Ihres NIs. Sie spielen lediglich mit dem harmlosen Gedanken, sich verlieben zu wollen, und Ihr *NEUGEBORENEN-ICH* beschließt, eine Art Krieg zu führen.

Jetzt können Sie sicher nachvollziehen, dass Sie in dieser Lebensphase praktisch überhaupt nicht anders können, als in potenziellen Liebespartnern eine gewisse Bedrohung zu sehen. Für solche Ängste gibt es in der Beziehungspsychologie eine sehr treffende Bezeichnung:

....
Sie beginnen, unter schweren Bindungsängsten zu leiden.
....

Das heißt nicht, dass Sie nicht eine tiefe Sehnsucht in sich spüren, sich binden zu wollen. Dennoch mutiert aus Ihren diffusen, bereits vorhandenen Zukunftsängsten ein innerer Konflikt. Auf der einen Seite möchten Sie eine Beziehung eingehen, auf der anderen Seite wirken in Ihnen handfeste Bindungsängste. Es entsteht das typisch „empathische Liebesparadoxon".

Bevor ich darauf näher eingehen werde, möchte ich zunächst ein paar Worte zu den grundlegenden Prinzipien verlieren, warum sich zwei Menschen ineinander verlieben.

Nachdem Sie sich geistig geöffnet haben (an anderer Stelle mehr dazu), benötigen Sie vor allem einen hohen emotionalen Erregungszustand. Und jetzt wird es interessant: Diese Form der Gefühlsintensität wird in der Regel durch das „Enterische Nervensystem" Ihres Bauchraums geschaffen. Im letzten Kapitel haben wir jedoch erfahren, dass die meisten EM (wenn sie in dieser „vergeistigten Phase" angekommen sind) dahingehend Defizite aufweisen. Ihr „Enterisches Nervensystem" ist mittlerweile ziemlich gedämpft. Das heißt, dort kann der für die Liebe erforderliche hohe Grad der Erregung nicht mehr erreicht werden.

Jetzt könnte man interpretieren, dass EM von der Grundvoraussetzung, sich verlieben zu können, praktisch ausgeschlossen sind. Ein zu wenig geöffneter Bauchraum bedeutet schließlich auch zu wenig Gefühlsintensität. Und jetzt offenbart sich das Paradoxon.

Das krasse Gegenteil ist der Fall – EM bieten den höchstmöglichen Erregungszustand, der für einen Menschen überhaupt denkbar ist. Und jetzt erfahren Sie den entscheidenden Punkt, was EM in der Liebe so exorbitant von anderen unterscheidet.

Es sind nicht die üblichen Gefühle, die für eine hohe Gefühlsintensität sorgen, wie bei Nicht-Empathen. Nein, es sind tatsächlich die Urängste Ihres NIs, die dafür verantwortlich sind. Und Ängste zählen schließlich nicht nur zur Gefühlswelt, sondern es sind die intensivsten Emotionen, die es überhaupt gibt.

Obwohl die Emotionen des Bauchraums von EM längst gedämpft sind, erreichen EM dennoch einen Erregungszustand, der es in sich hat. Die tiefsitzenden Urängste vor dem Angriff eines Mammuts sind dafür verantwortlich.

> EM können die höchstmögliche
> Erregung für die Liebe erreichen.

Jetzt leuchtet Ihnen dieses Liebesparadoxon Ihres empathischen Wesens wahrscheinlich ein. Obwohl Ängste das Gegenteil von angenehmen Gefühlen sind, ändert dies nichts an der Tatsache, dass sie nun mal Ge-

fühle sind. Je intensiver diese sind, umso höher ist die Liebesintensität.
Dies hat für EM dramatische Auswirkungen:

> EM verlieben sich am schnellsten, tiefsten und am heftigsten.

Je empathischer Sie sind, umso schneller und intensiver ist es um Sie
geschehen. Insbesondere Hochsensible können damit einen Erregungszustand erreichen, der unvorstellbar intensiv ist. Wenn es um einen
hochroten Kopf geht, plötzliche Schweißausbrüche, gedankliche bzw.
sprachliche Blackouts oder sogar um Panikattacken, dann sind sicher
Hochsensible am (Liebes-)Werk. Es tobt in ihrem Inneren ein schreckli-
cher emotionaler Abwehr- oder Angriffskrieg.

Sie erkennen sicher den vermeintlichen Widerspruch, der sich jetzt
vor Ihnen auftürmt. Es ist genau diese Angst vor der Zukunft, also davor, Bindungen einzugehen, die Sie geradewegs in etwas hineinschlittern
lässt, wogegen Sie sich im Vorfeld eigentlich schützen wollten. Oder
anders ausgedrückt:

> Je größer Ihre Bindungsängste gegenüber einem
> Kandidaten sind, umso mehr werden Sie gebunden sein.

Oder um es noch deutlicher auf den Punkt zu bringen, damit dieses
unglaubliche Phänomen der empathischen Liebesfähigkeit wirklich glasklar wird:

> Je intensiver Ihre Angst ist, vom Gegenüber nicht geliebt
> zu werden, umso intensiver werden Sie ihn lieben.

Je wichtiger Sie aus Ihrer subjektiven Sicht jemanden für Ihre Zukunft
einstufen, umso mehr haben Sie Angst, ihn wieder zu verlieren, umso
höher ist Ihre Erregung, umso heftiger ist Ihre Liebe.

Können Sie jedoch Ihre Ängste nicht überwinden und öffnen sich
infolgedessen nur solchen Liebeskandidaten, die keine potenzielle Gefahr für das NI bedeuten, wird es wohl nichts mit einer heftigen Liebe.
Vielmehr plätschert dann eine nette Freundschaft dahin, die vielleicht

viel emotionale Sicherheit bietet, jedoch wenig mit der Liebe selbst zu tun hat. Wie gesagt: keine Angst – keine Liebe.

Dieses fast unheimlich anmutende Liebesparadoxon der Empathie wird uns besonders im zweiten Teil des Buchs noch sehr intensiv beschäftigen. Jetzt gehen wir aber erst einmal zu Ihrer ersten ernstzunehmenden Liebesbeziehung über. Schließlich befinden Sie sich noch am Anfang Ihres Liebeslebens.

Im Übrigen werde ich dabei auch weiterhin die Gegenwartsform verwenden, schließlich gibt es auch Leserinnen und Leser, die aktuell in dieser Lebensphase stecken könnten.

2.2 Partnerschaft

Sie befinden sich mittlerweile in Ihrer ersten ernstzunehmenden Liebesbeziehung. Oder sind sogar verheiratet.

Grundsätzlich kann dieses Buch kein Beziehungsratgeber oder Eheberater sein. Dafür sind die Konstellationen möglicher Partnerschaftsmodelle zu zahlreich. Zudem ist mir nicht bekannt, welche Charakterzüge Ihr Partner aufweist. Die spezifischen Wesensmerkmale von Menschen sind einfach zu unterschiedlich, als dass man durch ein Buch pauschal und aus der Ferne konkrete Beziehungstipps geben könnte. Dies ist aber auch nicht unbedingt notwendig.

Allein die Tatsache, dass Sie sich über Ihre empathischen Liebesprinzipien bewusst werden und in Ihnen die eine oder andere Erkenntnis aufsteigt, wird dazu führen, dass Sie nicht nur sich selbst, sondern auch Ihren Partner besser verstehen werden.

Vielleicht fällt Ihnen sogar auf, dass ich etwas beschreibe, das nicht Sie betrifft, sondern Ihr Gegenüber. Oder Sie entdecken, dass Ihr gelieb-

Die vergeistigte Phase

ter Mann oder Ihre geliebte Frau doch empathischer ist, als Sie im Vorfeld angenommen hatten. Eventuell sind Sie sogar mit einer hochsensiblen Person zusammen, ohne sich je darüber im Klaren gewesen zu sein. Dann wird Ihnen vermutlich das eine oder andere Licht aufgehen.

Grundsätzlich geht es um eine allgemeine Bewusstwerdung, wenn Sie sich in einer Partnerschaft befinden. Diese Form der Liebesweisheit, sich selbst und das Gegenüber besser zu verstehen, wird Sie mit Riesenschritten voranbringen.

Eventuell haben Sie aber auch schon ein solches Lebensalter erreicht, in dem Sie Rückschau halten können. Dann wird Ihnen die Beschreibung der „Vergeistigten Phase" Ihres Lebens als längst vergangen erscheinen. Sicher sind Sie dann in der Lage, vielleicht ein wenig amüsiert auf frühere Liebesbeziehungen zurückzublicken.

Beginnen wir zunächst mit einer sehr typischen Eigenart des empathischen Naturells.

2.2.1 Perfektionismus

In Ihrer Partnerschaft wird nun Ihr Ehrgeiz erheblich angespornt (falls Sie verliebt sind). Wenn Sie das Gefühl haben, dass Ihre *WAHRE LIEBE* noch nicht erfüllt wird (was mehr als wahrscheinlich ist), werden wieder alte Selbstzweifel hochkochen. Sie werden alles tun, um stärker genügen zu können. Ab sofort lastet viel auf Ihren Schultern.

> Eine Liebesbeziehung kann EM schnell überlasten.

Zu allem Unglück kommt noch hinzu, dass Sie als EM einen Hang zum Perfektionismus haben. Dieser ist eine übersteigerte Form des Ordnungssinns. Die Ursache hierfür hat mit Ihrem dominanten HI zu tun.

Sie verfügen über ein außergewöhnlich hohes Harmonieverständnis. Harmonie ist ein Zustand, der intellektuell nicht richtig greifbar ist. Man muss *WISSEN*, was das ist. Werden wir damit konfrontiert, erleben wir

Harmonie. Die Richtigkeit des Schönen. Ein Ideal, das durch die Natur unverrückbar vorgegeben ist und von allen Modeerscheinungen unberührt bleibt. Es ist eine Definition einer *HÖHEREN* Ordnung, die sicher nicht auf der Erde erschaffen wurde.

Wenn etwas auf einem Gemälde nicht zusammenpasst oder bei einem Musikstück disharmonisch klingt, wird Ihnen dies sofort auffallen. Es ist Ihr Urinstinkt, also Ihr HI, der dabei die Führung übernommen hat.

Den ganzen Tag, Minute um Minute, werden Sie spüren, ob um Sie herum alles stimmt oder nicht. In Ihrer Wohnung, auf Ihrem Schreibtisch, während einer Kunstausstellung oder bei den vielen, kleinen Kunstwerken, die Sie selbst erschaffen haben.

Im Prinzip sind die Ursachen, warum Sie über eine Art *HÖHEREN* Ordnungssinn (Harmonieverständnis) verfügen, die gleichen, warum Sie ein ausgeprägtes Gewissen haben und bestimmte ethische Werte verfolgen möchten. Es ist Ihre beneidenswerte Verbindung zur *UNSICHT-BAREN WELT*. Sie *WISSEN* ganz einfach.

Ihr Harmonieverständnis kann zu Perfektionismus ausarten.

Sicher erzähle ich Ihnen in Sachen Perfektionismus nichts Neues. Vielleicht leben Sie ihn lediglich auf indirekte Weise aus. Vielleicht belegt dies Ihr übertriebener Ordnungssinn, den Sie beispielsweise in Ihrer Wohnung im Übermaß pflegen. Alles muss rein und stimmig sein, damit Sie zumindest ein ganz kleines Stück Ihres Harmonieverständnisses erfüllen können. Sicher haben Sie dann mit Ihrem Partner einige Diskussionen darüber.

Vielleicht jagen Sie aber auch nur dem Schönen hinterher (zum Beispiel bei Liebeskandidaten), weil nur das Ihrem Harmonieverständnis bezüglich eines optischen Erscheinungsbildes nicht grundlegend widerspricht. Oder Sie leiden schon Ihr Leben lang an Ihrer Figur, weil diese Ihrem *WISSEN* über einen fiktiven perfekten Körper niemals gerecht werden kann.

Insbesondere, sich dem Partner nackt zu zeigen (auch vom Bett Richtung Bad und wieder zurück) oder sich unter Beobachtung unbekleidet zu bewegen, kann in dieser Lebensphase eine Herausforderung sein. Aufgrund Ihres Perfektionssinns ist es praktisch unmöglich, dass Sie mit Ihrem Körper zufrieden sein können (auch dann, wenn er tatsächlich perfekt ist).

Es gibt also eine gewaltige Kehrseite Ihres Harmonieverständnisses. Perfektionismus kann schnell zur Last werden. Alles, was sich aus Ihrer Sicht nicht perfekt anfühlt, wird infolgedessen als schwerer Verstoß gegen Ihre inneren Werte empfunden.

In der Summe ist es mehr als verständlich, dass EM in ihren Partnerschaften dadurch immer unter einer gewissen Drucksituation stehen. Je mehr sie lieben, desto höher ist die Belastung, auch für den anderen perfekt zu sein. Darüber hinaus gibt es eine weitere Auswirkung Ihres *HÖHEREN* Ordnungssinns:

> EM tragen eine gewisse Harmoniebedürftigkeit in sich.

Sie ist eine Folge Ihres Hangs zur Perfektion. Gibt es Zwist im Liebesalltag oder Unausgesprochenes, kann Sie dies zum Wahnsinn treiben. Haben Sie zudem einen Partner, der einfach nicht reden will oder eine Tendenz zum Rückzug hat, können Sie wahrscheinlich nicht mehr abschalten. Wenn Sie bestimmte Ahnungen oder subtile Unstimmigkeiten mit Ihrem Partner gemeinsam nicht auflösen können, ist die Perfektion Ihrer Partnerschaft oder Ihr gesunder Schlaf in Gefahr.

Erschwerend kommt hinzu, dass die bereits erläuterten Selbstzweifel immer im falschen Augenblick ans Tageslicht kommen. Diese werden Sie immer antreiben. Bis hin zur Selbstaufopferung. Sie kommen in dieser Lebensphase noch zu selten auf die Idee, dass alles Unglück auch am anderen liegen könnte oder vielleicht überhaupt nichts mit Ihrer Beziehung selbst zu tun hat.

> Suchen Sie die Schuld nicht immer bei sich selbst.

Natürlich ist es äußerst ehrenwert, sich zuerst an die eigene Nase zu fassen. Man kann es aber auch übertreiben. Jetzt werden Sie sich fragen: „Was ist die Lösung?" Wie können Sie Ihren Perfektionismus und Ihre große Harmoniebedürftigkeit überwinden? Diese Frage ist im Prinzip bereits beantwortet: Indem Sie sich darüber bewusst werden, dass Sie davon betroffen sind.

Allein die Tatsache, dass es bei Ihnen immer wieder klick macht, wenn Sie mal wieder gerade dabei sind, sich mental und körperlich mit Ihrem hohen Anspruch an sich selbst zu überlasten, ist schon die halbe Miete. Beginnen Sie auch mal, über sich selbst zu lachen. Geben Sie den einen oder anderen Punkt, der gerade nicht *PERFEKT* zu lösen ist, einfach mal mutig an Ihr Schicksal ab.

> Sie sollten lernen, gelassener zu werden.

Sie haben fünf auch mal gerade sein zu lassen. Das Leben, die Liebe und vor allem, sich selbst nicht zu ernst zu nehmen, ist der Schlüssel dazu. Mir ist bewusst, dass Sie sich damit wahrscheinlich mehr als schwertun, zumindest in dieser „vergeistigten Lebensphase". Aber keine Sorge, an anderer Stelle gibt es noch weitere Lösungsvorschläge. Spätestens zum Ende des Buchs werden Sie erfahren, wie Sie gelassener werden können. An dieser Stelle Ihres Lebens sind Sie noch nicht in der Lage, ausreichend Lockerheit an den Tag zu legen. Dies wird zu weiteren Herausforderungen in Ihrem Liebesalltag führen.

2.2.2 Aufmerksamkeit

Sie erinnern sich: Ihr NI leidet jetzt noch an einer gewissen egozentrischen Weltsicht. Das heißt, dieses *ICH* erwartet unbewusst von Ihrem Partner, im Mittelpunkt seines Lebens zu stehen. Haben Sie das Gefühl, dass dies nicht der Fall ist, beginnt sich Ihr Körper hormonell wieder auf eine Bedrohungssituation einzustellen.

Die vergeistigte Phase

Haben EM im Liebesalltag den Eindruck, nicht genug
Aufmerksamkeit zu erhalten, wirken wieder Urängste.

Natürlich bemerken Sie aufgrund Ihrer großartigen empathischen Gabe, wenn Ihr Liebespartner förmlich dahinschmilzt und Sie gerade unendlich geliebt werden.

Leider spüren Sie aber auch solche Momente sehr genau, die nicht gerade darauf schließen lassen, dass Ihr Liebster oder Ihre Liebste verrückt ist nach Ihnen.

Ganz zu schweigen von Gedanken und Gefühlen Ihres Partners, die er vor Ihnen am liebsten verheimlichen würde. Da kann ich Ihnen nur einen recht trockenen Ratschlag geben: Machen Sie irgendwie Ihren Frieden damit, dass Ihr Liebespartner die wenigste Zeit verrückt ist nach Ihnen. Und vor allem, dass es höchst unwahrscheinlich ist, Ihnen dasjenige hohe Maß an Aufmerksamkeit zukommen zu lassen, das Sie in dieser Lebensphase noch erwarten. Sagen Sie Ihrem NI, dass kein Säbelzahntigerangriff droht, nur weil Liebespaare nicht jede Minute ein romantisches oder leidenschaftliches Dasein führen können.

Nichtsdestotrotz ist diese Einsicht eine große Herausforderung für Sie. Unabhängig davon, wie vernünftig und tolerant Sie (also Ihr EI) gerne sein möchten, es wird Sie immer wieder seelisch belasten. Insbesondere, so zu tun als ob, bedeutet eine größere Belastung für Ihr Nervensystem, als Sie sich zu dieser Zeit Ihres Lebens vorstellen können. Wenn Sie wiederholt beim Gegenüber Emotionen oder Gedanken empfangen, die gegen die Grundsätze Ihrer *WAHREN LIEBE* verstoßen, können Sie im Prinzip nur zwischen Pest oder Cholera wählen. Entweder Sie fühlen sich verletzt und reagieren entsprechend oder Sie belasten Ihr Großhirn im Übermaß.

Ihre Resilienz (seelische Widerstandskraft) ist noch nicht ausreichend hoch, als dass Sie Ihrem Partner zugestehen könnten, auch mal längere Zeit gedanklich abwesend zu sein. So richtig ist Ihrem NI noch nicht klar, dass Ihr Schatz kein gottähnliches Wesen ist, dem jegliche dunkle Seite fern ist.

Luca Rohleder

EM neigen dazu, Ihren Partner zu idealisieren.

Damit wären wir wieder beim Perfektionismus angelangt. Sehen Sie frühzeitig ein, dass Sie niemals eine aus Ihrer empathischen Sicht perfekte Partnerschaft führen werden können. Sie spüren, ahnen und bemerken einfach zu viel.

Andere Liebespaare bekommen einfach nichts mit, wenn das Gegenüber nicht gerade schmeichelhafte Verhaltensweisen an den Tag legt. Oder gehen in Windeseile wieder zur Tagesordnung über. Was ich nicht weiß, macht mich nicht heiß. Glücklich (liebend) sind nur die Unwissenden. Diesen Platzvorteil haben Sie als EM leider nicht.

Aus Ihrer subjektiven Sicht wird Ihre Partnerschaft in dieser Lebensphase immer nur ein Kompromiss sein können.

Wenn Sie also mit Ihrer Partnerin in einem Café sitzen und sie auf den Hintern eines hübschen jungen Mannes schaut (und sich denkt: „nettes Schnittchen"), dann registrieren Sie diesen Verstoß gegen Ihr Liebesideal sofort. Sie könnten sogar auf die Idee kommen, unverzüglich die ganze Beziehung infrage zu stellen. Versuchen Sie daher frühzeitig, innerlich gegenzusteuern:

Auch wenn Ihr Partner durch eine Attraktion abgelenkt wird, Säbelzahntiger sind längst ausgestorben.

Das Gleiche gilt, wenn Ihr Partner bei einem gemeinsamen Besuch einer Geburtstagsfeier nicht jede Minute des Abends nur Sie im Auge behält. Oder wenn Ihr Schatz wieder einmal vergisst, Sie bei der Begrüßung fokussiert zu küssen oder Sie sich auf sonstige Weise vorkommen, eher ein flüchtiger Bekannter zu sein als ein Liebespartner.

Denken Sie frühzeitig um. Spüren Sie ruhig in diesem kurzen Augenblick, wie ein Bedrohungsgefühl in Ihnen aufsteigt. Erst wenn Sie dieses unangenehme Gefühl wirklich bewusst wahrnehmen, sind Sie in der Lage, Ihrem NI Manieren beizubringen. Sagen Sie ihm, dass es nie um Leben oder Tod geht, sondern meist um Trivialitäten.

Jetzt können Sie auch nachvollziehen, warum Sie sich so schwertun, sich vor Verletzungen in der Liebe zu schützen. Es ist eine Frage der Zeit, den goldenen Mittelweg zu finden. Manche Verhaltensweisen des Partners werden in der Regel völlig überbewertet. Da müssen sich einige EM sicher an die eigene Nase fassen.

Allerdings gibt es auch Grenzen. Schließlich gibt es in einem Liebesalltag nicht nur leichte, sondern auch schwere Verstöße gegen Ihre Vorstellungen der *WAHREN LIEBE*. Dann kann es für Sie durchaus gesundheitsgefährdend werden.

2.2.3 Verletzungen

Selbstverständlich gestehen sich die meisten EM ein, sich ab und zu ein wenig zu schnell zurückgesetzt zu fühlen. Manchmal wird vom Partner ein solcher Grad an Aufmerksamkeit oder Liebesbezeugungen eingefordert, der alles andere als einfach für ihn ist. Wie gesagt, da müssen sicher beide Seiten aufeinander zukommen. Insbesondere wenn Hochsensible aufeinandertreffen, kann dies eine fast nicht zu überwindende Hürde bedeuten. Dann bleibt Ihnen nichts anderes übrig, als um Verständnis zu werben:

> Weisen Sie Ihren Liebespartner so früh wie möglich darauf hin, dass Sie ein überaus fragiles Wesen sind.

Ich empfehle, auch sehr deutlich zu machen, dass in Ihnen noch Urängste toben. Mir ist bewusst, was ich da rate. Es gehört sicher viel Mut dazu, sich zu offenbaren. Dennoch – in einer ernstzunehmenden Partnerschaft muss dies einfach möglich sein. Je früher Sie Zivilcourage in der Liebe trainieren, umso besser.

Stellen Sie sich infolgedessen nicht selbstbewusster dar, als Sie sind. Empathische Männer sollten frühzeitig darauf verzichten, den harten Kerl zu spielen. Ebenso ist die taffe Powerfrau die denkbar schlechteste

Rolle, die empathische Frauen einnehmen sollten. Beginnen Sie so früh wie möglich, sich zu outen.

Ich habe langjährige Liebesbeziehungen kennengelernt, in denen sich die Beteiligten noch nicht einmal ansatzweise darüber im Klaren waren, wie verletzlich sie sind und was sie sich über Jahre hinweg täglich angetan haben. Vermeiden Sie diesen schrecklichen Fehler.

Beispiel:

Erika und Siegfried waren über fünfzehn Jahre verheiratet. Es gab viele Höhen und Tiefen. Finanzielle Engpässe und Probleme mit einem ihrer Kinder kamen hinzu. Wenn sie über ihre Partnerschaft sprachen, betonten sie immer wieder, wie gnadenlos ehrlich sie zueinander sein würden. Sie waren stolz darauf, wirklich alles miteinander besprechen zu können, egal wie unangenehm es für den jeweils anderen war.

Schließlich erlitt Siegfried eine psychotische Phase. Auch seine Frau Erika schleppte schon seit langer Zeit einige chronische Krankheiten mit sich herum, die eher psychosomatischen Ursprungs waren. Aufgrund des akuten Realitätsverlustes von Siegfried war das Aus der Ehe vorprogrammiert. Sie trennten sich. Schließlich, nach einer gewissen Zeit, bemerkten beide, wie es ihnen nach und nach immer besser ging. Die körperliche und die psychische Gesundheit stellten sich wieder ein.

Irgendwann trafen sich die Eheleute. Diesmal hatten sie nichts mehr zu verlieren, ihre Ehe war am Ende. Darüber waren sich beide im Klaren.

Siegfried fand schließlich den Mut zuzugeben, dass er sich von Anfang an Erika unterlegen gefühlt hatte und eigentlich all die Jahre sehr darunter gelitten hatte. Über fünfzehn Jahre spielte er die Rolle, alles im Griff zu haben. Erika, die empathisch veranlagt war, gab zu, dass sie immer der Überzeugung war, Siegfried nicht verdient zu haben. Schließlich kam er in der Gesellschaft und bei Frauen immer gut an. Sie war der Meinung, dass sie um Siegfried kämpfen müsse, damit sie ihn nicht verlieren würde. Sie sagte, sie habe sich förmlich gezwungen gefühlt, ihn zu manipulieren und zu kontrollieren. Dabei wechselte sie immer wieder zwischen „Nähe & Distanz". Sie hatte herausgefunden, dass sie dadurch die Liebe bei Siegfried immer wieder neu entfachen konnte. Siegfried hingegen, der hochsensibel war, verletzte dieses ständige emotionale Hin und Her sehr schwer. Fast über die gesamte Dauer der Ehe litt er darunter, ohne je ein Wort darüber verloren zu haben.

Zwei Menschen fügten sich über viele Jahre großen emotionalen Schaden zu, weil beide nie zugeben konnten, dass sie sich nicht genug wert fühlten, um den anderen an sich binden zu können. Eine vielversprechende Ehe scheiterte, weil zwei Liebende nicht den Mut fanden, sich zu offenbaren.

Ein zusätzlicher wichtiger Grund, offen miteinander umzugehen, ist eine weitere typische empathische Eigenart, wenn es um Verletzungen geht: EM können schlecht vergessen.

··

EM sammeln in ihrem Gedächtnis Verletzungen an.

··

Sie reagieren selten sofort. Im Gedächtnis beginnt dann das langsame, aber stetige Anhäufen von Momenten, in denen man von Respektlosigkeit oder Lieblosigkeit betroffen war. Es ist ein heimlicher und subtiler Prozess, der vom Partner selten bemerkt wird.

Selbst an Gestik, Mimik oder sonstige nur sehr subtil erkennbaren Verhaltensweisen können sich EM sehr gut erinnern. Noch nach Jahren sind sie in der Lage, bestimmte Momente der Enttäuschung und Zurückweisung ihres Partners aufzuzählen.

Obwohl EM ein großes Bedürfnis haben, sich zu beschweren oder entsprechende Missstände zu klären, kommt es doch selten dazu. Insbesondere dann, wenn der Partner ein nicht-empathischer Mensch ist. Es liegt ganz einfach außerhalb seines Horizonts, sich diese enorm hohe Verletzlichkeit vorstellen zu können. „Man solle sich nicht so anstellen", hört man dann immer wieder.

Auch hier erinnere ich gerne an die zwei Seiten der Medaille. Zum einen sind EM geradezu in der Pflicht, ihre Resilienz zu erhöhen und sich in der Folge eine gewisse seelische Hornhaut anzueignen. Auf der anderen Seite sollte dem Partner schon klargemacht werden, dass er eine Person liebt, die emotional ziemlich zerbrechlich ist.

Grundsätzlich ist dieses Thema der vielen kleinen und großen Verletzungen sehr, sehr ernst zu nehmen. Daraus können tragische Verhaltensweisen resultieren, die es in sich haben:

> Viele EM rächen sich nicht nur zeitversetzt, sondern auch höchst subtil für erlittene Verletzungen.

Dies ist der beste Weg, eine Liebesbeziehung schwer zu torpedieren. Insbesondere dann, wenn eine gewisse Zeit zahlreiche kleine und große Verletzungen angesammelt wurden, ohne zu reagieren.

Dann entsteht eine wirre Eigendynamik, die von keinem der Beteiligten durchschaut werden kann. Niemand kennt mehr den kausalen Zusammenhang zwischen Ursache und Wirkung.

Beispiel:

Martin, der empathisch veranlagt war, hatte am Vormittag einen wichtigen Kundentermin. Es ging um einen Großauftrag. Würde er keinen Abschluss machen, war ihm klar, dass sein Job in Gefahr ist. Zu lange saß ihm sein Chef im Nacken, er habe endlich vernünftige Verkaufszahlen zu bringen.

Schon morgens beim Aufwachen war er bereits gedanklich abwesend. Seine attraktive, hochsensible Frau hatte jedoch Lust auf Sex. Den Tag mit einem wundervollen Liebesakt zu beginnen, davon hielten beide sehr viel. Martin musste sie leider abweisen. Zu sehr war er mit seinen Gedanken im Geschäft. Er fand einige aufgesetzte, liebenswerte Worte und er hatte den Eindruck, dass alles wieder im Reinen war.

Seine Frau Karin jedoch bemerkte sehr deutlich, dass etwas nicht stimmte. Leider hielten sie es immer so, dass sie recht wenig über den Job ihres Mannes wusste. Schon gar nicht über sein beruflich existenzielles Problem.

Der Arbeitstag von Martin ging erfolgreich zu Ende. Er kam völlig entspannt nach Hause und verbrachte einen wunderschönen Abend mit seiner Familie. Der besagte Morgen ging Karin allerdings nicht aus dem Kopf. Aus ihrer Sicht erlebte sie eine grobe Zurückweisung. Das ärgerte sie. Drei Tage später ging sie ins Yoga. Danach gingen ein paar Frauen spontan noch etwas trinken. Karin schloss sich an. Diesmal schrieb sie jedoch keine SMS, das es später werden würde. Sie ärgerte sich noch immer über die sexuelle Abweisung und beschloss, Martin eine kleine Lektion zu erteilen. Sie ließ ihn im Unklaren, wo sie war.

Martin sagte am nächsten Morgen nichts, obwohl er sich heimlich ärgerte. Er fragte noch nicht einmal, wo seine Frau eigentlich gewesen war. Er grübelte: „Wo war wohl meine Frau? Warum schrieb sie mir keine SMS? Und warum erzählte sie nicht von sich aus, was los war?"

Mittlerweile hatte Karin mit ihrer morgendlichen Zurückweisung ihren Frieden gemacht und Martin verdrängte den Vorfall, nicht gewusst zu haben, wo seine Frau am besagten Abend war.

Es vergingen drei Monate. Im Geschäft von Martin wurde eine neue Kollegin eingestellt. Man kam ins Gespräch und das ganze Team beschloss, gemeinsam essen zu gehen. Siedend heiß fiel Martin der letzte Vorfall ein, als seine Frau ihm nicht Bescheid gab. So beschloss er, seiner Frau diesmal auch keine Nachricht zukommen zu lassen, dass es später werden würde.

Am nächsten Morgen war Karin außer sich und stellte Martin zur Rede. Unglücklicherweise sprach Martin als Erstes davon, dass eine neue Arbeitskollegin eingestellt wurde. Für Karin war dann alles schnell klar. Schon die ganze Nacht hatte sie darüber nachgedacht, ob vielleicht etwas Weibliches im Spiel sein könnte. Karin hörte Martin nicht mehr zu. Damit nicht genug, sie nutzte die Gelegenheit, um gleich grundsätzlich über ihre Ehe zu sprechen. Schon lange ging ihr einiges gehörig auf den Geist. Es begann eine halbjährige Ehekrise.

Warten Sie nie zu lange mit Ihrer Reaktion auf Verletzungen. Wenn Sie jemals erreichen wollen, dass Ihrem Partner bewusst wird, was er anrichtet, muss er unverzüglich Informationen erhalten, warum Sie reagieren, wie Sie reagieren. Er muss den Zusammenhang klar erkennen können. Versetzen Sie ihn in die Lage, genau vor Augen zu haben, was jetzt die Ursache für alles war. Der Schlüssel dabei ist Ihre Fähigkeit zu kommunizieren.

2.2.4 Kommunikation

Bei der Kommunikation kommt erschwerend hinzu, dass es vielen EM natürlich selbst peinlich ist, manchmal auch bei geringsten Anlässen eingeschnappt zu sein. Sie entwickeln dann die Eigenart, ihre Fragilität vor ihrem Partner zu verniedlichen, obwohl die Sache sie in ihrem Innern weiterhin nicht loslässt. Am liebsten würden sie zur Tagesordnung übergehen.

So einfach ist das aber nicht, schließlich wird sich das NI hartnäckig melden und die Erfüllung seines Ideals der *WAHREN LIEBE* einfordern. Was bleibt, ist oft das stille Leiden. Insbesondere Hochsensible neigen dazu, sich in ihr Schneckenhaus zurückzuziehen. Dann hoffen sie, dass der Partner selbstständig und ohne ihr Zutun bemerken möge, was gewünscht wird.

> Wenn Sie nicht deutlich aussprechen, wonach
> Sie sich sehnen, weiß auch niemand, was
> er/sie Ihnen Gutes tun kann.

Ihnen bleibt also nichts anderes übrig, als sich auszutauschen. Dabei haben Sie zu selektieren, welche Verletzungen nur aufgrund einer übersteigerten Empfindlichkeit (geistige Überlastung) entstanden sind und welche Sie selbst nicht auflösen können. Auch auf die Gefahr hin, dass Sie sich (aus Ihrer subjektiven Sicht) blamieren, empfehle ich dennoch, sich zu überwinden.

> Jede Kleinigkeit kann durch Grübeln zum Problem werden.

Viele EM sind geradezu Meister darin, zu einem kleinen Anlass ältere Verletzungen hinzuzuaddieren, um im Anschluss ihrer Phantasie freien Lauf zu lassen. Sie grübeln dann so lange, bis tatsächlich ein massives Problem entstanden ist.

Also reden, reden, reden. Dies ist die einzige Chance, um schon im Vorfeld größere Beziehungsprobleme verhindern zu können. Allerdings gibt es da einen kleinen Haken, schließlich können EM einen enorm hohen Erregungszustand erreichen. Dann kann es recht schwierig werden, sachlich zu bleiben.

Wenn Sie also über Ihre Emotionen sprechen, Sie aber zugleich die Gefühle des anderen auch noch wahrnehmen müssen, ist es für Sie manchmal unmöglich, innerlich auf dem Teppich zu bleiben. Schließlich nehmen Sie nicht nur die gesprochenen Worte des Gegenübers auf, sondern zudem alles, was zwischen den Zeilen kommuniziert wird.

Prüfen Sie, ob Sie hören, was gesagt wird, oder ob Sie eher darauf reagieren, was darüber hinaus gemeint sein könnte.

Man nennt dies auch „interpretieren". Das kann so weit gehen, dass Sie auf etwas völlig anderes antworten, als auf das, was Sie gefragt wurden. Dann kommt es zu einem ziemlichen Durcheinander. Treten dann noch die Verlustängste Ihres NIs zutage, überschattet der innere Erregungszustand alles und aus einem im Vorfeld gut gemeinten Gespräch kann emotionales Chaos entstehen. Dann werden Hochrechnungen, Unterstellungen oder auch kleine und große Gemeinheiten in die Diskussion mit eingebracht.

Prüfen Sie, ob Sie in Gesprächen Interpretationen oder frühere Erlebnisse wahllos mit einstreuen.

Schnell gibt das eine Wort das andere. Neue und alte Erlebnisse werden vermischt. Kommen zudem noch abfällige Gesten hinzu oder es fallen unnötige Spitzen, kann das beide Parteien schnell auf die Palme bringen. Kleine und große Machtkämpfe geben sich dann die Hand.

Prüfen Sie, ob Sie sich tatsächlich austauschen möchten oder nur recht haben wollen.

Das Motto muss sein: „Lieb haben, statt recht haben." Sonst kann das Gegenteil von dem passieren, was zuvor beabsichtigt wurde. Ehe man sich versieht, ist eine zufriedenstellende Lösung in weite Ferne gerückt. Alles kann sich zu einem diffusen Gewitter aufschaukeln, sodass am Ende beide Parteien tiefverletzt und völlig erschöpft am Boden liegen.

Aussprachen können weitere tiefe Verletzungen verursachen.

Sie erkennen den vermeintlichen Widerspruch. Auf der einen Seite sind Aussprachen für Ihre seelische Gesundheit nahezu überlebenswichtig,

Luca Rohleder

auf der anderen Seite können Sie damit aber auch neue Probleme heraufbeschwören. Deshalb gebe ich Ihnen ein paar Kommunikationsregeln mit auf den Weg. Diese sind umso mehr zu beachten, je empathischer Sie sind:

1. Vereinbaren Sie, sich gegenseitig aussprechen zu lassen und auf spitze Randbemerkungen oder abfällige Gesten zu verzichten.

2. Brechen Sie Aussprachen ab und vertagen Sie diese auf später, wenn einer der Beteiligten einen zu hohen Erregungszustand erreicht hat.

3. Zur Not halten Sie bestimmte Kommunikationsziele schriftlich fest und notieren die Lösungen oder getroffene Vereinbarungen auf dasselbe Blatt.

4. Befolgen Sie die Regel, dass kein neues Thema begonnen wird, bevor nicht das alte geklärt ist.

5. Verzichten Sie auf Schuldzuweisungen und Ablenkungsmanöver, um sich vor Antworten zu drücken („Bei dir ist das doch genauso ...", „Das sagst ausgerechnet du ...").

6. Einmal geklärte Punkte bzw. Verletzungen sollten Sie endgültig loslassen und sich davon in Ihrer weiteren Partnerschaft nicht mehr beeinflussen lassen.

7. Vereinbaren Sie für die Zukunft, auf jegliche Racheakte für erlittene Verletzungen zu verzichten und diese stattdessen anzusprechen.

Mir ist bewusst, dass dazu die Einsicht zweier Menschen vonnöten ist. Schaffen Sie es jedoch nicht, bisher erlittene Verletzungen aus dem Weg zu räumen, werden Sie oder Ihr Partner sich langsam voneinander entfernen.

Wenn EM zu viele Verletzungen still und heimlich angesammelt haben und zugleich ihre Hoffnung begraben, bestimmte Probleme lösen zu können, wird es ernst.

Sie verkriechen sich dann in eine eher passive Rolle und beginnen, sich (meist vom Partner völlig unbemerkt) zu verändern. Der Countdown für das Liebesaus beginnt zu laufen:

1. EM resignieren und hören auf, bestimmte Beziehungsprobleme anzusprechen.

2. Sie beginnen, sich innerlich zurückzuziehen.

3. Verletzungen werden ab sofort einfach hingenommen.

4. EM reagieren nicht mehr emotional auf den Partner.

5. EM hören auf, sich mit ihren Partnern grundsätzlich auszutauschen.

6. Sie verzichten auf körperliche Berührungen.

7. Der Partner wird nach und nach fremd.

8. Man lebt sich auseinander.

9. EM werden innerlich offen für Liebesalternativen.

10. Die Beziehung wird abgebrochen, sie gehen fremd oder die Partnerschaft wird nur noch zum Schein aufrechterhalten.

Im Übrigen ist dies auch eine typische Verabschiedungsprozedur, wenn EM mit dominanten oder nicht-empathischen Personen zusammen sind. In diesen Fällen können sich empathische Menschen selten im Gespräch durchsetzen. Oder sie lassen sich verbal manipulieren, weil sie psychisch durch ihr noch zu geringes Selbstwertgefühl nicht ausreichend stabil sind. So geben sie ihre eigenen Standpunkte auf und lassen sich Lösungen (scheinbar) bereitwillig diktieren. Der innere Verabschiedungsprozess hat dann aber meist schon begonnen.

Dieser Ablauf kann sich über Jahre hinziehen. Wenn es notwendig ist, können EM wahre Meister sein, ihre wahren Gefühle zu verbergen. Falls das Gegenüber nicht ausreichend empathisch ist, bekommt es das Ende seiner Beziehung erst dann mit, wenn es vor vollendete Tatsachen gestellt wird. Dann ziehen EM aus dem gemeinsamen Heim aus oder widmen sich längst einer neuen Liebesbeziehung, während der oder die Verlassene gerade erst anfängt, darüber nachzudenken, ob bisher in der Beziehung alles gut gelaufen ist.

Zusammenfassend kann man durchaus behaupten, dass die meisten empathischen Partnerschaftskonflikte letztendlich Kommunikationsprobleme sind. Wenn Sie und Ihr Partner die Kunst der Sachlichkeit erlernen, sich zudem keinen unnötigen Interpretationen bzw. Phantasien hingeben und vor allem Ihr Erregungsniveau während des Gesprächs niedrig halten, dann können Sie nahezu alle Beziehungsprobleme auf diese Weise lösen.

Es sollte jedoch auch Momente in Ihrer Beziehung geben, in denen die Kommunikation ruht.

2.2.5 Pausen

EM brauchen Liebespausen. Die Erklärung liegt in der Natur des empathischen Wesens. Das Gehirn von EM arbeitet auf Hochtouren und ist permanent auf Empfang geschaltet. Es ist eine Hochleistungsmaschine, die nicht nur die Eindrücke der fünf herkömmlichen Sinne verarbeitet, sondern zusätzlich noch die eingehenden Informationen des sechsten Sinns. Hinzu kommen die große Phantasie, der Hang zum Grübeln und die Neigung, perfekt sein zu wollen. Manche Gehirne von EM arbeiten ständig an ihrer Belastungsgrenze.

Insbesondere in jungen Jahren ist es den meisten EM überhaupt nicht bewusst, welch gewaltige Energien sie in ihrem Kopf verbrauchen. Unaufhörlich tauchen Fragen auf, die zu klären sind: „Wie geht es meinem Schatz?", „Was macht er gerade?", „Denkt er an mich?", „Liebt er mich noch?", „Was ist mit ihm?", „Gibt es Konkurrenz?", „Warum hat mein Liebster dies oder jenes getan oder gesagt?" und, und, und ...

Ganz zu schweigen vom typischen Alltagsstress. Dazu zählen der Job, die Kindererziehung, Freizeitaktivitäten, gesellschaftliche oder familiäre Verpflichtungen oder sonstige Herausforderungen.

Wir sind zwar in der schönen Situation, dass unsere Welt aufgeklärt genug ist, althergebrachte Rollen für Mann und Frau aufzulösen. Dies hat jedoch auch eine Kehrseite. So schön die gemeinsame Kindererziehung sowie Berufstätigkeit auch sein mag, mit dieser Arbeitsteilung tun sich viele EM recht schwer.

Da unsere heutige Arbeitswelt noch immer wenig Rücksicht nimmt, ob Kinder vorhanden sind oder nicht, kann es durchaus zu Mehrbelastungen kommen.

> Wenn Kinder vorhanden sind, kann eine konservative Rollenverteilung das Nervensystem von EM schonen.

Das heißt, einer kümmert sich um die Familie, der andere um das Heranschaffen von Geld. Auch wenn dieses Konzept ziemlich verstaubt ist und als alles andere als modern gilt – für das Gelingen des empathischen Liebeslebens kann es (zumindest für eine gewisse Zeit) durchaus förderlich sein, wieder zu den Ursprüngen zurückzukehren.

Zu diesem Thema zählt auch die größte aller Lebensherausforderungen – die alleinerziehende Mutter- oder Vaterrolle. Ich kann aus der Ferne nur schwer Lösungsansätze bieten. Nur so viel: Versuchen Sie schon im Vorfeld irgendwie zu vermeiden, dass eine solche Lebenskonstellation auf Sie zukommt. Ich weiß, das ist leichter gesagt als getan. Berücksichtigen Sie jedoch, dass Sie sich als EM mit einer solchen Herausforderung keinen Gefallen tun. Sie laufen schnell Gefahr, in ein Überlastungssyndrom zu schlittern.

Aber auch ohne Doppelbelastung wird spätestens am Ende der ersten Lebenshälfte den meisten EM bewusst, dass sie schon seit vielen Jahren ihr Gehirn im Übermaß beansprucht haben. Die permanente Überstimulation des Nervensystems aufgrund zu vieler Reize durch Umwelt und Umfeld sowie die Neigung, mit den Gedanken eher in der Vergangenheit oder Zukunft als in der Gegenwart zu sein, wird Spuren hinterlassen.

Es kommt also auf das Gesamtpaket von Alltagsherausforderungen an. EM müssen frühzeitig lernen, sich abzugrenzen – reizfreie Räume zu schaffen. Sonst schlittern sie in eine Situation, in der sie praktisch verlernen loszulassen.

> EM brauchen Zeit, mit sich allein sein zu können.

Auch innerhalb von Partnerschaften! Beginnen Sie also auch in der Liebe nicht zu spät damit, sich im Abgrenzen zu üben. Als Prophylaxe empfehle ich Folgendes:

- Wenn Sie sich ausruhen möchten, tun Sie dies alleine und nicht mit Ihrem Partner zusammen.

- Richten Sie sich Ihren heiligen Bereich in Ihrem Zuhause ein, in dem Sie niemals gestört werden dürfen.

- Denken Sie über ein getrenntes Schlafzimmer nach.

- Gehen Sie öfters auch mal alleine in Urlaub.

- Schaffen Sie sich unbedingt Erziehungs- und Betreuungspausen von Ihren Kindern.

- Falls Sie die Wahl haben bzw. es machbar sein sollte, entscheiden Sie sich im Zweifelsfall für eine eigene Wohnung.

Sicher entsprechen diese Tipps nicht gerade den typischen gesellschaftlichen Vorstellungen, was zum Beispiel für eine Ehe üblich ist. Dennoch brauchen Sie unbedingt Pausen von Ihrem Partner und Ihren Kindern (sofern vorhanden).

Ich bin mir bewusst, dass sich EM gern mit Ihren Partnern gemeinsam ausruhen möchten. EM lieben es geradezu, es sich gemütlich zu machen. Zum Beispiel beim Fernsehschauen auf der Coach. Das ist schön, kann sehr romantisch sein und befriedigt ihr Harmoniebedürfnis. Dennoch rate ich Ihnen, dies nicht immer nur gemeinsam mit Ihrem Liebsten oder Ihrer Liebsten zu tun.

Aber auch da lauert eine kleine Falle: Selbstverständlich bemerken EM selbst, dass sie auch Zeiten ohne den Partner dringend benötigen. Allerdings kommt da schnell ein schlechtes Gewissen auf, schließlich will man ja perfekt sein. EM beginnen zu zweifeln. „Kann das normal sein, dass ich regelmäßig von meinem Mann oder meiner Frau Pausen brauche, den/die ich liebe?", wird man zu hören bekommen.

Ein anderer Fall wäre, wenn Einsicht zu Pausen besteht, aber dies beim Partner auf wenig Gegenliebe stößt. Dann werden EM von ihrem hohen Harmoniebedürfnis eingeholt und trauen sich nicht, sich durchzusetzen. Oder sie erfinden eine kleine Notlüge, um den anderen nicht zu verletzen. Bei dieser Variante kann der Schuss jedoch gewaltig nach hinten losgehen. Ist der Partner ebenfalls ein EM, wird er diese Schwindelei aufdecken. Dann sind schnell Unterstellungen an der Tagesordnung, dass Sie ihn nicht lieben würden. Oder noch schlimmer, dass er angelogen wurde. Das wäre dann der Super-GAU unter EM. Unehrlichkeiten sind ein grober Verstoß gegen ihre innere Definition der *WAHREN LIEBE*. Dann kann aus einer simplen Notlüge schnell ein ernstzunehmender Beziehungskonflikt entstehen.

Wir sind also wieder bei der Kommunikation. Besprechen Sie das Thema der Pausen frühzeitig mit Ihrem Schatz. Je früher, umso besser, und erklären Sie ihm/ihr, dass es nicht ausschließlich um die Erholung Ihres Nervensystems geht, sondern auch noch um etwas ganz anderes. Damit wären wir schon beim nächsten Thema.

2.2.6 Emotionale Nähe

Wie Sie bereits wissen, ist Ihre Gefühlswelt bezüglich der Gegenwart zu dieser Zeit zu sehr gedämpft. Ihr Erregungszustand für die Liebe basiert mehr auf Ängsten als auf positiven Gefühlen. Eine positive Gefühlsintensität ist allerdings der Motor der Liebe. Nur so können Sie weiterhin den Grad der „Schmetterlinge im Bauch" hochhalten.

Das heißt, falls Sie jetzt mit einem Partner zusammen sind, der für Sie eine gewisse emotionale Unsicherheit birgt, bleibt Ihre Liebe weiterhin auf hohem Niveau. Es könnte jedoch auch sein, dass Sie sich im Laufe Ihrer Partnerschaft Ihrem Liebling sicherer und sicherer werden. Dann lösen sich Ihre Verlustängste auf und Sie könnten schnell in einen langweiligen Alltagstrott hineinschlittern.

Oder Sie entscheiden sich schon im Vorfeld für eine sogenannte Vernunftbeziehung. Dann kommt dieses Problem der Langeweile in Ihrer Liebesbeziehung noch schneller auf Sie zu.

Luca Rohleder

Um dieses Abflachen Ihrer Liebesintensität (oder der des Partners) zu verhindern, gibt es grundsätzlich zwei Möglichkeiten: Entweder Sie führen sich selbst ein wenig hinters Licht und sorgen künstlich für emotionale Unsicherheiten oder Sie gehen gleich den Weg, der ohnehin auf Sie zukommen wird. In dem Fall beginnen Sie mit Ihrem Partner gemeinsam, Ihre Gefühlsbandbreite zu erweitern. Das heißt, gemeinsam das „Enterische Nervensystem" stärker zu aktivieren.

Schauen wir uns zunächst die Variante an, bei der Sie Ihre emotionale Sicherheit ein wenig reduzieren. Dabei können Sie zwei Fliegen mit einer Klappe schlagen. Ich habe Ihnen bereits im vorherigen Kapitel „Pausen" einige Tipps gegeben (getrennte Schlafzimmer, Urlaub allein etc.). Wenn Sie einige davon befolgen, ist der Nebeneffekt dabei, dass Sie nicht genau wissen, was der andere so treibt.

> Liebespausen vom Partner lassen Sie nicht nur besser erholen, sondern erhöhen auch etwas die Spannung.

Ich beobachte schon seit langer Zeit, dass Fernbeziehungen gerade unter Hochsensiblen ziemlich lange anhalten und sehr befriedigend sein können. Die Ursache kennen Sie nun. Durch die Pausen und den gleichzeitigen Entzug von Kontrollmöglichkeiten kann eine recht hohe Gefühlsintensität lange aufrechterhalten bleiben.

Kommen wir nun zur zweiten Variante, wie Sie den Level Ihrer Emotionen und den des Partners hochhalten können. Dieser Weg ist nicht nur ehrlicher, sondern auch nachhaltiger.

> Sorgen Sie für gemeinsam erlebte Emotionen.

Jetzt verstehen Sie besser, warum alle Beziehungsratgeber oder Ehetherapeuten wiederholt darauf hinweisen, dass gemeinsame Interessen absolut wichtig sind. Nur auf diesem Wege sind emotionale Momente zu zweit machbar. Machen Sie sich am besten Folgendes zur Regel:

> Emotionale Erlebnisse gemeinsam – ausruhen alleine.

Natürlich ist der oben genannte Merksatz nicht immer umsetzbar (insbesondere wenn Kleinkinder da sind oder eine Familiengründung ansteht). Dennoch wissen Sie jetzt, was auf dem Spiel steht. Sie werden erst dann Ihre komplette Liebesfähigkeit aktivieren können, wenn Sie wieder über einen vollständig geöffneten Bauchraum (ENS) verfügen.

Wenn Sie bei Ihrem Partner ebenso dafür sorgen, dass sein Bauchraum hochaktiv ist (wenn er es nicht schon ist), können Sie darauf wetten, dass Ihre Partnerschaft nicht nur fester wird, sondern auch völlig neuartige Gefühle zwischen Ihnen entstehen. Trainieren Sie, den Erregungszustand aufgrund von Verlustängsten durch eine Erregung, die auf positiven Gefühlen basiert, zu ersetzen.

Sie haben mit Ihrem Schatz gemeinsame Interessen herauszufinden. Sie müssen nur auf einen entscheidenden Punkt achten: Sie dürfen auf gar keinen Fall als typischer EM wieder Ihre Interessen denen des anderen unterordnen. Nur weil Sie Angst haben, nicht zu genügen oder jemanden zu vergraulen. Hat nur der eine Spaß, funktioniert das Ganze nicht. Prüfen Sie, ob irgendwo Schnittmengen vorhanden sind. Schauen Sie sich ein paar simple Ideen an:

- Einmal im Monat eine kleine Städtereise oder einen sonstigen Wochenendausflug.

- Gemeinsamer Besuch von emotionalen Fortbildungen.

- Bootsfahrt.

- Neue Umgebung entdecken.

- Gemeinsam wandern.

- Atemberaubende Naturerlebnisse suchen.

- Ins Stadion gehen.

- Gemeinsam Freunde aufbauen und besuchen.

- Und, und, und ...

Und lassen Sie Ihre Kinder bei Verwandten, Babysittern oder sonst wo. Sie werden es verkraften. Ihren Kindern ist mehr geholfen, auch weiterhin ein Elternpaar zu haben, das sich auf hohem Niveau liebt.

Luca Rohleder

In der Summe wird die vollständige Öffnung Ihres Bauchraums die größte Herausforderung sein. Wenn Sie dies schaffen, werden Sie eine Liebesbeziehung entdecken, die auf völlig anderen Fundamenten steht. Zudem könnte es ein Beginn sein, bestimmte Rollen oder Verhaltensweisen aufzugeben, um mehr Authentizität in Ihr Leben zu bringen.

....
Gemeinsame Aktivitäten erhöhen die emotionale Nähe.
....

Dies ist im Übrigen Teil Ihres Ideals der *WAHREN LIEBE*. Sie haben ein tiefes Bedürfnis, Gefühle mit Ihrem Liebsten und mit Ihrer Liebsten zu teilen. Ihr NI wird Ihnen dankbar sein, schließlich hungert es nach Gefühlen, die nichts mit Ängsten zu tun haben.

Allerdings sollten Sie tunlichst darauf achten, präzise zu unterscheiden, ob Sie mit Ihrem Partner tatsächlich neue, gemeinsame Emotionen erleben.

Es könnte auch sein, dass Sie beide stattdessen anfangen, nur das Ego zu streicheln. Also gemeinsam nur bestimmte Leistungen zu vollbringen oder Ziele zu erreichen. Dieser Unterschied ist zu Anfang nicht leicht zu erkennen. Das eine ist eine Funktion Ihres emotionalen Gehirns (NI). Das andere eine Ihres intellektuellen Gehirns (EI).

„Fühlen" Sie einen gewissen Stolz, weil Sie etwas geschafft oder erreicht haben, tun Sie Ihren Eitelkeiten einen Gefallen. Also Ihrem EI. Fühlen Sie sich einfach nur grundlos pudelwohl, haben Sie Ihrem NI, also Ihrer Gefühlswelt, einen Gefallen getan.

Beispiel:

Die beiden Hochsensiblen, Angelika und Ludwig, beschlossen an einem herrlichen Wintertag, eine kleine Wanderung zu unternehmen. Die schneebedeckte Landschaft lag romantisch vor ihnen. Am tiefblauen Himmel strahlte die Sonne und spendete trotz Winter eine wohltuende Wärme.

Zunächst wanderten sie durch einen wunderschönen Wald, um später in einem gemütlichen Café einen Glühwein zu trinken. Auch dort saßen sie auf der Terrasse in der Sonne und genossen das Leben. So einen wunderbaren Tag hatten sie schon lange nicht mehr gemeinsam er-lebt. Bei beiden stiegen schöne Gefühle der Lebenslust auf. Sie be-schlossen, obwohl sie schon einige Kilometer zurückgelegt hatten, wei-ter zu einem naheliegenden See zu schlendern. Dort angekommen, wartete ein traumhafter Anblick.

Der See lag mitten in einer grünen Landschaft und war komplett zuge-froren. Die Sonne glitzerte im Eis und der stahlblaue Himmel sowie die verschneite Umgebung taten ihr Weiteres. Sie bemerkten in keiner Wei-se, dass sie bereits zehn Kilometer zurückgelegt hatten, so schön war der Vormittag. Schließlich stießen sie auf ein Restaurant direkt am Ufer. Sie kehrten ein und entschieden sich für die Terrasse, auf der schöne Strandkörbe inklusive kuscheliger Decken auf sie warteten. Angelika und Ludwig mummelten sich ein, aßen im Freien zu Mittag und genos-sen die Wintersonne. Sie empfanden tiefes Lebensglück und schmieg-ten sich eng einander an.

Schließlich kam der Zeitpunkt, wo sie sich entscheiden mussten, lang-sam aufzubrechen. Wieder waren zehn Kilometer fällig. Eigentlich wa-ren beide ein wenig müde, schließlich waren sie in Sachen Wandern nicht sonderlich trainiert. Das gute Essen tat sein Weiteres. Es gab die Möglichkeit, mit dem Bus nach Hause zu fahren. Aber so leicht wollten sie es sich nicht machen. Es packte sie der Ehrgeiz. Beide beschlossen, den Rückweg zu Fuß zurückzulegen. Die Sonne stand zwar schon ein wenig tief und die Temperaturen fielen auch langsam, aber dennoch wollten sie es sich beweisen. An einem Tag insgesamt 20 Kilometer zu bewältigen, das hatten sie schon lange nicht mehr gemacht. Also machten sie sich auf die Socken.

Der Rückweg war beschwerlicher, als sie dachten. Die Sonne war schon hinter den Bäumen verschwunden und es wurde kühler und küh-ler. Sie hielten keine Händchen mehr und hatten keinen Blick mehr für die Natur. Irgendwie mussten sie sich quälen.

Schließlich kamen sie zu Hause an – abgekämpft, leicht unterkühlt, aber glücklich. Die Füße taten zwar weh und der Rücken war vom Rucksack weit davon entfernt, entspannt zu sein, aber sie hatten beide einen kleinen persönlichen Rekord aufgestellt.

Nachdem sie die Wohnungstür geöffnet hatten, fielen sie völlig er-schöpft auf das Sofa. Jeder für sich allein, aber zufrieden mit sich selbst. Am Abend strichen sie den Plan, schön essen zu gehen. Zu kaputt wa-ren sie. Stattdessen sahen sie fern und gingen zu unterschiedlichen Zei-ten zu Bett.

Sicher erkennen Sie schnell den Unterschied: Auf dem Hinweg empfanden beide Gefühle für das „Hier & Jetzt". Für sich, für einander und für die Umgebung (Bauch). Der Rückweg war eine Streicheleinheit für das Ego (Kopf).

Beide sind zwar zu Hause überaus stolz angekommen, aber die emotionale Bindung vom Vormittag war verschwunden. Wären Sie nach dem Kuscheln im Strandkorb mit dem Bus gemütlich nach Hause gefahren, hätten die beiden sicher noch eine andere Idee gehabt, was man zu Hause gemeinsam noch hätte machen können. So lagen sie nur völlig kaputt auf dem Sofa, zwar überaus stolz auf sich selbst, aber ohne jegliche gemeinsame emotionale Bindung.

....
Suchen Sie grundsätzlich nur Emotionen für das „Hier & Jetzt".
....

Im Übrigen ist es nicht unbedingt erforderlich, nur extrem romantische Gefühle produzieren zu wollen. Falls gewünscht, können Sie sich auch einen knallharten Actionfilm im Kino um die Ohren hauen. Falls Sie danach beide gemeinsam völlig aufgewühlt sind, warum nicht. Gehen Sie danach noch essen und erzählen Sie sich, welche sexuellen Sehnsüchte Sie sich gegenseitig noch nicht offenbart haben.

Oder Sie gönnen sich ein traumhaftes Sinfoniekonzert, das Sie beide zu Tränen rührt. Ebenso kann man auch mal mit dem Taxi losfahren, um schön essen zu gehen. Dann können Sie spontan entscheiden, ob Sie unvernünftigerweise ein Glas Rotwein zu viel trinken wollen oder nicht. Solange dies nicht zur Gewohnheit und damit zu einem gemeinsamen kleinen emotionalen Highlight wird, ist das Ziel erreicht.

Mir ist bewusst, dass für manche EM neue Erfahrungen, Reisen, Kurztrips oder sonstige Events eine besondere Herausforderung darstellen – zu groß ist wieder die Gefahr der Überreizung. Nichtsdestotrotz bin ich zuversichtlich, dass es auch dafür eine Lösung gibt.

Sie werden sicher einen schönen und angenehmen Mittelweg finden zwischen der Schonung Ihres Gehirns und den gemeinsam erlebten Emotionen.

2.2.7 Körperlichkeit

Sie als empathischer Mensch haben in Ihrer Liebesbeziehung nicht nur ein enorm hohes Bedürfnis nach emotionaler, sondern auch nach körperlicher Nähe. Auch dieses empathische Grundbedürfnis kann durch Ihr fragiles *NEUGEBORENEN-ICH* sehr schön hergeleitet werden.

Zur Wiederholung: Der Instinkt von Babys prüft permanent die Umwelt, ob der Ernährer noch anwesend bzw. verfügbar ist. Gibt es nur den allerkleinsten Anhaltspunkt, dass der Ernährer ausfallen könnte, weiß das Neugeborene instinktiv, dass es jetzt schnell um Leben oder Tod gehen könnte.

So ist es in manchen Kulturen noch heute üblich, Babys den ganzen Tag bei sich zu tragen. Mit einem Tuch oder etwas Ähnlichem fest mit dem Körper des Versorgers (Mutter oder Vater) verbunden, wird dem Kleinen jede Sekunde, ohne Unterbrechung und sehr unmissverständlich vermittelt: „Mach dir keine Sorgen – ich bin da. Ich schütze dich, ernähre dich und ich liebe dich." Allein der Körperkontakt bedeutet für das Baby eine Art Garantie, dass es geliebt wird.

Dieses körperliche Bedürfnis der Nähe schlummert durch Ihr NI noch heute in Ihnen. Körperkontakt zu einem geliebten Menschen *KANN* bei Ihnen noch immer intensive Gefühle auslösen.

Die Betonung liegt auf *KANN*. Dabei spielt die jeweilige Liebesbeziehung noch nicht einmal die entscheidende Rolle. Manche EM führen in ihrer „vergeistigten Lebensphase" noch ein eher introvertiertes Leben. Auf keinen Fall gehen sie mit ihren Gefühlen hausieren oder berühren im Übermaß fremde oder weniger vertraute Menschen. Dies kann so weit gehen, dass sie sogar den Körperkontakt zu anderen vollständig vermeiden (wie zum Beispiel bei einer Begrüßungsumarmung). Das sind Auswirkungen der mittlerweile hochgezogenen emotionalen Schutzmauer sowie der geistigen Daueranspannung. Dies soll jedoch nicht darüber hinwegtäuschen, dass EM ein unendlich großes Bedürfnis nach Körperkontakt haben. Im Übrigen auch zu weniger vertrauten Menschen.

> Oft ist die Liebesbeziehung die einzige Möglichkeit, tief sitzende
> Sehnsüchte nach Körperkontakt erfüllt zu bekommen.

Manchmal sieht man Pärchen, die auch im hohen Alter noch händchenhaltend durch die Gegend schlendern. Dann können Sie darauf wetten, dass es sich um zwei Menschen handelt, die beide empathisch veranlagt sind. Das Hand-in-Hand-Gehen hat einen hohen Symbolwert für die körperliche und emotionale Nähe.

Zur Körperlichkeit zählt natürlich auch der Geschlechtsverkehr. Jedoch sind auch hier einige EM zu beobachten, die jetzt noch nicht bereit sind, sich gänzlich zu öffnen (Bauchraum).

Unabhängig davon, ob Mann oder Frau, der Geschlechtsverkehr bedeutet für beide Fraktionen immer eine Art des Loslassens – sozusagen ein Sichhingeben ins Unbekannte. Dazu braucht man viel emotionalen Mut. Insbesondere empathische Frauen entdecken erst viele Jahre später die wahren Wunder der sexuellen Verschmelzung. Bis dahin beobachten sie vielmehr ihren Partner während des Akts, anstatt sich fallenzulassen. Dabei begegnen sie wieder ihrem Hang, genügen zu wollen. So versuchen sie herauszufinden, was dem Sexpartner Spaß machen könnte. Das Beobachten ist jedoch eine Form von intellektueller Kontrolle. Es steht im Widerspruch zum Prinzip der emotionalen Hingabe. Das Fallenlassen lernen EM oft erst sehr viel später. Manchmal sogar erst in der Mitte ihres Lebens (dann aber meist richtig).

Unabhängig von der Güte des Geschlechtsaktes bleibt die sexuelle Vereinigung für EM ein großes Thema. Sie bedeutet die intensivste und damit die höchste Form des Liebesbeweises.

> Sex kann für EM sehr tiefgründige emotionale Erlebnisse
> sowie Verbundenheit zum Partner auslösen.

Diese empathische Intensität offenbart sich manchmal dadurch, dass EM nach dem Akt in Tränen ausbrechen. Zu tief werden sie dann von den Gefühlen der Sicherheit, dem Schutz und der emotionalen Verbundenheit ergriffen.

Insbesondere die bisher erteilten Ratschläge in Sachen Pausen vom Partner, getrennte Schlafzimmer und sich eher alleine zu erholen werden sicher auch für die Aufrechterhaltung der sexuellen Spannung förderlich sein.

2.3 Fazit

Während die „prägende Phase" Ihnen eine innere Definition der *WAHREN LIEBE* beschert hat, geht es in der „vergeistigten Phase" darum, sich deren Auswirkungen bewusst zu werden.

Sie projizieren während Ihres Heranwachsens die Erfüllung Ihrer inneren Definition der Liebe auf die ersten wichtigen Bezugspersonen. Später dann auch auf das andere Geschlecht bzw. auf Ihre ersten Liebesbeziehungen. Diese hohe Erwartungshaltung ist verantwortlich dafür, dass Ihnen keine andere Wahl bleibt, als Ihre ersten Enttäuschungen zu erleben. Zu rein, zu romantisch, zu perfektionistisch und zu engelhaft sind Ihre Vorstellungen über die Liebe.

Da Sie jedoch zu diesem Zeitpunkt nicht wissen können, dass Sie Liebesvorstellungen in sich tragen, die nicht immer erfüllbar sind, beginnen Sie, an sich selbst zu zweifeln. In der Folge reduziert sich Ihr Selbstwertgefühl und Sie werden unsicher, ob Sie ausreichend liebenswert sind. Sie beginnen zu zweifeln, ob Sie jemals genügen können.

Sie entfernen sich emotional vom „Hier & Jetzt".

Die ersten Zukunftsängste steigen auf. Ihre Gedanken und Gefühle betreffen zunehmend Vergangenes (bisherige Enttäuschungen) und Zukünftiges (nicht genügen zu können). Dies führt in der Folge zur Dämpfung des „Enterischen Nervensystems" Ihres Bauchraums. Sie

Luca Rohleder

bauen eine emotionale Schutzmauer um sich auf. Sie verlieren nach und nach die Fähigkeit, die für die Liebe ausreichende Gefühlsintensität zu entwickeln. Was bleibt, sind Bindungs- oder Verlustängste Ihres NIs. Ab sofort sorgen Ängste für den notwendigen Erregungszustand für die Liebe. Es entsteht das empathische Liebesparadoxon.

Durch die jetzt angstbesetzte Gefühlsintensität erreichen Sie den höchstmöglichen Erregungszustand für die Liebe. Sie lieben daher schneller, tiefer und heftiger als andere. Die Kehrseite der Medaille ist jedoch, dass Sie dadurch auch schneller, tiefer und heftiger leiden können. Sie nehmen durch das empathische Liebesparadoxon praktisch auf einem emotionalen Schleudersitz Platz.

Sie erleben in dieser Lebensphase die Gratwanderung zwischen wahrer Liebe und seelischen Verletzungen.

Jetzt kommt es darauf an, welche ersten Erfahrungen Sie in dieser Lebensphase in der Liebe machen bzw. wie Ihre ersten emotionalen Kontakte zum anderen Geschlecht verlaufen. Je schlechter Ihre Erfahrungen ausfallen, umso fester werden Sie an Ihrem emotionalen Schutzpanzer festhalten. Umso mehr ist Ihr Verstand damit beschäftigt, Sicherheitsstrategien zu entwickeln, um mit den Ängsten Ihres fragilen NIs fertigzuwerden. Es kommt zu einer Vergeistigung Ihrer Liebe und Ihres Lebens. Sie möchten nun Ihr Auftreten und Ihre Persönlichkeit (vielleicht auch Ihr Aussehen) verändern, um entweder weniger emotionale Enttäuschungen zu erleiden oder ganz einfach mehr geliebt zu werden.

Jedoch hat dies den Nachteil, dass sich dadurch das „empathische Liebesparadoxon" immer weiter verstärkt. Die ursprünglich nur aufgesetzten Verhaltensweisen verselbstständigen sich und überdecken zunehmend das ursprüngliche Naturell. Authentische Gefühle werden weiter weniger. Verlust- und Bindungsängste treten dagegen vermehrt auf.

Nach einer gewissen Zeit fällt natürlich auch EM auf, dass da irgendetwas nicht stimmen kann. Sie treten dann in ihre „erwachende Lebensphase" ein, um in der Folge ihre emotionale Schutzmauer wieder einzureißen. Jedoch gibt es einige EM, die diesen emotionalen Mut noch nicht aufbringen können. Zu groß waren die bisherigen Enttäuschungen ihres noch jungen Lebens. Sie gehen einen Umweg. Es entsteht auf dem Weg ihres persönlichen Wachstumsprozesses eine Art Zwischenphase.

Die vergeistigte Phase

3

Die überlastende Phase

Ihr Verstand ist weiterhin allein mit den Urängsten Ihres NIs konfrontiert. Da bisherige Verhaltensmuster wahrscheinlich nicht ausgereicht haben, um Ihre emotionalen Ziele zu erreichen, forcieren Sie nun Ihre Veränderungen bezüglich Ihres Auftretens. Sie versuchen, mehr „Herr der emotionalen Lage" zu werden.

Im Übrigen können insbesondere Hochsensible bereits in diese unangenehme Lebensphase hineingeschlittert sein, bevor sie überhaupt ihre ersten Liebeserfahrungen machen konnten. In diesem speziellen Fall war wahrscheinlich der Zeitraum bis zur Pubertät zu kräfteraubend, als dass sie gelassen ihre ersten Beziehungen eingehen konnten.

Ihr Verstand (EI) zeigt durch die mittlerweile lang anhaltende Anspannung erste Überlastungssymptome. Langjährig angenommene Handlungsmuster, die im Widerspruch zu Ihrem Grundwesen stehen, fordern ihren Tribut.

Das Leben wird anstrengender. Dies muss nicht unbedingt von Liebesbeziehungen herrühren, auch im Job, unter Freunden oder gegenüber jeglichen wichtigen Bezugspersonen haben Sie natürlich ebenso den Anspruch, zumindest einen Teil Ihres Liebesideals umgesetzt zu bekommen – nur eben auf einem anderen Niveau. Falls Sie also im Beruf, im Bekanntenkreis etc. nicht ausreichend Anerkennung finden oder sogar übergangen werden, kann dies zur weiteren Verschlechterung Ihres allgemeinen Wohlbefindens führen. Die Liebe als rettende Instanz für mehr Lebensfreude tritt in den Vordergrund.

Zunehmend kreisen Ihre Gedanken um das Liebesglück. Mehr *WAHRE LIEBE* zu erhalten, könnte jetzt Ihre geistige Anspannung sicher schnell auflockern. Ihr allgemeines Lebensgefühl ist mittlerweile davon abhängig geworden, ob Ihr Liebesideal erfüllt wird oder nicht.

Grundsätzlich ergibt sich jetzt wieder etwas sehr Spezifisches für das empathische Liebesleben. EM erleben nun nur noch zwei Extreme in der Liebe. Entweder sie verlieben sich in ihrer typischen tiefen und heftigen Art und Weise oder aber sie sind zu Tode gelangweilt. Dieses Kapitel teilt sich infolgedessen in zwei große Hälften auf:

1. Sie empfinden entweder viel Leidenschaft
2. oder große Langweile.

Bevor wir die Lebenssituation beschreiben, in der EM alles andere als verliebt sind, wenden wir uns zunächst der Leidenschaft zu.

3.1 Leidenschaft

Während Sie in der „vergeistigten Phase" nur bedingt vom empathischen Liebesparadoxon betroffen waren (je nach Grad der bisher erlebten Enttäuschungen), kommen Sie jetzt frontal mit dieser Eigenart der empathischen Liebe in Kontakt. Das Gelingen der Liebe ist mittlerweile so wichtig für Ihr allgemeines Wohlbefinden geworden, dass Sie gehörigen Grund haben, sich dahingehend vermehrt Gedanken zu machen. Sie beginnen, sich deshalb auf Ihren Liebespartner zu fokussieren.

3.1.1 Partnerfixierung

Sie erleben jetzt bestimmte Momente Ihrer Liebe als magisch. Manchmal sogar als ein absolut einschneidendes Liebeserlebnis. Sie erreichen emotionale Höhen, bei denen Sie denken, Sie sind im Himmel angekommen.

In diesen Momenten der Leidenschaft fühlen Sie unendlich tiefe Liebe. Sie könnten Ihren Partner förmlich verschlingen. „Das muss die *WAHRE LIEBE* sein. So habe ich mir das vorgestellt", werden EM schwärmen, „das ist der Zauber, nach dem ich immer gesucht habe. Kann das Leben schöner sein?"

> EM können jetzt solche Glücksgefühle erleben, die sie noch nie oder schon lange nicht mehr gespürt haben.

Allerdings sind diese zauberhaften Momente nicht permanent vorhanden. Schließlich gibt es auch einen Alltag der Liebe. Und da spüren EM, dass ihre Partnerschaft alles andere als die *WAHRE LIEBE* ist. Insbesondere in Zeiträumen, in denen gerade keine Liebesmagie herrscht, dämmert es ihnen immer öfter – irgendetwas stimmt hier nicht.

EM bemerken, dass in ihrem Alltag langsam unangenehme Gefühle hochsteigen. Sie beginnen, sich Sorgen zu machen, weil sie in einer Lebensphase angekommen sind, in der das Liebesglück für ihre allgemein empfundene Lebensfreude zu wichtig geworden ist. Würden solche Highlights der Liebe jetzt ausfallen, stünden sie vor einem trostlosen Leben. Zu angespannt und zu überlastet ist ihr Verstand, als dass sie sich auch ohne magische Liebesmomente besonders wohlfühlen könnten.

> Verlustängste beginnen nun, auch den Alltag zu dominieren.

Derjenige oder diejenige, mit dem oder der Sie diese wunderbaren Momente der Leidenschaft erleben konnten, wird nun zum Mittelpunkt Ihres Lebens. Schließlich haben Sie etwas gefunden, was endlich Ihr Dasein lebenswerter macht. Glücksgefühle, die Sie unter keinen Umständen mehr missen möchten.

Das Liebesparadoxon kommt nun voll zum Tragen. Je mehr Sie insgeheim Verlustängste entwickeln, Ihr Objekt der Begierde wieder zu verlieren, umso höher steigt natürlich auch Ihr Erregungszustand. Und je höher dieser ist, umso intensiver haben Sie das Gefühl, unendlich verliebt zu sein. Sie erkennen noch nicht, dass diese Gefühlsintensität etwas mit Ihren Urängsten zu tun hat. Für das Prinzip der Liebe spielt das aber keine Rolle. Gefühl ist Gefühl, ob positiv oder negativ. Hauptsache, es wird eine entsprechende emotionale Größenordnung erreicht, damit sich Liebe überhaupt entwickeln kann.

> Je mehr Sie sich Ihrem Partner oder sich selbst unsicher sind, umso leidenschaftlicher werden Sie jetzt.

Dies ist ein typischer Merksatz der „überlastenden Lebensphase". Wenn Sie mit einem Partner gerade zusammen sind, der auf irgendeine Weise die Beziehung regelmäßig instabil werden lässt oder einfach nur emotional unzuverlässig ist (mangelnde emotionale Nähe), wird sich tatsächlich Ihre Bindung an ihn erhöhen.

Stellt dieser Mann oder diese Frau zugleich (bewusst oder unbewusst) Ihre Persönlichkeit infrage, das heißt reduziert Ihren Selbstwert, dann werden Sie praktisch immer abhängiger.

Das klingt absurd, schließlich werden Sie sich zunehmend ärgern und Ihren Liebling am liebsten auf den Mond schießen wollen. Wenn Sie aber versuchen, von ihm loszukommen, werden Sie sicher einen Schreck bekommen. Ihr paradoxes Liebesprinzip hat Sie mehr denn je fest an Ihren Partner gebunden.

Man könnte auch behaupten, je mehr Sie Verunsicherung spüren, umso größer sind Ihre Verlustängste, umso abhängiger werden Sie von Ihrem Partner. Umso leidenschaftlicher erleben Sie die Liebe.

Im Übrigen kann sich Verunsicherung durchaus zu Ablehnung hochschaukeln. EM müssen dann an so mancher furchtbaren Liebesbeziehung lange festhalten, nicht weil sie ihnen gefällt, sondern weil sie nicht anders möglich ist. Auch Ablehnung erhöht den angstbesetzten Erregungszustand von EM exorbitant. Das Liebesparadoxon kann damit noch paradoxer werden, als es ohnehin schon ist:

> In der „überlastenden Phase" kann Ablehnung durch den Partner Ihre emotionale Bindung an ihn stark erhöhen.

Während Nicht-Empathen oder „erlöste" EM (später mehr dazu) beide Füße unter die Arme nehmen und so schnell davonrennen, wie sie können, ist dies für „überlastete" EM nicht möglich. Bei ihnen tritt genau der gegenteilige Effekt ein. Ihre Bindung an den anderen wird fester und fester.

Falls Sie einmal von einer solchen Liebeskonstellation betroffen gewesen sein sollten, dann wissen Sie bereits, dass Trennungsabsichten Ihrerseits wenig geholfen haben. Sie konnten noch so wütende und konsequente Kopfentscheidungen treffen, das alles wird Ihnen nicht weitergeholfen haben. Ob Sie das Aus ausgesprochen haben oder dies die Gegenseite getan hat – Sie blieben fest gebunden. Ihr negativer (angstbesetzter) Erregungszustand war einfach zu hoch. Und einen anderen, eher positiven, konnten Sie in dieser Lebensphase aufgrund Ihrer „emotionalen Schutzmauer" schon lange nicht mehr entwickeln.

Das Ganze kann sich zu einem ernstzunehmenden Liebestrauma hochschaukeln. In einer „überlastenden Lebensphase" werden alle seelischen Verletzungen noch intensiver erlebt, als sie ohnehin schon erfahren werden. Das hat etwas mit den Prinzipien zu tun, wie unser Gedächtnis funktioniert.

Alle Informationen, die Ihr Gehirn abspeichert, sind in der Regel mit ganz bestimmten Gefühlen verknüpft. Das heißt, Emotionen sind die Träger von Dingen, die wir im Kopf behalten möchten.

Dieses Phänomen kennt jeder Gedächtniskünstler. Möchten sich solche Profis beispielsweise an eine große Anzahl von Gegenständen erinnern, erfinden sie gedanklich eine zusammenhängende Geschichte, in der alle Gegenstände irgendwie involviert sind. Geschichten (bzw. innere Bilder) lösen mehr Emotionen aus als bloße Fakten. Infolgedessen ist jedem Gegenstand, an den man sich wieder erinnern möchte, ein ganz bestimmtes Gefühl zugeordnet. Sich daran wieder zu erinnern, ist dann ein Leichtes.

Das Gleiche passiert mit Ihren Liebestragödien. Nur sind in diesem Fall überaus gewaltige Emotionen im Spiel. Ihre Liebeserlebnisse sind mit Ihren Urängsten als emotionalem Träger verknüpft und nicht mit netten Geschichten. Und je intensiver diese Emotionen sind, umso tiefer prägen sie sich in Ihr Gedächtnis ein. Erlebnisse, die so in Ihrem Kopf als Erinnerungen abgelegt werden, sind nicht mehr so einfach wieder herauszubekommen.

Auch wenn Sie von alledem nicht betroffen sein sollten, so ist es doch wichtig, sich dieses Liebesparadoxons bewusst zu werden. Es ist durchaus vorstellbar, dass nicht Sie, sondern Ihr empathischer bzw. hochsensibler Partner betroffen ist. Das heißt, wenn Sie selbst längst Ihre tiefen Selbstzweifel überwunden haben, bedeutet dies noch lange nicht, dass Ihr aktueller oder Ihr Ex-Partner dazu auch imstande ist.

Werden Sie also von einem Liebespartner förmlich verfolgt, mit Eifersucht überschüttet oder in sonstiger Weise von seiner Leidenschaft drangsaliert, sollten Sie größtmögliches Verständnis bzw. Mitgefühl aufbringen. Dieser arme Mann oder diese arme Frau hat nur unter tiefsitzenden Verlustängsten zu leiden, weil Sie bzw. seine/ihre vergangene Partnerschaft wahrscheinlich die einzige Quelle für sein/ihr Wohlbefinden sind.

Unabhängig davon, ob es nun Sie oder Ihren Partner betrifft: Wenn Sie sich als EM in einer „überlastenden Lebensphase" befinden und zugleich Leidenschaft erleben, dann werden wohl folgende Sätze das besagte Liebesparadoxon am besten beschreiben können:

- Erleide ich Verletzungen, steigt meine Liebe.
- Fühle ich mich unterlegen, steigt meine Liebe.
- Entzieht man sich mir, steigt meine Liebe.

Zusammenfassend betrachtet, muss es natürlich nicht zu diesen Auswüchsen kommen. Je geringer Ihre Verlustängste sind, umso unwahrscheinlicher kommt es zu solchen unangenehmen Liebesextremen. Aber unabhängig davon hat uns die Evolution eine bestimmte Verhaltensweise an die Hand gegeben, wenn wir (Verlust-)Ängste spüren. Wir werden dann von unserem Körper förmlich gezwungen, die Richtung, aus der potenzielle Gefahr droht, in den Fokus zu nehmen.

3.1.2 Beobachtung

Sie beginnen, Ihren Partner zu beobachten. Zu wichtig ist er mittlerweile für Ihr Leben geworden. Fällt dieser aus, könnte es mit Ihrem Spaß am Leben zu Ende sein.

Dabei kommt Ihnen Ihre empathische Gabe mehr als entgegen. Jetzt allerdings legen Sie noch einmal eine Schippe drauf. Ihr Gegenüber wird nun förmlich durchleuchtet. Es passiert, was passieren muss:

> Sie werden nun bei Ihrem Partner unter Garantie einiges entdecken, was bei Ihnen Unbehagen aufkommen lässt.

Sie werden Punkte finden, die Ihnen nicht passen. Zudem leiden Sie aufgrund Ihrer zunehmenden geistigen Überlastung unter erheblichen Überempfindlichkeiten. Sie sind mittlerweile alles andere als gelassen. Schon geringste Anlässe reichen jetzt aus, um seelische Verletzungen zu erleiden.

Darüber hinaus entsteht aufgrund Ihres jetzt übersteigerten Hangs, sich zu sehr auf den Partner zu fokussieren, noch eine zusätzlich Last:

> Allein die Anwesenheit des Partners reicht aus, dass Sie nicht mehr abschalten können.

Vor lauter Beobachtung und Konzentration auf den Partner wird Ihr Nervensystem weiter und weiter belastet. Es entsteht ein Teufelskreis zwischen weiteren Überempfindlichkeiten und dem Entdecken zusätzlicher Indizien für Verstöße gegen Ihre *WAHRE LIEBE.*

- ▦ „Warum hat sie heute Morgen so komisch geguckt?"

- ▦ „Der Begrüßungskuss war aber heute nicht zärtlich."

- ▦ „Warum braucht er eine ganze Stunde, um die SMS zu beantworten?"

- ▦ „Jetzt hat er schon das dritte Mal innerhalb von vier Wochen ‚Ich liebe dich' gesagt. Da stimmt was nicht!"

- ▦ „Warum lässt sie ihr Smartphone nicht mehr aus den Augen? Wartet sie auf eine Nachricht von jemandem Bestimmten?"

Die Überlastende Phase

- „Warum schaut er ständig auf die Uhr?"
- „Jetzt hat sie schon wieder nicht in meine Augen geschaut. Die hat doch ein schlechtes Gewissen?!"
- „Warum ist er gerade nicht zu erreichen?"
- „Hat sie gerade diesem Typen auf den Hintern geschaut?"
- „Irgendwie habe ich in letzter Zeit ein komisches Gefühl."
- Und, und, und ...

Diese Beispiele betreffen natürlich nur Trivialitäten, dennoch können sie gewaltige Größenordnungen annehmen.

Wenn die Verunsicherung einen zu hohen Grad erreicht hat, wird es unerheblich, ob der Partner anwesend ist oder nicht. EM denken, grübeln oder zerbrechen sich auf sonstige Weise ihren Kopf – unter Umständen den kompletten Tag. 24 Stunden sind sie gezwungen, sich mit dem Liebsten oder der Liebsten gedanklich zu beschäftigen. Dies kann so weit gehen, dass der Beruf, der Freundeskreis oder sonstige Verpflichtungen schwer darunter zu leiden haben.

Hinzu kommt, dass nun Ihre Selbstzweifel ihren Höhepunkt erreichen und Sie Ihre Phantasie nicht mehr im Zaum halten können. Dann fällt Ihnen ein, dass Sie sich schon zu Beginn Ihrer Beziehung gewundert haben, warum Ihr Partner ausgerechnet Sie haben wollte. Schließlich haben Sie schon während Ihrer Kindheit gelernt, nicht liebenswert zu sein. Und jetzt scheinen sich alle Horrorszenarien auf einmal zu bestätigen. „Ich habe es ja schon immer gewusst, dass die Liebe zu mir niemals ehrlich war", werden Sie sich sagen hören, „alles Betrug – ich habe es geahnt." Was Ihnen dabei leider nicht bewusst ist:

....
„Wer suchet, der findet."
....

Und da Sie in dieser Lebensphase noch über zu wenig Urvertrauen verfügen, wird Ihre Anspannung größer und größer. Jetzt sehen Sie in jedem Punkt sofort eine Bedrohung für das Gelingen einer glücklichen Liebesbeziehung. Sie werden nun entscheiden, noch aktiver ins Geschehen eingreifen zu wollen.

3.1.3 Kontrolle

Sie sind als EM normalerweise ein äußerst rücksichtsvolles Wesen. Zudem haben Sie Mitgefühl und Barmherzigkeit zur Genüge. Sie lieben es, eher im Hintergrund zu agieren, und legen in der Regel ein hohes Maß an sozialer Kompetenz an den Tag.

Nun, da Ihre Liebesbeziehung ein zu wichtiger Faktor für Ihr Wohlbefinden geworden ist, neigen Sie allerdings dazu, Ihre Manieren zu verlieren. Insbesondere wenn Ihre *WAHRE LIEBE* bedroht ist, werden Sie sich nicht wiedererkennen. Sie können dann auch anders.

Sie wissen aufgrund Ihrer empathischen Begabung natürlich nur zu gut, was die Schwachpunkte Ihres Liebespartners sind. Liefert er zu wenig Aufmerksamkeit, Beachtung und Liebe, werden Sie einschneidende Maßnahmen ergreifen. EM werden nun zum wahren Meister der Kontrolle.

EM versuchen jetzt, ihren Partner zu mehr Liebe zu erziehen.

In Ihnen tauchen vermehrt Hintergedanken auf. Sie verlieren jegliche Spontanität. Erhalten Sie beispielsweise E-Mails oder SMS von Ihrem Liebling, sind Sie nicht mehr in der Lage, nach Lust und Laune zu antworten. Sie überlegen sich nun im Übermaß, wann Sie antworten, ob Sie antworten und welcher Inhalt wohl am geschicktesten für Ihr weiteres Liebesleben sein könnte. Zu allem beginnen Sie, einen Plan zu haben. Permanent auftauchende Hintergedanken bestimmen ab sofort Ihr Liebesleben.

Es könnte aber auch sein, dass Sie bisher viele Verletzungen erlitten haben. Dann mutieren Ihre bisherigen Kontrollstrategien zu handfesten Strafmaßnahmen.

Sie beginnen, Ihre empathischen Gaben zu missbrauchen, um entweder heimzuzahlen oder ganz einfach das Begehren des Partners zu erhöhen. Die innere Sehnsucht nach mehr Liebe ist nun groß genug geworden. EM treten jetzt selbst ihr überaus soziales, rücksichtsvolles und mitfühlendes Grundnaturell mit Füßen. Sie schrecken nicht mehr davor zurück zu manipulieren.

> Die empathische Fähigkeit wird nun instrumentalisiert.

Ihre empathischen Gaben werden nun zu einem äußerst durchsetzungsfähigen Werkzeug. Die Sehnsucht nach der *WAHREN LIEBE* ist nun größer als das schlechte Gewissen, den einen oder anderen Trick anzuwenden.

In bestimmten Fällen kann auch dies zu einer Liebestragödie führen. Insbesondere dann, wenn beide Partner zugleich empathisch veranlagt sind und zusätzlich in einer „überlastenden Lebensphase" feststecken. Wenn beide Kontrahenten den jeweils anderen erziehen und kontrollieren möchten, kann sich ein ewiges „Hin & Her" entwickeln. Das Spiel „Strafe & Belohnung" wird dann über Jahre hinweg aufrechterhalten, ohne dass eine Partei bereit ist aufzugeben. Ein liebloses „Hin & Her"-Gezerre ist vorprogrammiert.

Ein beliebtes Kontrollinstrument ist auch der Sex. Vor allem Frauen beabsichtigen mithilfe des Geschlechtsakts, ihre Liebesinteressen besser durchsetzen zu wollen. Läuft alles wie geschmiert, geben sie sich hin – wenn nicht, wird der Sex rationiert. Ihnen wurde wahrscheinlich von ihren Müttern eingeredet, dass sie an Sex weniger Spaß hätten als Männer. So schneiden sie sich oft ins eigene Fleisch. Zumal ein empathisch veranlagter Mann sich unter Garantie eine andere Gegenmaßnahme ausdenken wird, um sich für diese Gemeinheit zu rächen.

Unendlich viele Beispiele könnten hierfür gefunden werden. Wichtig ist aber nur eines: Kontrollstrategien, wenn nicht sogar handfeste Erziehungsmaßnahmen, tragen sicher viel Leidenschaft in Partnerschaften hinein (falls der Partner dagegenhält). Dennoch erkennen die meisten EM in dieser Lebensphase nicht, dass sie eigentlich nur ihr ursprüngliches Problem weiter verschärfen. Anstatt positive und vor allem gemeinsam erlebte Glücksgefühle zu trainieren (siehe „vergeistigte Phase"), erhöhen sie stattdessen gegenseitig ihre Verlustängste.

Und es wird unter Garantie der Zeitpunkt kommen, dass sich zwei verletzte Menschen gegenüberstehen und fassungslos erkennen, dass sie sich noch nie geliebt haben. Dann gehen zwei Menschen völlig verwirrt auseinander und sehen auf dramatische Weise ein, dass sie viel wertvolle Lebens(Liebes-)zeit vergeudet haben. Kurzum:

> Liebesbeziehungen können in dieser Lebensphase lange bestehen bleiben, weil sich beide gleichermaßen subtil bekämpfen.

Wir sind wieder beim Liebesparadoxon der empathischen Liebe angelangt. Einen möglichen Grund, warum Paare nicht voneinander lassen können, haben Sie bereits erfahren („Erleide ich Verletzungen, steigt meine Liebe."). Darüber hinaus führt jetzt sogar Verachtung zur Steigerung der Bindung. Diese Form der Ablehnung ist ebenso ein extremer Erregungszustand. So bleibt EM oft nichts anderes übrig, als sich weiterhin an einen Partner gebunden zu fühlen, obwohl sie ihn tief in ihrem Inneren verachten. Solche Konstellationen sind typische Begleiterscheinungen einer „überlastenden Lebensphase".

Unabhängig davon, ob Sie in dieser Zeit von geringfügigen oder extremen Auswüchsen der Leidenschaft betroffen sind, wird ein weiterer Begleiter der „überlastenden Phase" auftauchen.

> EM werden übertrieben eifersüchtig.

Selbstverständlich geht es dabei um die Sorge, seinen geliebten Partner an den Wettbewerb zu verlieren. Jedoch jetzt, in dieser schwierigen Lebensphase, setzt die Eifersucht von EM bereits viel früher ein. Schon mangelnde Aufmerksamkeit des Partners lässt Sie nun befürchten, ihn zu verlieren.

Neben der Eifersucht geht es natürlich auch um das Thema des „verletzten Stolzes" – also um Eitelkeiten. Allein die Tatsache, dass sich der Partner nicht zu hundert Prozent auf Sie fokussiert, reicht für Sie jetzt schon aus, beleidigt zu sein. Sie kämpfen mehr denn je gegen den Angriff des Säbelzahntigers.

Die überlastende Phase

Gott sei Dank stellen sich die meisten Sorgen im Nachhinein als unbegründet heraus (oder sogar als Hirngespinst). Warum bei Ihnen die Eifersucht dennoch stark hochkochen kann, liegt an der Tatsache, dass Sie derzeit zu sehr auf Ihren Partner fixiert sind. Sie observieren ihn förmlich. Als EM erreichen Sie dabei oft einen Grad, der bereits an Gedankenlesen grenzt.

Wenn Sie also das Gefühl haben, dass Ihr Partner an jemand anderes denkt oder sogar kurzzeitig mit Betrugsphantasien spielt, dann werden Sie in manchen Fällen allerdings auch recht haben. Aber was bringt diese Erkenntnis?

Sie ist nur die Kehrseite Ihrer empathischen Fähigkeit. Sie erkennen aus dem Handgelenk das Grundnaturell von Menschen und dieses besteht naturgemäß nicht nur aus positiven Seiten.

> EM müssen unbedingt lernen, auch mit der dunklen
> Seite des Menschen ihren Frieden zu machen.

Dies ist leider die einzige Möglichkeit. Sie werden das grundlegende Naturell des Homo sapiens, zu dessen Gattung auch Ihr Partner zählt, wohl nicht maßgeblich ändern können.

Ich persönlich bin der festen Überzeugung, dass die sexuelle Energie der Hauptantrieb des menschlichen Lebens ist. Es liegt also in der Natur der Sache, dass Menschen zumindest subtil sexuell aufeinander reagieren.

Wie man heute weiß, tauchen bei Menschen (bei Männern wie auch bei Frauen gleichermaßen) deshalb mehrmals täglich sexuelle Phantasien auf (und zwar nicht mit dem eigenen Partner). Oft fällt uns dies noch nicht einmal selbst auf. Solche Gedankenblitze verschwinden in der Regel so schnell, wie sie gekommen sind. Auch dann, wenn dies nicht der Fall ist, haben sie in den seltensten Fällen irgendwelche Auswirkungen auf unsere Partnerschaften. Schließlich leben wir in einer zivilisierten Gesellschaft, in der wir uns nicht mehr die Kleider vom Leib reißen, nur weil eine attraktive Person uns zufällig über den Weg läuft.

Dennoch werden Sie in dieser Lebensphase so Ihre Probleme haben, über das eine oder andere hinwegsehen zu können. Allerdings ist dies noch nicht alles. Aufgrund Ihrer übermäßigen Fixierung auf den Partner lauert eine schlimme Gefahr.

3.1.4 Fremdbestimmung

Durch Ihre jetzt überbetonten Beobachtungsaktivitäten müssen Sie wohl oder übel zum Schluss kommen, von Ihrem Partner nicht genug geliebt zu werden. Wie gesagt, wer suchet, der findet. Wahrscheinlich müssen Sie sich noch mehr ändern, um genügen zu können, werden Sie sich einreden hören.

EM setzen sich also weiter unter Druck. Zu den Gedanken, dass sie es vielleicht nicht verdient haben, geliebt zu werden, kommen die Überlegungen hinzu, ob sie sich mehr an den Partner anpassen müssen. Zunehmend hören EM auf, auf eigene Bedürfnisse zu achten. Stattdessen wird das Gegenüber das Maß der Dinge.

> Viele EM laufen jetzt Gefahr, Teile ihrer Identität aufzugeben.

Nachdem sie bereits viele Verhaltensmuster übernommen haben, beginnen sie nun, komplette Wertesysteme des Partners zu übernehmen.

Beispiel:

Anke, die hochsensibel ist und schon immer von tiefen Selbstzweifeln geplagt war, entschied sich für einen sozialen Beruf. Als sie in ihrer Jugend mit ihrer Berufstätigkeit begann, war sie bekannt für ihre hohen moralischen und ethischen Werte, ihr ausgezeichnetes Einfühlungsvermögen sowie ihr großes Mitgefühl. Sie verfolgte in ihrem Leben schon immer eher idealistische Ziele. Mit den Themen Statussymbole, Erfolg und Geld hatte sie nichts am Hut. Grundsätzlich war ihr die materialistische Welt eher fremd.

Im Laufe der folgenden Jahre veränderte sich Anke. Sie begann, auf Markenkleidung zu achten und interessierte sich auf einmal für Erfolg, wenn sie jemanden neu kennenlernte. Zudem wurde sie neugierig, welche Automarke er fuhr und ob er eine eigene Immobilie besaß. Außerdem eignete sie sich die Einstellung an, dass jeder selbst an seinem Leid schuld sei.

Sie wurde für die Schicksalsschläge anderer mitleidlos und kümmerte sich nur noch darum, ob sie genug vom Topf des Lebens abbekam. Opportunismus, Egoismus und Unbarmherzigkeit zogen neben vielen anderen dunklen Wesenszügen in ihre Persönlichkeit ein. Was war geschehen?

Anke war seit zehn Jahren mit einem erfolgreichen Manager eines bekannten Großkonzerns verheiratet. Sie liebte ihn abgöttisch ...

Je weiter EM in diese subtile Falle laufen, fremde Wertesysteme zu übernehmen, umso weiter entfernen sie sich von ihrem Naturell. Was natürlich zu einer weiteren Überlastung des Nervensystems führt.

Das Ganze wird weiter verschärft, weil typische empathische Eigenarten hinzukommen. Dazu zählt vor allem das Mitgefühl. Die Kehrseite dieser ehrenwerten Charaktereigenschaft besteht darin, sich nicht mehr ausreichend abgrenzen zu können.

> EM beginnen jetzt, auch Stimmungen zu übernehmen.

Sie saugen förmlich die Emotionen ihres Partners auf. Dies kann so weit gehen, dass EM am eigenen Körper faktisch das Gleiche spüren wie der Partner selbst. Ist er gerade schlecht drauf, ergeht es EM genauso. Fühlt er sich gerade gut, färbt dies ebenso ab.

Diese Tragik kann so weit gehen, dass EM den Wünschen des Partners voll und ganz gerecht werden wollen. Das sprichwörtliche „Wünsche von den Augen ablesen" kehrt in den Alltag ein. Wenn dies der Partner honoriert, entsteht schnell eine gewisse Ruhe in der Beziehung. Allerdings auf Kosten der EM.

> EM laufen jetzt Gefahr, sich aussaugen zu lassen.

Falls EM mit einem Partner zusammen sind, der es darauf anlegt, seine eigene Lebensfreude durch die ihm nun zuteil gewordene Aufmerksamkeit zu erhöhen, birgt dies natürlich sehr große Gefahren für die betroffenen EM. Sie verlieren dann in einem schleichenden Prozess weiter an Energie. Der Überlastungszustand erhöht sich mehr und mehr. Im Gegenzug ergeht es dem Partner immer besser. Lebensenergie fließt einseitig in Richtung des Partners. EM werden dann Opfer von sogenannten Energiedieben.

Aber wie immer hat alles seine Kehrseite. Betroffene EM könnten auch mit einem Partner zusammenleben, den eine solche Situation nicht gerade glücklich macht, sondern vielmehr belastet. Er realisiert dann, dass das Glück der Partnerschaft allein von ihm abhängt, und vor allem auch von seinen Launen und Stimmungen. Das Gelingen der Partnerschaft und das Wohlergehen des Empathen lasten nun allein auf seinen Schultern.

Selbstverständlich kann dies auch als eine große Verantwortung empfunden werden, die es zu meistern gilt. Früher oder später jedoch wird der Zeitpunkt kommen, zu dem der Partner des EM diesem großen emotionalen Druck, für sein Wohlbefinden allein verantwortlich zu sein, nicht mehr standhält. Ihm geht sozusagen die Luft zum Atmen aus.

> EM verlieren oft Menschen, weil sie sie damit
> überlasten, allein für ihr Glück verantwortlich zu sein.

Was dann normalerweise auf den Schultern mehrerer Menschen aufgeteilt ist, muss der Partner allein erfüllen. Dann muss er Vertrauter, Motivator, Ratgeber, Freizeitgestalter, Alleinunterhalter etc. zugleich sein. Die Liebe wird von dieser Last förmlich erdrückt.

Kommt es aus genannten Gründen in der Folge zum Liebesaus reagieren EM mit Unverständnis. Sie fühlen sich bestätigt. „Alles habe ich für ihn/sie gegeben. Ich war unendlich treu, habe mich aufgeopfert, mein Leben hintenangestellt und dennoch hat er/sie mich verlassen", werden Sie dann zu hören bekommen.

Spätestens dann, wenn EM von der Liebe ihres Lebens verlassen wurden, weil der Partner den subtilen Druck auf seinen Schultern nicht mehr aushalten konnte, spätestens dann werden Sie EM emotional schwer verletzt am Boden liegen sehen. Dann erleben EM das andere Extrem des empathischen Liebesparadoxons.

3.2 Langeweile

Wie gesagt: Empfinden EM in dieser Lebensphase keinen gewissen Grad an Verunsicherung (Verlustängste), können sie für die Liebe keinen ausreichend hohen Erregungszustand erzeugen.

Dies betrifft im Besonderen EM, die sich zwar in einer Beziehung befinden, sich aber vom Partner entweder auseinandergelebt haben oder ihm gegenüber eine so hohe emotionale Sicherheit empfinden, dass ihre Sorge, den Partner zu verlieren, praktisch null ist. Dann erleben wir EM, die nur noch Scheinbeziehungen führen. Es entsteht Langeweile.

Die logische Konsequenz wäre nun, sich neu zu verlieben. Es kommt zu einem sehr unschönen Effekt, schließlich benötigen „überlastete" EM jetzt dringend mehr Glücksgefühle, um sich besser fühlen zu können.

> Es tauchen die ersten Phantasien auf, fremdzugehen.

Im Geheimen Vorstellungen zu entwickeln fremdzugehen, ist ein typisches Indiz einer „überlastenden Lebensphase". Sie brauchen Abwechslung. Ihre Partnerschaft oder das Leben in Gänze empfinden Sie als langweilig. Sie sehnen sich nach dem süßen Gefühl, erregt zu sein.

Dies betrifft natürlich auch Singles. „Überlastete" EM spüren grundsätzlich eine gewisse innere Leere. Da könnte eine „große Liebe" sicher wieder mehr Lebensspaß in den Alltag bringen.

Die überlastende Phase

Sicher ist das Finden einer neuen Liebe für viele EM machbar. Jedoch gibt es auch eine Fraktion, die nun langsam, aber sicher sehr tragische Entscheidungen trifft. Sie kehren mehr und mehr der Suche nach der *WAHREN LIEBE* den Rücken.

Vielleicht auch deshalb, weil sie es ganz einfach nicht mehr ertragen wollen, sich permanent verletzt zu fühlen. Dann erleben wir EM, die sich auf Ersatzbefriedigungen stürzen. Schließlich ist das Gefühl der inneren Langeweile wahrlich kein angenehmes.

Manche EM eröffnen nun Nebenkriegsschauplätze. Wenn es mit Liebesbeziehungen nicht gut läuft, dann muss einfach mehr Anerkennung, Aufmerksamkeit und Beachtung woanders herkommen.

So zählt das übertriebene Nachgehen einer beruflichen Tätigkeit zu einer sehr typischen Verhaltensweise von EM, die überlastet sind und zudem an die *WAHRE LIEBE* nicht mehr glauben können oder aufgehört haben, nach ihr zu suchen. Dann setzen sie auf Ablenkung durch Karriere und Erfolg.

Aber auch eine im Übermaß hohe Fokussierung auf private Projekte ist denkbar. Dabei werden oft ehrenwerte und absolut wichtige Aufgaben bezüglich Vereinsarbeit, Bürgerinitiative, Weltverbesserung, Rettung verlorener Seelen etc. völlig zweckentfremdet. Sie dienen dann nicht mehr dazu, selbstlos der Gesellschaft zu dienen, sondern vor allem dazu, sich selbst zu helfen. Dann werden wichtige soziale und gesellschaftliche Projekte als typische Ablenkung vom eigenen Leid missbraucht.

Auch damit kann die nun beginnende innere Leere eine gewisse Zeit verscheucht werden. Entweder man erhält Anerkennung durch Bekanntenkreis, Mitstreiter oder die Öffentlichkeit oder man kann sich selbst einfach besser leiden, weil man das Gefühl hat, etwas „Sinnvolles" zu tun.

Auf gar keinen Fall möchten EM in einer „überlastenden Phase" auf sich *SELBST* zurückfallen. Wenn EM jetzt isoliert wären, würden sie wahrscheinlich in eine kleine Lebenskrise fallen. Zu niedrig ist die eigene innere Lebensfreude geworden.

Luca Rohleder

3.3 Fazit

Vielleicht möchten Sie sich ja einige Fragen stellen, um herauszufinden, ob sich bei Ihnen bereits eine „überlastende Lebensphase" abzeichnet:

- Fühlen Sie eine bestimmte Sinnlosigkeit, wenn Sie alleine sind und niemand da ist, der Ihnen Aufmerksamkeit schenkt?
- Suchen Sie Ablenkung, um nicht mit sich selbst konfrontiert zu sein?
- Wie oft machen Sie sich Gedanken, ob Sie beliebt sind oder respektiert werden?
- Erhoffen Sie sich insgeheim von einer „großen Liebe" den großen Befreiungsschlag für Ihr Leben?
- Fragen Sie sich zu oft, was wohl die anderen über Sie denken könnten?
- Sind Sie schon seit Langem auf der Suche, wissen aber nicht genau nach was?

Natürlich beschäftigen wir uns alle ab und zu mit solchen oder ähnlichen Fragestellungen. Das ist auch nicht der Punkt. Es geht um das Extrem. Falls Sie also von den oben genannten Fragen im Übermaß betroffen sind, dann sind Sie mittlerweile nicht nur empfindlicher geworden, sondern Sie sind gerade dabei, langsam Ihre Lebenslust zu verlieren. Sie können sich wahrscheinlich nur dann wohlfühlen, wenn Sie entweder geliebt werden oder sich mit Ersatzbefriedigungen erfolgreich ablenken (oder beides).

Alles in allem sind Sie in dieser Phase besonders von dem bereits erläuterten „empathischen Liebesparadoxon" betroffen. Sie erleben nur zwei Extreme in der Liebe.

Entweder Sie befinden sich in einer Liebesbeziehung, in der Sie in letzter Konsequenz emotional unsicher sind, dann erleben Sie glückliche (oder unglückliche) Höhepunkte der Liebe. Oder Sie erleben genau das Gegenteil und empfinden keine Verlustängste oder Selbstzweifel bezüg-

Die überlastende Phase

lich eines Menschen, dann sind Sie mit großer Langeweile konfrontiert. In diesem Fall werden Sie sich wahrscheinlich diversen Ablenkungsstrategien widmen.

In dieser Lebensphase lieben
Sie zu viel oder gar nicht.
Sie erleben entweder Leidenschaft
oder nur Langeweile.

Sicher ist unbestritten, dass Sie durch ein leidenschaftliches Liebesleben außergewöhnliche und vielleicht auch atemberaubende Glücksmomente erleben werden. Insbesondere im sexuellen Bereich können Sie Erfahrungen machen, auf die Sie erst einmal nicht mehr verzichten wollen. Dennoch überwiegen bei der Leidenschaft die dunklen Seiten die hellen. Das Leiden gehört mit dazu. Vor allem der dazugehörige angstbesetzte Erregungszustand wird Sie im Alltag immer wieder auf negative Weise einholen. Sicher ist dies auch der Grund, warum im Begriff „Leidenschaft" das Wort „Leiden" zu finden ist. Man könnte Leidenschaft auch als „Meisterschaft des Leidens" übersetzen.

Irgendwann wird Ihnen aber ein Licht aufgehen. Dann wird Ihnen klar, was der Unterschied ist zwischen *WAHRER LIEBE* und dem, was Sie bisher erlebt haben. Dann treten auch Sie in die „erwachende Lebensphase" Ihres Wachstumsprozesses ein.

Leider kann es aber auch hier einige Verzögerungen geben. Obwohl manche EM längst bemerkt haben, ein gewisses Unwohlsein zu spüren, wenn sie sich nicht ausreichend geliebt fühlen, bleiben sie dennoch in ihrer Welt der geistigen Anspannung gefangen. Es kommt zu einem weiteren, jetzt aber recht tragischen Umweg.

4 Die lebensverneinende Phase

■ ■

Warum ich diese Phase „lebensverneinend" und nicht „liebesvernei-
nend" genannt habe, wird Ihnen erst zum Ende dieses Buchs einleuchten können. Grundsätzlich bin ich leider noch einmal gezwungen, eine
eher negativ besetzte Lebensphase zu erläutern. Danach haben Sie es
allerdings geschafft, dann geht es mit Positivem steil bergauf.

Zunächst tut es mir sehr leid, wenn Sie einmal in eine solche Phase
hineinschlittern. Sicher ist ein solcher Lebensabschnitt die Ausnahme
und betrifft nur die wenigsten Leser. Ich möchte daher nicht viele Worte
verlieren. Dennoch muss ich darauf eingehen, schließlich könnten Sie
nicht selbst betroffen sein, aber sehr wohl Ihr Partner.

In der Summe geht es um die gleichen Themengebiete wie in der
„überlastenden Lebensphase". Allerdings erleben Sie nun die beiden
Liebesextreme des „empathischen Liebesparadoxons" in einem noch
übertriebeneren Maße:

> Langeweile entwickelt sich zu tiefer Frustration
> und aus Leidenschaft wird nun Liebessucht.

Von Ihrem ursprünglichen Naturell als EM erkennt man nun von außen
nichts mehr. Im Prinzip bestehen Sie nur noch aus Verstand. Es ist nur
noch eine intellektuelle Maske Ihrer selbst zu sehen. Ihr Bauchraum ist
mittlerweile vollständig verschlossen. Sie bemerken nicht, dass Sie schon
lange keine gegenwartsbezogenen Gefühle mehr leben. Sie denken und
fühlen nun ausschließlich in der Vergangenheit oder in der Zukunft.

Sicher gibt es zahlreiche Ursachen, warum sich EM jetzt emotional vollständig abgeschottet haben. Vielleicht sind es die furchtbaren emotionalen Schmerzen, die sie bisher erlitten haben. Lautlose und schreckliche Schreie des Leids, die immer dann innerlich zu hören sind, wenn betroffene EM an ihre Vergangenheit erinnert werden. Grundsätzlich können sie in dieser schlimmen Lebensphase keine Lebensfreude mehr aus sich selbst heraus generieren.

> EM sind nun zu hundert Prozent von der Liebe anderer abhängig geworden, um noch Lust auf das Leben zu haben.

Es beginnt der emotionale Überlebenskampf. Nur die Aufmerksamkeit, Beachtung und Liebe anderer kann Ihnen noch das Gefühl geben, dass das Leben lebenswert ist. EM sind nun zum emotionalen Sklaven von Liebesbezeugungen geworden. Sie entwickeln typische Symptome einer Suchterkrankung.

4.1 Liebessucht

Ähnlich wie es Suchterkrankten nicht mehr möglich ist, auf ehrenwerte menschliche Werte Rücksicht zu nehmen, verhält es sich mit der Sucht nach mehr Liebe. Betroffene EM holen nun zum finalen Schlag aus. Alles, was sie nur geringfügig besser fühlen lässt, ist auf einmal erlaubt. An ihr wunderbares Naturell, einmal als ein fast engelhaftes Wesen geboren worden zu sein, erinnert nichts mehr.

> EM werden zu „verlorenen Seelen".

Innere Rechtfertigungen wie „Ihr habt es alle nicht besser verdient", werden Sie nun zu hören bekommen. „Hättet ihr mich mehr geliebt und geachtet, wäre ich nicht so geworden." Der innere Groll und Hass auf das Leben und die Liebe bestimmt nun das Dasein. Es kommt zum inneren Geschlechterkampf, der oft auch nach außen getragen wird („Alle Männer sind Schweine." „Alle Frauen sind Schlampen.").

Befinden sich solche EM noch in festen Partnerschaften, gibt es kein Geben und Nehmen mehr. Der Partner wird als einseitiger Liebeslieferant missbraucht. Aus den subtilen Erziehungsmaßnahmen der „überlastenden Phase" sind nun furchtbare Machtkämpfe um mehr Kontrolle, Aufmerksamkeit und Liebe geworden. Sind EM damit nicht erfolgreich, steht das Fremdgehen auf der Tagesordnung.

EM sind in der schrecklichen Situation gefangen, lügen, betrügen und hintergehen zu müssen. Alles, was nur ein bisschen mehr Liebe für sie bedeutet, muss händeringend aufgesaugt werden. Sie wissen nur zu gut, dass die notwendigen Mittel, um dies zu erreichen, zweitrangig sein müssen, Hauptsache, sie fallen nicht in eine Depression.

EM sind nun gezwungen, jede Form von Liebe zu suchen.

Sicher zählen auch alle Extreme von Sexpraktiken dazu. Aber auch die Sucht nach einer Affäre nach der anderen ist zu beobachten. Das andere Geschlecht wird dazu missbraucht, um an mehr Lebensenergie zu kommen.

Aber auch Sexsucht oder diverse sexuelle Abhängigkeiten können in dieser Lebensphase zur Tagesordnung zählen. Der grässliche innere Hilfeschrei nach mehr Aufmerksamkeit ist einfach zu laut geworden. Auch die tägliche Masturbation ist ein typisches Zeichen, dass alles getan werden muss, um irgendein positives Gefühl in den Körper zu bringen. „Lebensverneinende" EM bemerken schnell, dass die Stimulation ihrer Geschlechtsteile ein kurzfristiges Aufflammen ihrer Lebensfreude bewirkt. Das tut gut und bringt zumindest kurzzeitig ein wenig Erholung vom inneren Leid.

Andere EM würden am liebsten täglich dem anderen Geschlecht den Kopf verdrehen. Sie bemerken schon lange nicht mehr, dass es ih-

Die lebensverneinende Phase

nen nur noch um den verzweifelten Kampf um mehr Anerkennung und das emotionale Überleben geht.

Aber auch Beziehungen zu gebundenen oder verheirateten Liebespartnern sind in dieser Lebensphase auffällig. Es werden unbewusst Menschen ausgewählt, die sich für eine *WAHRE LIEBE* praktisch von selbst ausschließen. Kann man jemanden nicht ganz haben, kann man ihn auch nicht ganz verlieren. Keine Verlustängste – kein Leid. Besser als nichts, denkt sich so mancher EM.

Meist tritt aber das Gegenteil von dem ein, was erhofft wurde. Der Status, zweite Wahl zu sein, befeuert weiter negative Emotionen. Der Erregungszustand steigt rasant und schnell entstehen stürmische Liebesaffären, die zu nichts führen. Vielmehr wird das innere Leid größer und größer.

Zu diesem Thema zählt auch die sogenannte Bindungsphobie. In diesem Fall entschließen sich „lebensverneinende" EM, nur zum Schein Liebesbeziehungen einzugehen. Dabei wird konsequent alles vermieden, was zu einer lang anhaltenden emotionalen Nähe führen könnte. Vielleicht ist dies der grausamste Akt, den EM jetzt vollführen können. Insbesondere für den Partner, der an einen phobischen EM geraten ist.

Es kommt zur konsequenten Verhinderung einer emotionalen Bindung zu einem anderen Menschen. EM sind jetzt der Ansicht, dass nur so weitere Verletzungen vermeidbar sind. Keine Bindung – keine Enttäuschung.

> EM beschließen, in Liebesbeziehungen insgeheim allein zu bleiben.

Betroffene gehen zwar Partnerschaften ein, in Wahrheit jedoch werden sie sich dem Partner gegenüber niemals emotional öffnen. Sie behalten, meist vom Gegenüber unbemerkt, ihre Maske auf. In diesen Fällen mutieren EM zu wahren Könnern eines schrecklichen Schauspiels.

Dennoch sind sich Betroffene ihrer ausweglosen Lage durchaus bewusst. Phobische EM wissen sehr wohl, dass ihr Wohlbefinden nur noch an einem seidenen Faden hängt. Deshalb öffnen sie sich gerade so weit, dass sie die Liebe des anderen zwar konsumieren, sie sich selbst aber noch ungebunden fühlen können.

Zwar genießt der Bindungsphobiker schöne Momente mit dem anderen, gleichzeitig leidet er aber auch. Er vollführt eine Gratwanderung, die viel Kraft kostet. Läuft er dann Gefahr, von der Liebe des Partners abhängig zu werden, beginnt er sofort, Gegenmaßnahmen einzuleiten, und stößt in der Folge den Partner regelrecht von sich.

Partner von solchen bindungsphobischen EM verzweifeln schließlich an dem Wechselspiel zwischen „Nähe & Distanz" und fragen sich, was sie falsch machen. Durch das ständige emotionale „Hin & Her" kann der Partner sich nie sicher sein, ob der Liebesphobiker ihn noch liebt. Diese Angst aber mündet in einen Teufelskreis: Durch sie steigert sich wieder das Begehren nach dem Phobiker. Der Partner läuft dem, der Angst vor Nähe hat, hinterher.

Hier begegnet uns wieder das Liebesparadoxon von EM. Der Bindungsphobiker verweigert im Prinzip das Eingehen einer steten Liebesbeziehung. Dadurch suggeriert er dem Gegenüber, immer auf dem Sprung zu sein. Was bei diesem verständlicherweise zu einem erhöhten Liebesengagement führt. Der Phobiker jedoch fühlt sich wieder bedrängt und läuft immer weiter weg oder trennt sich irgendwann gänzlich. Ihm reicht die Gewissheit aus, geliebt zu werden (oder worden zu sein). Auch wenn der Ex-Partner nicht mehr anwesend ist. Das Ziel ist erfüllt, er fühlt sich geliebt, ohne selbst ein hohes emotionales Risiko eingegangen zu sein.

Auch hier lauert eine schlimme Gefahr auf EM. Falls Sie von einer solchen Phobie nicht betroffen, aber an einen Bindungsphobiker geraten sind, versuchen Sie oft, ihn zu bekehren. Sie spielen nun den Retter oder die Retterin. Dieses ehrenwerte Engagement verschärft jedoch das Problem. Oft ist eine Depression die Folge, weil Sie mit Ihren Bemühungen in der Regel nie erfolgreich sein können.

Überwinden Sie bitte auch Ihr Mitleid für den Phobiker. Versuchen Sie, Ihr großes Mitgefühl (das unbestritten in Ihnen wohnt) irgendwie zu überwinden. Sie können ihn nicht retten oder von Ihrer ehrlichen Liebe überzeugen. Es ist zu spät. Wahrscheinlich ist er schon seit vielen Jahren uneinsichtig, sodass ihn nur sein Schicksal retten kann. Bindungsphobiker haben meist schon zu lange die Schreie ihrer Seele überhört und erwachen meist erst dann, wenn sie durch schwere Schicksalsschläge (die vorprogrammiert sind) zur Einsicht förmlich gezwungen werden.

4.2 Liebesersatz

Selbstverständlich sind nicht alle EM imstande (oder dazu bereit), sich in dieser „lebensverneinenden Phase" von anderen ständig mehr Liebe, Aufmerksamkeit und Beachtung zu erschwindeln. Das heißt, EM teilen sich wieder in zwei Gruppen auf.

Diejenigen, die keine Liebesextreme in ihr Leben holen können (oder wollen), entwickeln andere Strategien, um irgendwie an mehr Lebensqualität heranzukommen. Der einfachste Weg, sich schnell besser zu fühlen, ist die Nahrungsaufnahme. Essen stimuliert den Bauchraum, also auch unsere Gefühlswelt. Insbesondere der Konsum von Zucker ist ein typisches Symbol für den Liebesersatz. Bekommt man nicht genug Liebe, dann muss sie jetzt eingekauft werden. Die Süße der Nahrung steht stets für die Sehnsucht nach mehr Liebe.

Wir alle mögen natürlich leckere Momente (wer mag nicht die Schokolade auf der Couch) Dagegen ist auch nichts einzuwenden. Es ist sicher auch im Sinne der evolutionären Arterhaltung, dass wir Emotionen empfinden, wenn wir uns Nahrung zuführen. Allerdings kommt es in dieser Lebensphase dahingehend zu Auswüchsen.

Die vollständige Abhängigkeit von der Aufmerksamkeit und Liebe anderer führt dann zu entsprechendem Essverhalten. Sicher sind die verschiedenen Typen von Essstörungen typische Begleiter einer „lebensverneinenden Phase".

Daneben zählt natürlich auch die Erfolgs- und Arbeitssucht zu typischen Liebesersatzstrategien. Aber auch alle Formen des Fanatismus stehen für ein Leben voll innerer Leere. Dann erleben Sie EM, die mit gezogenem Schwert fanatisch ausziehen, um die Welt zu retten. Sogar suchtartige Sportaktivitäten, bei denen es zu Entzugserscheinungen kommt, wenn sie nicht durchgeführt werden, zählen zu dem großen Komplex des emotionalen Überlebenskampfes („Ich muss täglich laufen gehen, um mich gut fühlen zu können.").

Die Aufzählung unzähliger weiterer Beispiele wäre möglich, mit welchen Ersatzstrategien „lebensverneinende" EM versuchen, ihr inneres Leid vergessen machen zu wollen. Je größer die emotionalen Schmerzen sind, umso höher ist natürlich die Gefahr, von weiteren Suchterkrankungen betroffen zu werden, wie zum Beispiel Alkohol- und Medikamentenabhängigkeit, Drogenmissbrauch etc.

Und schließlich gibt es noch die zweite Gruppe der EM. Ihr fällt im Übrigen in keiner Weise auf, dass sie mitten in einer „lebensverneinenden Phase" feststeckt.

Es sind solche EM, die sich im Liebeswettbewerb hervorragend durchsetzen können. Sie verfügen über eine hohe Anziehungskraft auf das andere Geschlecht. Dies kann aus Gründen ihrer Attraktivität, ihres gesellschaftlichen Status oder sonstiger Dinge sein, die es ihnen leichtmachen, an die Liebe anderer zu kommen, um ihr eigenes Wohlergehen erhöhen zu können. Aber auch diese Gruppe verliert früher oder später die Fähigkeit, sich entsprechend im Liebesmarkt durchzusetzen. Entweder weil die genannten Gründe wegfallen (z. B. „wenn der Lack ab ist") oder weil sie ganz einfach ein bestimmtes Lebensalter erreicht hat. Spätestens in der Mitte des Lebens wird der Körper oder die Psyche nicht mehr mitspielen. Zu weit weg haben sie sich mit ihren Liebesersatzstrategien von ihrem eigentlichen Wesen entfernt. Auch für diese Gruppe von EM kommt, was kommen muss.

4.3 Liebesaus

Das Liebesaus soll nicht das Ende einer Liebesbeziehung bedeuten, sondern es ist etwas, was Ihren Körper betrifft.

> EM tragen nun keine Liebe mehr in sich.

Insbesondere EM, die sich nicht dazu entschlossen oder ganz einfach nicht die Möglichkeiten hatten, sich durch Liebesextreme oder Liebesersatzbefriedigungen Erleichterung zu verschaffen, fallen schnell in eine tiefe Resignation. Sie fühlen dann, dass keine Lebensfreude mehr vorhanden ist. Zu groß war bisher die Anstrengung, permanent am eigentlichen Naturell vorbei zu leben. Dann haben „lebensverneinende" EM praktisch den Bogen überspannt. Hier gibt es leider nur zwei Möglichkeiten: Entweder der Bogen springt zurück oder aber er bricht gänzlich.

> Eine „lebensverneinende Phase" endet meist durch eine Situation des Umbruchs oder des Zusammenbruchs.

Dabei ist ein interessantes Phänomen zu beobachten. Solche typischen Umbruchsituationen betreffen oft eine ganze Reihe anderer Themen. Es scheint, als würden einander gänzlich unabhängige Lebensbereiche wie von Geisterhand synchron beeinflusst werden.

In seinem Buch *Synchronizität* definierte der Schweizer Psychologe *Carl Gustav Jung (* 1875 – † 1961)* dieses Phänomen als „zeitliche Koinzidenz zweier oder mehrerer kausal nicht miteinander verknüpfter Ereignisse, die die gleiche oder eine ähnliche Bedeutung besitzen". Dieses Phänomen der Synchronizität beobachte ich schon seit vielen Jahren innerhalb empathischer Lebensläufe. So stelle ich immer wieder fest, dass das Ende einer Liebesbeziehung oft verknüpft ist mit einschneidenden beruflichen Veränderungen. Oder es kommen stattdessen unangenehme familiäre oder sonstige schwerwiegende Lebensveränderungen hinzu. Das Sprichwort: „Ein Unglück kommt selten allein" hat in diesen Fällen sicher seine Berechtigung.

Allerdings bestätigen gerade erfahrene EM bzw. diejenigen, die auf ihr Leben viele Jahre Rückschau halten können, dass Umbruchsituationen immer notwendig und richtig waren. Steckt man mittendrin, erlebt man zwar furchtbare Momente, in der Nachbetrachtung hingegen erkennt man die tiefere Bedeutung (später mehr dazu).

> Erst im Nachgang können Umbrüche richtig bewertet werden.

Stecken wir in einer Umbruchphase, erleben wir sicher einen der schlimmsten Augenblicke unseres Lebens. So ist es mehr als verständlich, dass der Mensch schon allein aus einem Affekt heraus sich dagegen auflehnt. Je stärker wir uns jedoch dagegen stemmen, mutig bestimmte Lebenseinschnitte hinzunehmen, umso schlimmer fällt schließlich das bittere Ende aus. Dies kann so weit führen, dass der Körper oder das Gehirn aus Gründen der Überlastung gänzlich abschaltet. Es folgt der psychische oder physische Zusammenbruch.

> Wird der Veränderungsdruck für manche Lebensbereiche nicht frühzeitig akzeptiert, kann der Zusammenbruch die Folge sein.

Das bedeutet, nicht die äußeren Umstände selbst sind verantwortlich, beispielsweise einen Burnout oder Boreout zu erleben, sondern vielmehr der geistige Akt der Gegenwehr. EM haben in diesem Fall auf bestimmte Frühwarnsignale entweder zu spät oder überhaupt nicht reagiert.

4.4 Fazit

Diese „lebensverneinende Phase" ist ein übersteigertes Extrem der „überlastenden Phase". Es ist ziemlich schwierig, für eine so furchtbare Lebensphase irgendetwas Positives formulieren zu können.

Grundsätzlich kann das Fazit gezogen werden: Sind Sie erfolgreich in Ihren Bemühungen, Liebe von anderen zu erhalten, erscheint es Ihnen, als würde es Ihnen gut gehen. Schaffen Sie es hingegen nicht, von anderen positive Lebensenergie zu erschwindeln, geht es Ihnen schlagartig schlecht. Aus sich selbst heraus sind Sie nicht mehr in der Lage, Lebensfreude zu produzieren. Sie sind vollständig verkopft und das ENS Ihres Bauchraums ist nahezu vollständig inaktiv. Ihre Gefühlswelt besteht ausschließlich aus Erinnerungen oder Projektionen in die Zukunft.

In dieser Lebensphase sind Sie entweder vollständig davon abhängig geworden, geliebt zu werden oder Sie sind tief frustriert.

Sicher betrifft dies nur die wenigsten Leserinnen und Leser. Während das Gros aller EM bereits aus der „vergeistigten Lebensphase" direkt in eine „erwachende Lebensphase" gewechselt ist, folgen nun auch die „lebensverneinenden" EM nach.

5 Die erwachende Phase

Die Liebe kann dich um den Verstand bringen.
Der Verstand kann dich um die Liebe bringen.
Besser, du verstehst die Liebe,
als dass du den Verstand liebst.

Hans Kruppa

Falls man durch körperliche Erschöpfungszustände oder durch bestimmte Schicksalsschläge förmlich dazu gezwungen wird zu erwachen, kann die Initialzündung für diese Lebensphase ziemlich anstrengend gewesen sein. Unabhängig davon, was die Anlässe waren, jetzt geht es endlich los. Mit Riesenschritten machen sich EM auf, um einer gänzlich neuen Lebensqualität ins Antlitz zu schauen.

Alles in allem ist jedoch auffällig, dass das Ganze für die meisten EM mit einer entscheidenden Frage anfängt:

Existiert die *WAHRE LIEBE* überhaupt?

Vielleicht tragen Sie sogar eine Extremform der Hochsensibilität in sich. Dann sind Sie wahrscheinlich alle paar Jahre neue Liebesbeziehungen eingegangen, um in der Folge erkennen zu müssen, dass die *WAHRE LIEBE* nicht existiert. Immer wieder hatten Sie den Eindruck, sich im Kreis zu drehen.

Es ist aber auch vorstellbar, dass Sie schon eine viel zu lange Zeit ein Singledasein führen, weil Sie nie den Richtigen oder die Richtige gefunden haben. Auch wenn Sie daneben wiederholt Affären hatten – Sie haben in letzter Konsequenz nie die *WAHRE LIEBE* gefunden.

Oder Sie sind ein gebranntes Kind der Liebe. Dann wurden Sie furchtbar hintergangen, waren in aussichtslosen Beziehungen gefangen oder mussten sogar selbst schweren Herzens einen Menschen verlassen. Vielleicht befinden Sie sich aber auch gerade in einer harmonischen Beziehung, haben jedoch das Gefühl, dass das nicht die *WAHRE LIEBE* sein kann.

> Irgendwann sind Sie am Ende Ihres (Liebes-)Lateins.

Was auch immer die Hintergründe sind, warum Sie innehalten, es kommt etwas Typisches auf Sie zu.

5.1 Loslassen

Als Erstes beenden Sie Ihre Qual, sich permanent den Kopf über die Liebe zu zerbrechen, um im Anschluss genauso weit zu sein wie zuvor. Sie sind es zudem leid (oder haben die Kraft nicht mehr), sich ständig neue Rollen oder Verhaltensmuster auszudenken, um besser durch das Leben kommen zu können.

Beispiel:

Saalin saß zu Hause an ihrem Schreibtisch und spielte ein Computerspiel. Sie hatte ihren Arbeitsplatz so positioniert, dass sie über ihren Monitor nach draußen ins Grüne schauen konnte. Plötzlich unterbrach etwas die Stille. Ein dicker Brummer hatte sich durch ihre offene Terrassentür in ihre Wohnung verirrt. Eine Fliege, die in allen Regenbogenfarben schimmerte, donnerte nun hektisch gegen die Glasscheibe, um wieder nach draußen kommen zu können.

Seelin beobachtete eine Weile mitleidig die Panik des ungebetenen Gastes und beschloss, ihm zu helfen. Sie dachte, wenn diese arme Fliege so weitermacht, dann wird sie sich noch ihren kleinen Kopf zertrümmern. Sie holte ein schönes, großes Wasserglas. Sie wollte den Brummer einfangen, um ihn schließlich in die Freiheit zu entlassen. Dorthin, wo er auch hingehört.

Je näher Seelin jedoch der Fliege kam, umso hektischer wurde sie. Die Frequenz des Trommelns an die Fensterscheibe wurde umso höher, je näher sie mit dem rettenden Wasserglas kam. Zugleich nahm die Intensität, mit der die Fliege immer wieder verzweifelt an der Fensterfront aufschlug, besorgniserregend zu.

Seelin ließ sich jedoch nicht beirren. Sie war entschlossen, die Fliege heroisch zu retten. Sie nahm den Kampf auf, die Fliege irgendwie ins Glas zu bekommen. Jedoch nahm die Todesangst der Fliege immer mehr zu. Scheinbar machte der Rettungsversuch aus der Sicht der Fliege eher einen bedrohlichen als einen helfenden Eindruck. Die Fliege wusste nicht, dass das Glas von einem liebevollen Naturfreund gehalten wurde. Es half nichts, die Fliege kam nicht zur Ruhe. Ganz im Gegenteil. Sie nahm den Kampf gegen das Wasserglas von Seelin mit aller Härte auf. Sehr erfolgreich sogar. Intensität und Frequenz, mit der sie jetzt an das Fensterglas donnerte, erreichten nun das Maximum. Zudem unternahm sie gewiefte und trickreiche Ausweichmanöver, nur um nicht in das vermeintliche Gefängnis des Wasserglases zu geraten.

Seelin schaffte es einfach nicht, die Fliege in ihr Trinkgefäß zu manövrieren. Sie war praktisch gezwungen aufzugeben. Mittlerweile machte sie sich Sorgen, ob für diese schöne Fliege der Kampf gegen ihr Wasserglas gefährlicher ist als das Donnern an das Fenster. Sie setzte sich wieder an ihren Platz und beobachtete, wie die Fliege wieder zur Ruhe kam. Sie hoffte nun, dass die Fliege von selbst ins Freie finden würde. Nur wenige Zentimeter war die offene Terrassentür von der Fliege entfernt. Seelin sagte zu sich: „Mensch, Fliege, du brauchst dich nur ein wenig nach rechts zu bewegen und dann brauchst du nicht mehr zu kämpfen." Erfolglos, die Fliege nahm ihre Bemühungen wieder auf, um weiter an die Scheibe zu donnern.

„Was tun?", fragte sich Seelin. Ich kann ihr doch jetzt nicht die Beschaffenheit von Gläsern erklären? Sie machte sich bereit für einen zweiten Rettungsversuch. Vergeblich – nach ein paar Minuten musste sie wieder aufgeben. Die Fliege war einfach zu geschickt und konnte sich jeglichem Rettungsversuch widersetzen. Seelin gab schließlich auf.

Nach ein paar Stunden hörte sie wieder dieses nervöse Klopfen an die Glasscheibe. Die Fliege war noch immer am Kämpfen, um in die Natur entkommen zu können. „Durchhaltevermögen hast du ja!", dachte sich Seelin. Dennoch machte die Fliege mittlerweile einen recht abgekämpften Eindruck. Der Augenblick schien also gut und Seelin kam wieder mit ihrem Trinkgefäß näher. Aber sie hatte die Fliege unterschätzt, die Todesangst vor diesem unbekannten Gegenstand setzte enorme Kräfte bei dem Insekt frei. Sie holte zum letzten Todeskampf aus und entkam weiterhin dem Glas. Seelin wurde traurig und ein wenig bedrückt verließ sie das Zimmer.

Am frühen Abend kam sie zurück. Die Terrassentür stand noch offen. Als Seelin die Schiebetür gerade verschließen wollte, entdeckte sie die Fliege wieder. Sie lag nun regungslos am Boden. „Oje, meine Liebe, warum hast du dir nicht von mir helfen lassen? Ich habe wirklich alles versucht, um dich zu retten", hörte sie sich innerlich sagen. „Wie einfach wäre alles gewesen, wenn du mir nur ein wenig Vertrauen geschenkt hättest."

Zunächst die gute Nachricht – die Fliege hat überlebt. Ein paar Stunden später hat sie begonnen, sich wieder zu bewegen. Nichtsdestotrotz:

> Die Fliege hat den Kampf gegen den Rettungsversuch gewonnen – das hätte jedoch beinahe ihr Leben gekostet.

In der subjektiven Welt der Fliege gibt es keine Glasscheiben. Insekten wissen nicht, dass es nicht weitergeht, wenn sie daran aufschlagen. „Warum komme ich nicht da durch", wird sich das winzige Gehirn des Insekts fragen. „Ich sehe doch ganz genau, geradeaus vor meiner Nase winkt eindeutig Freiheit!"

Der kleine Brummer versteht nicht, dass es Dinge auf der Welt gibt, die unsichtbare Barrieren bilden. Er weiß ebenso nicht, dass es Wesen wie Seelin gibt, die sich zur Aufgabe gemacht haben, verirrten Fliegen den rechten Weg zu zeigen. Wie schön hätte diese Geschichte enden können, wenn die Fliege ihre Angst überwunden, frühzeitig aufgegeben und ihre Verzweiflung an Seelin abgegeben hätte.

Dieses fabelhafte Beispiel soll Ihnen aufzeigen, dass auch Sie eine „Seelin" besitzen, die Sie jederzeit retten bzw. Ihnen den Weg in die

Freiheit zeigen kann. Und das absolut Großartige dabei ist, dass ausgerechnet Sie, als EM, eine „Seelin" sogar in Ihrem eigenen Körper täglich mit sich herumschleppen.

Es ist Ihr *HÖHERES-ICH*, der dritte Teil Ihres Egos, das Sie in Ihrem bisherigen Leben wahrscheinlich völlig außer Acht gelassen haben. Dieser 6. Sinn (Ihre Intuition) wartet förmlich darauf, von Ihnen bewusst genutzt zu werden.

Jetzt in dieser „erwachenden Phase" sind Sie endlich bereit, klein beizugeben. Sie sind weichgeklopft. Jetzt sind Sie soweit, eines der großartigsten Wunder Ihrer empathischen Persönlichkeit aufleben zu lassen. Eine beneidenswerte Gabe, die nur darauf wartet zu erwachen.

Noch einmal zurück zu unserer Geschichte mit der kleinen, aber starrsinnigen (überlasteten) Fliege. In der Summe können Sie sich das Wirken Ihrer drei ICHs folgendermaßen vorstellen.

1. Ihr HI ist die Retterin Seelin mit dem Glas.

2. Ihr NI ist der Teil des Egos, das intensive Todesängste erlebt und diese Ihrem EI übermittelt.

3. Ihr EI ist Ihr freier Wille, entweder das Angebot des rettenden Wasserglases anzunehmen oder lieber sterben zu wollen, als sich dem bedrohlichen Unbekannten hinzugeben.

Ihr Verstand (also Sie) hatte in Ihrem Leben immer die freie Wahl! Sie konnten sich entweder vor lauter Sorgen Ihren Schädel einrennen oder Sie waren einsichtig und beendeten den Wahnsinn, wie von Sinnen an Türen zu rütteln, die sich eindeutig als fest verriegelt erwiesen.

Dies ist auch die Erklärung, warum sich Ihre Kämpfe bzw. geistigen Kontrollstrategien meist als unwirksam erwiesen, wenn Sie vor einem schwierigen Liebesproblem gestanden sind. Ganz im Gegenteil, je mehr Sie gegen das Liebesleid intellektuell angekämpft und knallharte Kopfentscheidungen getroffen haben, umso eher haben Sie das rettende Wasserglas übersehen.

Loslassen heißt, geschlossene Türen zu akzeptieren.

Sie müssen wie die Fliege erst einmal innere Kämpfe beenden, um in der Folge zur Ruhe zu kommen. Es steht also das Loslassen an. Es wird die größte Mutprobe Ihres Lebens sein: Sie haben alles, was jetzt gerade ist (auch schwere Probleme), zu akzeptieren – im Vertrauen darauf, das Wasserglas irgendwann zu bemerken.

- Wenn Sie sich von Ihrem Partner nicht ausreichend geliebt fühlen, dann akzeptieren Sie es.

- Wenn Sie Ihr Partner regelmäßig verunsichert und damit Ihre Abhängigkeit steigert, dann akzeptieren Sie es.

- Wenn Sie in Ihrer Partnerschaft Langeweile empfinden oder schlicht unglücklich sind, dann akzeptieren Sie es.

- Wenn Sie jemandem hörig oder sogar von ihm sexuell abhängig sind, dann akzeptieren Sie es.

- Wenn Sie der Meinung sind, keine Liebe in sich zu tragen, dann akzeptieren Sie es.

- Wenn Sie von Ihrem Partner finanziell oder gesellschaftlich abhängig sind, dann akzeptieren Sie es.

- Wenn Ihr Partner ständig fremdgeht, dann akzeptieren Sie es.

- Wenn Sie gar keinen Sex mehr haben, dann akzeptieren Sie es.

- Wenn Ihnen ungewöhnliche Sexpraktiken nicht aus dem Kopf gehen, dann akzeptieren Sie es.

- Wenn Sie nicht mehr baden können, ohne zu masturbieren, dann akzeptieren Sie es.

- Wenn Sie Single sind, dann akzeptieren Sie es.

- Wenn Sie mit der Betreuung Ihrer Kinder überfordert sind, dann akzeptieren Sie es.

- Wenn Ihnen seit Jahren Ihre Jugendliebe nicht aus dem Kopf geht, dann akzeptieren Sie es.

- Wenn Sie im Liebeswettbewerb nicht bestehen können, dann akzeptieren Sie es.

- und, und, und ...

Sie haben mit allem, was gerade ist, Ihren inneren Frieden zu machen. Ich weiß, dies ist zunächst einmal ein ziemlich harter Ratschlag. Im Laufe des Buchs wird es Ihnen aber noch einleuchten, dass daran kein Weg vorbeigeht. Sie werden später erfahren, dass durch den Vorgang der Akzeptanz der Boden für anschließende Veränderung bereitet wird.

> Loslassen heißt auch, sich von geistigen Vorstellungen, Wünschen, Sehnsüchten oder sonstigen Zukunftsplänen zu verabschieden.

Erst dann, wenn Sie bestimmte Vorstellungen über Ihr weiteres Leben losgelassen haben, erst dann werden Sie die Grundvoraussetzung für das Auffinden des Wasserglases erfüllen können.

Natürlich hat dies auch seine Grenzen. Ihnen als EM muss ich dahingehend aber sicher keine Tipps geben. Sie zählen zu einer ehrenwerten, sozialen Elite. Die Gefahr, dass Sie mit Ihrem Loslassen Körper und Seele anderer Menschen gefährden, ist daher recht gering.

Jedoch könnten Sie sich auch Sorgen machen, sich selbst zu schädigen. Auch diese Sorge ist meist unbegründet. Sie werden zur rechten Zeit Lösungen von Ihrem eigenen HI präsentiert bekommen (dazu später mehr). Vertrauen Sie darauf, dass es in Ihnen eine Seelin gibt, die Ihnen helfen kann.

Bevor wir weiter Ihre mögliche Zukunft behandeln, sollten Sie aber erst einmal Rückschau halten. Denn Sie werden in Ihrer Vergangenheit entdecken, bereits mehrere Male das vorgehaltene Wasserglas genutzt zu haben, ohne sich darüber bewusst gewesen zu sein.

5.2 Rückschau

Schauen wir uns an, was wohl die Hintergründe waren, warum Sie bisher verliebt (bzw. nicht verliebt) waren. Warum haben Sie sich genau in diesen Mann oder ausgerechnet in diese Frau verliebt?

Dass Sie aufgrund Ihrer Urängste den maximal möglichen Erregungszustand für die Liebe erreichen können, müsste mittlerweile klar geworden sein. Dass Sie dadurch besonders schnell und heftig lieben können ebenso. Diese erste wichtige Grundvoraussetzung für die Liebe haben Sie also im Übermaß erfüllt. Sie konnten sich damals jederzeit, überall und in jeden verlieben – rein theoretisch. Taten Sie aber nicht.

Aufmerksame Leser haben sich sicher bereits gedacht, dass ein hoher Erregungszustand allein wohl nicht ausreichend sein kann, damit Liebe entsteht.

Damals gab es tatsächlich ein zweites, wichtiges Kriterium, das zum gleichen Zeitpunkt ebenso erfüllt sein musste, damit Sie einen roten Kopf bekamen.

> Liebe entstand erst dann, wenn Sie sich geistig öffneten.

Sie konnten erregt sein, wie Sie wollten, wenn Ihr Gegenüber Ihnen keinen Anlass gab, damit Sie innerlich Ja sagten, passierte nichts.

Wir sind also wieder bei Ihrem Verstand angekommen. Wie war das damals bei Ihnen? Wann trafen Gefühlsintensität und geistige Öffnung zusammen? Wann sagte Ihr EI „dieser Kandidat oder diese Kandidatin könnte etwas für mich sein"?

Stellt sich also die Frage, wem Sie bisher grünes Licht gaben. Was war Ihr Beuteschema? Warum ist Ihre damalige Partnerschaft überhaupt entstanden?

Es wird sich im Folgenden herausstellen, dass grundsätzlich vier Konstellationen möglich waren, damit Ihr EI das innere Okay gab:

1. Bewunderung
2. Respekt
3. Sicherheit
4. Integration

Beginnen wir mit dem ersten Fall. Vielleicht haben Sie ja damals Ihren Schatz angehimmelt.

5.2.1 Bewunderung

Erinnern Sie sich an das Kapitel „Selbstwertgefühl"? Dort erfuhren Sie, dass Sie von Kind an gegenüber ganz bestimmten Bezugspersonen unter Minderwertigkeitsgefühlen litten. Und genau dieser Punkt holte Sie jetzt ein.

Beispielsweise begegneten Sie jemandem, bei dem Sie der subjektiven Meinung waren, dass er/sie bedeutend attraktiver ist als Sie selbst. Aufgrund Ihres damaligen Selbstwerts trauten Sie sich eigentlich nicht zu, einen so schönen Menschen langfristig halten zu können. Oder Sie dachten, dass Sie es einfach nicht verdient hätten, von einer attraktiven Person geliebt zu werden.

Es wäre aber auch denkbar, dass Sie sich jemandem Bestimmten intellektuell unterlegen fühlten. Oder Sie bewunderten die Gesellschaftsschicht, in der sich das Objekt der Begierde bewegte. Es wäre aber auch schlicht möglich gewesen, dass Sie das Gegenüber einfach nur witziger, unterhaltsamer, selbstbewusster, erfolgreicher oder sympathischer empfanden als sich selbst.

Es gibt unzählige Gründe, warum Sie eine Person bewundern konnten. Und jetzt entstand die Situation, dass sich ein solcher Mensch ausgerechnet für Sie interessierte. Oder es gab zumindest große Chancen, dass sich so jemand zu Ihnen hingezogen fühlen könnte. Fakten oder nur Wahrscheinlichkeiten – das ist unerheblich. Allein Ihre (geistige) Vorstellung reichte aus. Schließlich waren Sie es zu diesem Zeitpunkt bereits gewohnt, mit Ihren Gedanken in der Zukunft zu leben (fühlen).

Was geschah nun mit Ihnen? Es kam zu einer explosionsartigen Erhöhung Ihres Selbstwertgefühls. Sie fühlten sich geschmeichelt. Vielleicht sind Sie ja gar nicht so minderwertig oder sogar bedeutend liebenswerter, als Sie je dachten.

Endlich fühlten Sie etwas, was Sie schon lange nicht mehr gespürt hatten. Sie begannen sich in diesem Moment plötzlich zu mögen. Ja, vielleicht waren Sie sogar stolz auf sich. Und plötzlich ließen Sie Ihrer

Gabe, eine extrem hohe Gefühlsintensität produzieren zu können, freien Lauf. Und zack – Sie waren verliebt. Ein wunderbares Gefühl – große Emotionen der Hoffnung für eine romantische Zukunft überströmten Sie.

> Sie öffneten sich, weil sich jemand um Sie bemühte, von dem Sie dachten, er sei mehr wert als Sie selbst.

Wie gesagt, es konnten unendlich viele Lebensbereiche oder Charaktereigenschaften des Gegenübers betroffen sein. Allein Ihre subjektive Wahrnehmung, was Sie als toll einstuften, reichte aus, sich geistig für die Liebe zu öffnen.

Es wäre jedoch noch ein weiterer Fall denkbar gewesen, damit Sie Ihrer Erregung freien Lauf ließen.

5.2.2 Respekt

Es gibt EM, die damals einen Hang zu Respektspersonen hatten. Im Prinzip ist dies ein ähnlicher Fall wie bei der „Bewunderung". Der kleine, aber feine Unterschied ist jedoch, dass Sie in diesem Fall die grundsätzliche Persönlichkeit des Gegenübers nicht sonderlich schätzen mussten. Ja, Sie konnten sein Wesen sogar negativ beurteilen und dennoch öffneten Sie sich. Warum wohl? Es lag einmal mehr an Ihrem NI. Es erinnerte sich an seine bisher größte Liebesbeziehung aller Zeiten. Die Liebe der Mutter.

Ihre Mutter war für Ihr NI sozusagen die erste Autorität im Leben, die in der Lage war, Sie durchzubringen. Sie sorgte erfolgreich für Ihr Überleben – also für Ihre Sicherheit. Ihr NI unterstellte damit allen Autoritäten, auf die Sie trafen, dass sie ebenfalls imstande wären, für Ihre Sicherheit zu sorgen. Unabhängig davon, ob solche Menschen positive Charaktereigenschaften ihr Eigen nennen konnten, Ihrem NI war es herzlich egal, wie ehrenwert jemand war. Es hatte nur ein Ziel, jemanden vor sich zu haben, der stark genug war, Säbelzahntiger oder Mammuts abzuwehren.

Sie öffneten sich, weil sich jemand um Sie bemühte, den Sie als schützende Autorität anerkannten.

Wenn Sie also von jemandem umworben wurden, dem Sie unterstellten, sein Leben im Griff zu haben sowie stabil genug zu sein, um emotionalen Schutz zu garantieren, wurde Ihr NI an uralte Zeiten erinnert. Allein die subjektive Einschätzung Ihres NIs bezüglich der Kraft und Stärke des Gegenübers reichte aus, damit Sie innerlich Ja sagen konnten. Seine Persönlichkeitsstruktur war zweitrangig.

Es war auf einmal eine Person anwesend, unter deren Schutzschirm Sie sich verkriechen konnten. Wie damals, als Sie noch im wunderbaren Paradies der Gebärmutter ein sorgenloses Dasein fristeten. Alle Probleme der groben und kalten Realität wären dann weit weg gewesen und es gäbe endlich jemanden, der Verantwortung für Ihr Wohlbefinden übernehmen könnte.

Ihr NI hätte wieder Baby sein dürfen. Sich von einer Art Mutter geliebt fühlen. Sie hätten sich fallenlassen sowie die Bewältigung des Lebens einfach dem anderen überlassen können. Ein wunderbares Gefühl für Ihr NI. Und plötzlich schoss Ihre hohe Gefühlsintensität durch Ihren Körper. Es war um Sie geschehen.

Im Fall von Männern kamen damals infolgedessen Frauen infrage, die zum Beispiel eine hohe emotionale Sicherheit, viel Lebenserfahrung, psychische Stabilität und Weisheit boten. Vielleicht auch eine gewisse aktive Rolle innehatten und das Heft fest in die Hand nehmen konnten. Oder ganz einfach einen mütterlichen Charme ausstrahlten.

Für Frauen waren beispielsweise die klassischen Alphatierchen sowie beruflich oder gesellschaftlich erfolgreiche Macher vorstellbar. Oder Männer, die alles im Griff hatten, sich grundsätzlich kümmerten, viel Verantwortungsbewusstsein zeigten oder sich ganz einfach in einer väterlichen Manier präsentierten.

Dieser Fall erklärt zum Beispiel manche meiner Ausführungen bezüglich der „überlastenden" oder „lebensverneinenden Phase". Nahezu jeder Rosenkrieg baut auf der Grundlage auf, dass sich beide Partner im höchsten Maße als Autoritäten anerkennen. Es ist völlig unerheblich, wie niederträchtig sie sich gegenseitig einschätzen. Sie können sich hassen, sich bekämpfen, sich gegenseitig verurteilen oder sonst wie erniedrigen. Wenn beide ein unerlöstes NI in sich tragen, werden sie voneinander nicht loskommen.

Zurück zu den verschiedenen Fällen, warum Sie begannen zu lieben. Es gab EM, denen etwas anderes viel wichtiger als Respekt oder Bewunderung war.

5.2.3 Sicherheit

In diesem Fall pfiffen Sie auf Kandidaten, die bewundernswert oder respektabel waren. Das fühlte sich für Sie viel zu unsicher an. Sie konnten das hohe Sicherheitsbedürfnis Ihres NIs nicht überwinden. Oder Sie waren aufgrund einer ersten Jugendliebe schon früh ein gebranntes Kind. Deswegen gingen Sie erst recht keine emotionalen Risiken mehr ein.

Dann entschieden Sie sich für jemanden, der zumindest keinen höheren Selbstwert innehatte als Sie selbst. So brauchte sich Ihr NI keine Sorgen zu machen. Minderwertigkeitskomplexe sind schließlich niemals absolut zu sehen, sondern immer relativ. Also immer eine Frage, mit wem Sie sich vergleichen.

Es kamen infolgedessen nur Menschen infrage, denen Sie sich zumindest ein klein bisschen überlegen fühlten. Diese wurden dann Ihre Zielgruppe für die Liebe. Sie kniffen praktisch und ließen es nicht zu, dass Ihre Verlustängste hochkochen konnten. Sie dachten sich damals: „Lieber einen Partner, den ich im Griff habe, als das Risiko auf mich zu nehmen, jemandem nicht gewachsen zu sein (oder nicht halten zu können)." Wahrscheinlich setzten Sie dann eher auf Werte wie die gemeinsame intellektuelle Wellenlänge, Vertrauen, ein Sichwohlfühlen mit dem anderen, Gemeinsamkeiten etc.

Das Problem bei einer solchen Konstellation war natürlich, keinen ausreichend hohen Erregungszustand entwickeln zu können (siehe empathisches Liebesparadoxon). Das war für Sie allerdings zweitrangig. Emotionale Sicherheit ging vor. Sie entschieden sich damit für eine Art Vernunftbeziehung. Dass dadurch im Laufe Ihrer weiteren Partnerschaft schnell Langeweile aufkam, das bemerkten Sie erst später.

5.2.4 Integration

Bei dieser Variante blieben Ihre Sicherheitsansprüche Ihres NIs unverändert hoch. Hier gingen Sie jedoch nicht den Weg, sich einen Partner zu angeln, der Ihnen nie das Wasser reichen konnte, sondern Sie bauten schon während Ihrer Partnersuche extrem hohe Sicherheitshürden ein. Solange im Vorfeld keine eindeutigen Liebesbezeugungen geliefert wurden, blieben Sie verschlossen wie ein Grab.

Sie forderten erst einmal, dass vorab einiges zu passieren hätte. Sie wollten von der Vertrauenswürdigkeit, Zuverlässigkeit und den ernsthaften Liebesabsichten eines Kandidaten oder einer Kandidatin erst einmal vollends überzeugt werden, bevor Sie sich emotional nur einen Millimeter bewegten.

Das Problem könnte jedoch gewesen sein, dass Sie vielleicht bis zum Nimmerleinstag warten mussten oder es sprachen immer die Falschen vor. Die passenden Kandidaten, wie beispielsweise Empathen, waren nie darunter. Dass diese empathische Zielgruppe natürlich die Erfüllung der gleichen emotionalen Sicherheitsstandards erwartete wie Sie selbst, das war Ihnen zu dieser Zeit noch nicht klar. Niemals wären empathische Kandidaten oder Kandidatinnen bereit gewesen, mit einem gewissen emotionalen Risiko auf Sie zuzugehen, um bei Ihnen sozusagen einseitig vorzusprechen. Die empathische Zielgruppe erwartete im Vorfeld ebenso bestimmte emotionale Garantien, bevor sie sich nur einen Millimeter öffnete.

Trafen Sie dennoch zufällig auf einen EM, zögerten nicht nur Sie, sondern auch Ihr Gegenüber. Beide Fraktionen werden wohl gewartet haben, bis der jeweils andere den ersten Schritt machte. Da aus besagten Gründen keiner dazu bereit gewesen sein konnte, warteten wahrscheinlich beide Parteien vergebens.

Was dann übrig blieb, war die große Gruppe der Nicht-Empathen. Nur diese waren bereit, ein volles Risiko einzugehen. Solche Persönlichkeiten hatten in der Regel keine größeren Probleme, übermäßig einseitig und super engagiert jemanden zu umwerben.

Jedoch sind Sie als EM Meister im Erspüren, Durchleuchten und Erkennen von Wesenszügen. Sicher entlarvten Sie Nicht-Empathen als unpassend und gaben ihnen den Laufpass. Oder Sie fielen auf einen besonders gewieften Typus herein. Erst als es zu spät war, bemerkten Sie dann, dass da etwas nicht zusammenpasste.

Sie öffneten sich aufgrund Ihres Sicherheitsanspruchs nur für eine Vernunftbeziehung oder gerieten an den Falschen.

Es wäre aber auch denkbar gewesen, dass Sie tatsächlich auf den Nimmerleinstag gewartet haben. Die Richtigen waren nicht bereit, Sie einseitig zu umwerben. Die Falschen wehrten Sie ab und diejenigen, denen Sie sich überlegen fühlten, wollten Sie auch nicht haben. Nach dem Motto: „Alle, die ich will, wollen mich nicht und alle, die mich wollen, will ich nicht." Sie suchten in der Liebe etwas, was es nicht gab.

Schnell tat sich ein neues Problem auf (insbesondere wenn Sie weiblich waren und die biologische Uhr tickte). Früher oder später gerieten Sie unter einen gewissen gesellschaftlichen oder familiären Druck. Alles um Sie herum ging nun feste Partnerschaften ein oder heiratete, um Familien zu gründen. Jetzt wurde es recht eng für Ihre Hochsicherheitsanforderungen.

Nun begannen Sie doch mit dem Gedanken zu spielen, einige Kompromisse zu machen, um sich endlich langfristig binden zu können. Am liebsten hätten Sie noch ewig auf die „große Liebe" gehofft. Aber es war zu spät. Sie mussten den Kopf senken.

„Das, was alle machen, kann doch nicht falsch sein", werden Sie von sich gehört haben. Gleichzeitig spürten Sie als empathischer Mensch natürlich überdeutlich, dass Ihre Angehörigen, Eltern oder Ihre Freunde begannen, Sie zu beobachten. Vielleicht sogar mit Argwohn, weil Sie so lange brauchten, um sich für jemanden endgültig entscheiden zu können. Schließlich lebten Sie gerade in einer „paarfixierten Welt". Und sich gegen diesen gesellschaftlichen Druck zu stemmen, dazu reichte Ihr Selbstwertgefühl noch nicht aus.

Sogar Ihre Freunde begannen nun, das „Ich" und das „Du" aus ihrem Wortschatz zu streichen. Stattdessen wurde das „Wir" und „Ihr" üblich. Man fragte nicht mehr: „Was machst *DU* am Samstagabend?", sondern: „Was macht *IHR* am Samstagabend?". Paare verabredeten sich mit Paaren.

Zudem wurden Sie als Noch-Single für so manche Geburtstagsfeier überhaupt nicht mehr angesprochen. Oder Sie wurden auf Festen ständig mit den Themen Kinder und Familienleben konfrontiert. Dazu konnten Sie natürlich keinen werthaltigen Beitrag liefern.

Schließlich gaben Sie auf und gingen ebenso eine ernstzunehmende Partnerschaft ein. Sie machten endlich Ihren Frieden mit eingegangenen emotionalen Risiken oder entschieden sich doch für eine Vernunftpartnerschaft. Eventuell war Ihnen dabei auch klar, dass es sicher nicht die *WAHRE LIEBE* ist. Nichtsdestotrotz tat es Ihnen gut, endlich wieder dabei zu sein. Sie konnten nun „Mein Mann" oder „Meine Frau" in Ihre tägliche Sprache aufnehmen und empfanden dies auch durchaus als wohltuend. Sie hatten das schöne Gefühl, gesellschaftlich wieder integriert zu sein.

Sie öffneten sich, weil sich jemand um Sie bemühte,
der Ihre gesellschaftliche Integration erhöhte.

Fassen wir die beschriebenen Fälle, warum Sie sich in der Vergangenheit wohl verliebt haben könnten, zusammen. Sie haben sicher selbst festgestellt, dass alle vier Fälle eigentlich nur zwei grundlegende Liebesprinzipien beschreiben.

1. Sie gingen eine Beziehung ein, weil Sie von jemandem umworben wurden, den Sie respektierten oder bewunderten.

2. Sie gingen eine Beziehung ein, weil Ihnen jemand maximale emotionale Sicherheit bot.

Im besten Fall konnten Sie beide Punkte zugleich erfüllt bekommen. Allerdings könnten Sie bei Ihrer Rückschau auch zu der einen oder anderen dramatischen Erkenntnis gelangen.

5.2.5 Erkenntnis

Die erste wichtige Selbsterkenntnis ist bei Ihnen sicher schon aufgetaucht, während Sie die vier vorgestellten Fälle gelesen haben.

Unbestritten ging es bei Ihren bisherigen Liebesbeziehungen sicher um heftige und tiefe Gefühle. Allerdings waren dabei nie Ihre Emotionen der oberste Schiedsrichter. Vielmehr kam Ihrem Verstand die entscheidende Rolle zu. Und schon wieder werden wir mit Ihrem EI konfrontiert. Sie trugen sozusagen einen intellektuellen Filter in sich, der nur für eine bestimmte Personengruppe Ihr hohes Erregungspotenzial zuließ. Es ergibt sich die erste Frage, die Sie sich stellen sollten:

> „Bin ich vielleicht an der ‚Großen Liebe' vorbeigelaufen, weil ich viele Kandidaten schon im Vorfeld geistig ausgeschlossen habe?"

Schließlich war zu diesem Zeitpunkt Ihr EI nur mit einer Sache beschäftigt. Sie wollten endlich Ihre Selbstzweifel verschwinden lassen. Und in diesem Moment, als jemand auf Sie zukam, der genau dies bei Ihnen bewirkte, fühlten Sie sich plötzlich von einer schweren Last befreit. Sie machten Ihre emotionalen Tore auf und es entstand das Gefühl der

Liebe. Entweder Sie trafen auf jemanden, den Sie respektierten oder in irgendeinem Lebensbereich bewunderten. Dann ernteten Sie Streicheleinheiten für Ihr Selbstwertgefühl. Oder Sie haben sich aufgrund Ihres hohen Sicherheitsstandards nur solchen Personen geöffnet, die ein geringeres Selbstwertgefühl als Sie selbst hatten. Dann fühlten Sie sich zumindest in Bezug auf diesen Menschen ebenso von Minderwertigkeitsgefühlen befreit. Jetzt müsste sich bei Ihnen eine Frage aufdrängen:

> „Habe ich mit meinen damaligen Liebesbeziehungen
> vielleicht nur meinen Selbstwert erhöhen wollen?"

Ist es vorstellbar, dass Sie in Ihrer Vergangenheit nur deshalb das Gefühl hatten, jemanden zu lieben, weil Sie sich in dem Moment stärker selbst lieben konnten? Und haben Sie manchmal um die Liebe des Gegenübers gekämpft, weil Sie auf dieses Gefühl der Selbst-Liebe nicht verzichten wollten? Ging es damals tatsächlich um die Liebe zu einem anderen Menschen?

> Sind Sie sich sicher, ob Sie geliebt haben?

Oder wollten Sie nur geliebt werden? Und wenn Sie dabei nicht erfolgreich genug waren, haben Sie sich vielleicht nur deshalb verletzt gefühlt, weil Sie dann wieder Ihre Minderwertigkeitsgefühle zu spüren bekamen? Dann wären doch seelische Verletzungen nichts anderes, als Verachtung für sich selbst zu empfinden? Daraus würde resultieren, dass Liebeskummer oder sonstige emotionale Schmerzen nur das Ergebnis einer Konfrontation mit sich selbst wären. War es nicht so, dass wenn Sie sich von einem Partner nicht geliebt fühlten, dass Sie in dem Moment lediglich gezwungen waren, mit sich alleine zu sein? Und wenn Sie isoliert waren, Sie sich selbst nicht ertragen konnten? Falls das alles wirklich auf Sie zutreffen würde, gäbe es nur eine einzige mögliche Schlussfolgerung:

> Dann wären Liebespartner niemals die Ursache für seelische
> Verletzungen gewesen, sondern lediglich der Anlass.

Dann hätten andere Menschen mit Ihren bisher erlittenen seelischen Verletzungen eigentlich noch nie in direkter Weise etwas zu tun gehabt. Es war nur der Wegfall ihrer Liebe, also ein Liebesentzug, der Sie zwang, sich an Ihren eigenen geringen Selbstwert erinnern zu müssen. Und genau diese plötzliche Bewusstwerdung Ihres eigenen Selbstbildes verursachte bei Ihnen schreckliche emotionale Schmerzen. Schmerzen, die wahrscheinlich schon immer in Ihnen vorhanden waren und in diesen Momenten lediglich wieder hochkamen.

Unabhängig davon, wie Ihre Rückschau ausfällt, es ist ein typisches Indiz für ein beginnendes Erwachen, wenn eine weitere noch grundsätzlichere Frage bei Ihnen auftaucht. Sie betrifft nicht unbedingt einzelne Liebesbeziehungen, sondern ist allgemeiner Natur:

> „Habe ich in meinem Leben überhaupt schon einmal geliebt?"

„Weiß ich, was Liebe ist?" „Habe ich die Gewissheit oder die Hoffnung, geliebt zu werden, vielleicht mit dem Akt des Liebens verwechselt?" „Nutzte ich meine Liebespartner eventuell nur dazu, um durch deren Liebe besser mit mir selbst zurechtzukommen?"

Sicher können diese Fragen unangenehm und höchst existenziell sein. Ich wünsche Ihnen, dass Sie sie für sich zufriedenstellend beantworten können. Aber auch dann, wenn Sie zum Ergebnis kommen sollten, dass Sie nicht sicher sind, jemals geliebt zu haben, wäre dies nicht tragisch. Gleich werden Sie lesen, dass es im Prinzip egal ist, wie Ihre Antworten ausgefallen sind. Denn es war alles immer in Ihrem Sinne.

5.3 Spiegelbild

Unabhängig davon, ob Sie in Ihren Liebesbeziehungen geliebt haben oder nur geliebt werden wollten, es wird sich herausstellen, dass nicht der Zufall am Werk war. Sie zogen genau diejenigen Liebespartner an, die Sie für Ihren aktuellen Stand Ihrer Persönlichkeitsentwicklung unbedingt brauchten.

Sage mir, mit wem du gehst, und ich sage dir, wer du bist.

Alte Volksweisheit

Aus der Psychoanalyse nach *Freud* stammt der Begriff „Projektion". *Freud* vertrat die Auffassung, dass es sich dabei um einen psychologischen Abwehrmechanismus handelt, bei dem eigene, unerwünschte Gefühle und Wünsche einem anderen Menschen zugeschrieben werden. Das heißt, ob erwünscht oder nicht, der Liebespartner ermöglicht immer Rückschlüsse auf unser eigenes Wesen.

Aber auch bei den „Hermetischen Gesetzen" *(Quelle siehe: Die sieben Kosmischen Gesetze bzw. Prinzipien nach Hermes Trismegistos)* gilt der Grundsatz: „Alles, was mich TRIFFT, BETRIFFT mich". Die „Hermetischen Gesetze" sind sehr alt. Mündliche Überlieferungen berichten von den sieben wichtigsten Grundprinzipien des Lebens, durch die dieses positiv verändert werden kann, sodass ein jeder zum Schöpfer seiner Welt wird. Einer der Grundsätze ist: „wie innen, so außen".

Daraus folgt: Wie es in mir aussieht und sich anfühlt, das spiegelt mir meine Umgebung wider. Chaos im Inneren bedeutet auch Chaos im Außen. Glück im Inneren bringt Glück im Außen. Negatives im Inneren bedeutet Negatives im Außen etc.

In den eigenen Spiegel schauen zu müssen, kann manchmal höchst interessant sein: Sie werden herausfinden, dass Sie immer genau auf denjenigen Liebespartner treffen, der in ganz bestimmten Teilen seiner Persönlichkeit Ihr Ebenbild ist. Wenn Sie das erkennen, wird Ihnen einiges in Ihrem Liebesleben wie Schuppen von den Augen fallen.

> Alles, was ich am anderen kritisiere und bekämpfe, habe ich in Wahrheit in mir selbst und ich hätte es gern bei mir anders.

Das können Ängste, Charakterschwächen, nicht gelebte Sehnsüchte etc. sein. Ihre Messlatte ist immer der Grad Ihrer aufkommenden Erregung.

Je mehr Sie emotional auf etwas bei Ihrem Partner reagieren (es Sie aufregt), je höher ist die Wahrscheinlichkeit, dass das Ihr eigenes Thema ist.

Eine freie Partnerwahl ist wahrscheinlich eine reine Illusion. Spätestens dann, wenn Sie Ihren Spiegel erst einmal erkannt haben, wird Ihnen allmählich klar, dass Ihr *HÖHERES-ICH* schon immer am Werk war. Insbesondere dann, wenn Sie zugleich analysieren, wie, wo und warum Sie Ihren jeweiligen Liebespartner kennengelernt haben.

Sie beginnen langsam zu erahnen, dass gerade bei Ihnen als EM etwas wirkt, das Ihnen von Beginn an genau den Partner vor die Nase setzt, den Sie zum jeweiligen Zeitpunkt gerade brauchen. Und was ist wohl effektiver, um sich selbst besser kennenzulernen, als ein Spiegelbild vorgehalten zu bekommen, zumal Sie durch die Liebe fast genötigt werden hineinzusehen. Sind Sie verliebt, haben Sie keine Wahl. Sie werden emotional gezwungen, genau hinzuschauen. Es liegt infolgedessen eine Vermutung sehr nahe:

Der Sinn der Liebe ist der Zwang, sich selbst zu erkennen.

Schließlich gibt es absolut keinen evolutionären Aspekt der Arterhaltung, wenn sich beispielsweise zwei Menschen ineinander verlieben, die längst ihrer Zeugungsfähigkeit entwachsen sind.

Wenn es tatsächlich wahr ist, dass Sie sich in Ihrer Vergangenheit nur in solche Menschen heftig verlieben konnten, die Sie in bestimmten Punkten bewundert haben, dann knüpft diese Erkenntnis genau an das Spiegelprinzip an. Das, was Sie am anderen am meisten beeindruckt hat, ist exakt dasselbe, was Sie sich von sich selbst wünschten.

Es sind also Sehnsüchte, die von Anfang an in Ihrer Persönlichkeitsstruktur bereits angelegt waren. Aber auch dann, wenn Sie niemanden für irgendetwas bewundert haben und sich stattdessen in eine Autoritätsperson verliebt haben, wollten Sie eigentlich gar nicht weiter Baby bleiben. Vielmehr ist die Wahrscheinlichkeit recht hoch, dass Sie eine tiefe Sehnsucht in sich trugen, selbst groß, mächtig und stark zu werden. Wenn Sie also in eine/n Macher/in hemmungslos verliebt waren, wollten Sie sich vermutlich selbst in Ihrem weiteren Leben zu einem kleinen Alphatierchen weiterentwickeln.

Es ging also in der Liebe von Anfang an nur um ein einziges Thema – Ihren persönlichen Wachstumsprozess und vor allem um die dazugehörige Selbsterkenntnis.

Und wie gesagt, je mehr Sie bestimmte Punkte beim anderen (intensiv) aufregen, umso wahrscheinlicher ist es, dass das Ihr eigenes Thema ist:

- Falls Sie ständig verletzt sind, weil Ihr Partner Ihnen manchmal nicht ausreichend Liebe und Aufmerksamkeit schenkt, dann sind Sie es, der zu wenig Liebe und Aufmerksamkeit schenkt.

- Falls Sie panisch werden, weil Sie Angst haben, Ihr Partner könnte Sie betrügen, dann sind Sie es, die/der gerne fremdgehen würde.

- Falls Sie wütend werden, weil Ihr Partner Sie zu wenig unterstützt, dann sind Sie es, die/der zu wenig Unterstützung bietet.

- Falls Sie die Karriereorientierung Ihres Partners hochgradig nervt, dann sind Sie es, die sich nach beruflichem Erfolg sehnt.

- Wenn es Sie emotional sehr belastet, dass Ihr Partner zu wenig Rücksicht auf Ihre sexuellen Bedürfnisse nimmt, dann sind Sie es, die sexuell keine Rücksicht nimmt.

- Wenn Sie darunter schwer leiden, dass Ihr Partner zu dominant ist, dann sind Sie es, die insgeheim dominanter sein möchte.

- usw.

Machen Sie doch einmal einen kleinen Selbsttest: Welcher Wesenszug bzw. welcher Punkt bringt Sie bei Ihrem aktuellen Partner am meisten auf die Palme?

....

Antwort: ....

....

Im Übrigen funktioniert dies auch bei allen anderen wichtigen Bezugspersonen, denen Sie emotional verbunden sind, wie zum Beispiel bei Ihrem Vater oder Ihrer Mutter.

Was lässt mich emotional extrem reagieren bei meiner Mutter?

Antwort: ....

Was lässt mich emotional extrem reagieren bei meinem Vater?

Antwort: ....

Die Antworten betreffen ausschließlich Sie. Vielleicht haben Sie nur deshalb ganz bestimmte Personen als Eltern gehabt, damit Sie frühzeitig (und das täglich) sich selbst zuschauen konnten, wer Sie sind.

Verblüfft werden Sie feststellen, dass Sie von Ihrem HI schon immer gezwungen wurden, sich mittels anderer Personen selbst zu erkennen. Dabei ist es ziemlich unerheblich, ob es nun Projektionen gemäß *Freud* sind oder das Ganze auf „Hermetischen Gesetzen" beruht. Sie kommen schnell selbst darauf, dass Ihr HI Ihnen ständig Personen oder Umstände vor die Nase setzt, damit Sie permanent mit Ihrem Spiegelbild konfrontiert werden.

Das geheimnisvolle Wirken Ihres HI ist jedoch noch nicht zu Ende besprochen. Sie begegneten nicht nur immer wieder sich selbst, sondern es tauchten auch bestimmte Personen auf oder sie verschwanden wieder zur rechten Zeit.

5.4 Roter Faden

Vermutlich haben Sie mittlerweile mehrere Liebesbeziehungen hinter sich und Sie trauern über das eine oder andere Aus einer bestimmten Partnerschaft. Oder Sie befinden sich vielleicht gerade in Ihrer ersten ernstzunehmenden Liebesbeziehung. Eventuell erlebten Sie aber auch die eine oder andere sexuelle Affäre, die Ihre Gefühlswelt so richtig durcheinanderbrachte.

Wie hat das den Lauf Ihres Lebens verändert?

Wenn Sie einmal genau Ihren Lebenslauf in Sachen Liebe unter die Lupe nehmen, werden Sie sicher auf eines der beiden Phänomene stoßen:

1. Entweder Ihre Persönlichkeit oder

2. der Verlauf Ihres Lebens hat sich maßgeblich verändert.

Mir ist bewusst, dass Sie das Ganze erst so richtig bewerten können, wenn Sie ein paar Jahre Lebenserfahrung auf dem Buckel haben. Dann stellen Sie aber verblüfft fest, dass ein geheimnisvoller „roter Liebesfaden" tatsächlich existiert. Selbst leidvolle Liebeserfahrungen stellen sich im Nachhinein (wenn erst einmal eine gewisse Zeit vergangen ist) als „Glück im Unglück" heraus. Ohne diese wären Sie für bestimmte, sich anschließende Erlebnisse niemals ausreichend gerüstet gewesen.

Beispiel:

Dietmar und Nicole waren hochsensibel. Von Anfang an erlebten beide die leidenschaftlichste Beziehung ihres Lebens. Ihre Gehirne wurden nahezu 24 Stunden täglich mit Gedanken über den jeweils anderen überlastet. Grundsätzlich hielten sie vom Charakter des jeweils anderen recht wenig. Dies half ihnen jedoch nicht weiter. Sie waren geradezu suchtartig ineinander vernarrt. Wenn sie sich nicht sehen konnten, zerflossen sie vor tiefer Sehnsucht. Wenn sie zusammentrafen, ergaben sich entweder heftige Streitereien oder wilde Sexsessions. Eine leidenschaftliche Beziehung, die praktisch schon im Vorfeld zum Scheitern verurteilt war. Innerhalb eines Jahres machten sie mehrmals Schluss. Ein ständiges „Hin & Her" sowie nervenzerreißende Emotionen waren an der Tagesordnung.

Das Grundproblem war, dass Dietmar manisch-depressiv veranlagt war und dringend die Liebe von Nicole für sein Wohlbefinden brauchte. Nicole hingegen war von der dunklen, sehr intensiven Sexualität von Dietmar fast suchtartig abhängig. Jedoch war Nicole auch alleinerziehend und musste als Geschäftsstellenleiterin Geld ins Haus bringen. Zudem konnte Nicole nicht ohne berufliche Anerkennung auskommen.

Sie arbeitete bis zum Umfallen. Zum Leidwesen von Dietmar. Er musste sich regelmäßig hintenanstellen, wenn es um berufliche Prioritäten Nicoles ging.

Irgendwann kam, was kommen musste: Als mal wieder das Schlusswort ausgesprochen wurde, blieb Nicole diesmal konsequent. Dietmar brach dies das Herz. Noch nie in seinem Leben hatte er solchen Liebeskummer erlebt. Die schlimmste Zeit seines Lebens brach an. Er war nun der festen Überzeugung, das Leben sei vorbei für ihn.

Ihm war völlig unverständlich, dass es Berufstätige gibt, die die Liebe dem Job unterordneten. Schließlich war Dietmar Idealist. Aus lauter Groll begann er zu schreiben. Er wollte sich Luft verschaffen. Währenddessen erkannte er, dass er gerade dabei war, ein Buch zu schreiben.

Mit Nicole kam er nie mehr zusammen. Aus den anfänglichen Textfetzen entstand tatsächlich ein Buch über das Thema „Job & Karriere", das schließlich zum Bestseller wurde. Für Dietmar begann ein wunderbares und erfolgreiches Leben. Zehn Jahre später schrieb er Nicole eine E-Mail:

„Du hast mir das größte Leid meines Lebens angetan. Danke schön. Nur dadurch konnte ich endlich meinen Lebensweg finden."

Sie werden erkennen, dass insbesondere diejenigen Menschen, die Sie besonders emotional gefesselt haben (glücklich oder unglücklich), eine entscheidende Rolle für Ihr weiteres Leben spielten.

Aber auch die noch etwas jüngeren Leserinnen und Leser werden früher oder später erkennen, dass in allerletzter Konsequenz alles sinnvoll ist. Nicht nur das größte Glück, sondern auch so manches Liebesleid. Irgendwann werden Sie zu einer tiefen Überzeugung kommen:

„In mir existiert tatsächlich ein *HÖHERES-ICH* und es hat schon immer in meinem Sinne gewirkt."

Und eine Tatsache sollten Sie bitte niemals vergessen: Ihr *HÖHERES-ICH* ist ein Teil von Ihnen. Das bedeutet, Sie haben *SELBST* dafür gesorgt, wie Ihr Leben verläuft! Nach und nach kommen Sie nun zu einem Punkt, der der Beginn für eine gänzlich neue Lebensqualität sein wird.

5.5 Innere Führung

In der „erwachenden Phase" wird Ihnen endgültig klar, dass auf Ihr HI Verlass ist. Es wird immer die richtigen Lösungsvorschläge präsentieren. Sie entdecken Ihre „innere Führung" und entwickeln ein tiefes Vertrauen.

> „Wenn sich eine Tür schließt, öffnet sich eine andere;
> aber wir sehen meist so lange
> mit Bedauern auf die geschlossene Tür,
> dass wir die, die sich für uns geöffnet hat, nicht sehen."
>
> Alexander Graham Bell

Für Sie geht nun die Zeit vorbei, vergeblich an geschlossenen Türen zu rütteln. Vor lauter Anspannung, das Morgen oder Übermorgen regeln zu müssen, sind Sie vielleicht schon ein bisschen von Ihrem eigentlichen Lebensweg abgekommen. Nachdem Sie losgelassen haben, beginnen Sie endlich, Ihr HI aktiv für Ihr Leben einzusetzen.

5.5.1 Schlafen

Zur Wiederholung: Ihre empathische Gabe zeichnet sich in der Hauptsache durch Ihren sechsten Sinn aus. Es ist Ihre Intuition, die Sie nicht nur mehr über Ihre Umwelt wissen lässt als andere, sondern Sie auch zur rechten Zeit an den richtigen Ort zu den passenden Menschen bringen kann.

Diese ausgeprägte intuitive Leistungsfähigkeit haben Sie Ihrem dominanten HI zu verdanken. Insbesondere der beneidenswerte Zugang zur Welt der Einfälle und Einsichten ist eine logische Folge Ihrer empathischen Gabe. Wenn Sie kreativ arbeitende Menschen beobachten, können Sie erlernen, wie Sie diesen sechsten Sinn bewusster für Ihr Leben nutzen können.

Erfolgreiche Kreative (meist EM) berichten, dass sie in der Hauptsache durch Schlafen die besten Einfälle bekommen. Ein treffendes Beispiel ist der berühmteste Erfinder aller Zeiten – *Thomas Edison*. Er schlief sogar auf dem Schreibtisch in seinem Arbeitszimmer. Direkt im Anschluss an seine vielen Kurzschlafphasen (über den Tag verteilt) fielen ihm die besten Ideen ein. Dann war er bereits beim Aufwachen in seinem Arbeitsbereich und minimierte die Gefahr des Vergessens. Er konnte seine neuen Inspirationen direkt aufs Papier bringen.

Auch ich beginne nach dem Aufstehen relativ schnell mit dem Schreiben. Die von meinem HI übermittelten Informationen und Inspirationen aus der Schlafphase sind dann noch vollständig im Gedächtnis gespeichert. Das, was Sie hier lesen, ist also nichts anderes als etwas, das morgens nach dem Aufwachen in meinem Kopf gespeichert fix und fertig vorlag. Ich hatte es nur niederzuschreiben.

Achten Sie darauf, was Ihnen nach dem Aufwachen einfällt.

Natürlich können Sie auch von Ideen profitieren, die im Laufe des Tages in Ihnen aufgestiegen sind. Jedoch ist Vorsicht geboten. Ihr Gehirn ist zu diesem Zeitpunkt schon zu stark mit Außenreizen konfrontiert worden. Die Wahrscheinlichkeit, dass bestimmte Einfälle durch das Außen zu sehr beeinflusst (oder sogar initiiert) wurden, ist mehr als hoch. Erfahrungsgemäß sind diejenigen Einsichten oder Ideen, die Ihnen morgens nach dem Aufwachen einfallen, auch diejenigen, die am ehesten von Ihrem grundsätzlichen und innersten Wesen stammen.

Vertagen Sie beispielsweise die Lösung eines Liebesproblems auf den nächsten Tag. Nicht umsonst gibt es die wunderbare Lebensweisheit: „erst einmal eine Nacht drüber schlafen".

Begehen Sie also nicht den Fehler, direkt nach dem Aufstehen zur Arbeit zu hetzen. Sie brauchen nach dem Erwachen mindestens eine halbe Stunde völlige Ruhe, um die während des Schlafs übermittelten Informationen ins Bewusstsein aufsteigen zu lassen. Vermutlich gibt Ihnen Ihr HI schon seit Jahren jeden Morgen wichtige Hinweise für Liebe und Leben und es ist Ihnen nur nicht aufgefallen.

Im Übrigen ist dieses großartige Phänomen recht einfach zu erklären: Es ist zwar richtig, dass der Schlaf zur Erholung und Entspannung des Körpers dient, das gilt jedoch nicht für Ihren Kopf. Ihr Gehirn ist nur sehr kurze Zeit sozusagen abgeschaltet, um sich erholen zu können. Die meiste Zeit während des Schlafs ist es in einem Höchstmaß aktiv. Von Entspannung kann da nicht die Rede sein. Während wir schlafen, findet ein wahres Feuerwerk zwischen unseren Ohren statt.

Wie ich bereits zu Beginn dieses Buchs beschrieben habe, besitzen Sie mit Ihrem HI eine Art geistiges WLAN, durch das Sie mit der *UN-SICHTBAREN WELT* in Kontakt treten können. Die von Ihnen im Alltag aufgenommenen Wahrnehmungen werden sozusagen hochgeladen und im Gegenzug erhält das Gehirn neue Datensätze. Viele und wichtige Updates für Ihr Denkvermögen, Ihre Einfälle und Ihre Einsichten sind die Folge. Ihr Gehirn besitzt damit in der Tat eine Art Sender- und Empfängerfunktion für Informationen.

Grundsätzlich geht es dabei um feinstoffliche elektrische und magnetische Vorgänge. Ihr ganzes Gehirn ist in letzter Konsequenz nichts anderes als ein Generator von elektromagnetischer Energie. Weil das Gehirn grundsätzlich alle elektromagnetischen Datensätze in Bilder, Töne und Gefühle transformiert, gilt diese Tatsache auch für die Schlafphase. So ist es verständlich, dass während der Datenübertragung zwischen Ihnen und der *UNSICHTBAREN WELT* konkrete Eindrücke entstehen – sozusagen als Abfallprodukt. Wir bezeichnen diesen Vorgang als Träumen.

Im Übrigen rätseln die Schulmediziner noch heute, woher neue Ideen, Einfälle oder Ahnungen eigentlich kommen. Sie können sich nicht erklären, warum viele Erfindungen durch Schlafen entstanden sind:

- Dr. Frederick Banting hatte den Traum, bei Diabetes den Betroffenen Insulin zu verabreichen. Das brachte ihm den Nobelpreis.

- Elias Hove hatte sich lange Zeit über die Konstruktion einer zweckmäßigen Nadel den Kopf zermartert, bis ihm ein Angsttraum die richtige Lösung zeigte. Es entstand die Nähmaschine.

- Ein Teil von „Rheingold" wurde Richard Wagner im Traum übermittelt.

- Westinghouse, der Erfinder der nach ihm benannten Bremse, hat das fertige Bild dieser Konstruktion zum ersten Mal in einem Traum gesehen.

- Der Erfinder Boys, der den Gasometer entwarf, sah ihn während des Schlafes so deutlich, dass er die nach dem Traumbild verfertigte Zeichnung fast unverändert zum Patentamt tragen konnte.

Ich empfehle Ihnen jedoch, nicht zu sehr auf Träume zu setzen bzw. diese überzubewerten. Die Träume selbst sind nur Nebeneffekte der eigentlichen Datenübertragung. Das, was anstelle der Träume zusätzlich an Informationen in Ihrem Wachbewusstsein auftaucht, ist definitiv eindeutiger zu erkennen. Konkrete und realitätsnahe Hinweise und Einsichten sind bedeutend hilfreicher als abstrakte Traumfragmente. Vergessen Sie Träume am besten ganz. Das, was daneben in Form von Gedanken aufsteigt, während Sie in Ruhe Ihren ersten Kaffee oder Tee trinken, ist bedeutend wertvoller.

> Führen Sie morgens nach dem Aufstehen ein Tagebuch und zeichnen Sie auf, was Ihnen gerade einfällt.

Ab sofort lösen Sie Ihre Liebes-, Partner- oder sonstigen Probleme nicht mehr durch Grübeln, sondern im Schlaf. Sie nehmen morgens nur noch Diktate auf zu dem, was Sie zum Beispiel am betreffenden Tag zu tun oder zu unterlassen haben. Ihr HI ist nun Ihr „innerer Führer" und Ratgeber geworden.

Verdonnern Sie Ihr EI zu dem, zu dem es eigentlich vorgesehen ist. Ihr EI ist ausschließlich das ausführende Organ. Es hat zu tun, was Ihr HI vorgibt. Ab sofort missbrauchen Sie Ihren Verstand nicht mehr, um sich Sorgen über das Morgen oder Übermorgen zu machen. Dafür war Ihr EI niemals ausgelegt. Ihr HI jedoch schon. Und wenn Sie morgens die Info bekommen, was Sie übernächste Woche oder sogar das ganze kommende Jahr zu tun haben, dann ist Ihr HI gerade dabei, Ihnen auch langfristige Arbeitsaufgaben zu diktieren.

Und das war's !

Mehr ist nicht zu tun. Im Kapitel „Loslassen" habe ich Ihnen den Rat gegeben, erst einmal alles zu akzeptieren. Jetzt wissen Sie, warum. Denn die Lösung für bestimmte Themen kann Ihnen (Ihrem EI) durch bloßes Nachdenken niemals einfallen. Vielmehr ist es nun das Schlafen und Aufwachen, das Ihnen aus der einen oder anderen Patsche hilft. Sie können sich ja mal ein aktuelles Problem vornehmen und an das Schicksal abgeben und die nächsten Tage nach dem Aufwachen notieren, welche Ideen oder Einsichten bei Ihnen auftauchen:

Thema, das ich an das Aufwachen abgeben möchte:

Antwort: ....

Ich verspreche Ihnen, Sie werden manchmal fast schockiert sein, wie viele Problemlösungen und Eingebungen Sie morgens überströmen werden.

Natürlich funktioniert das Ganze auch mit Ihren Sehnsüchten, die Sie sich gerne erfüllen wollen. Sie geben sie an Ihr HI ab und schauen, was Ihnen morgens nach dem Aufwachen dazu einfällt. Jedoch wartet hier wieder eine kleine Falle auf Sie.

Haben Sie Wünsche, die nicht die Ihrigen sind, das heißt solche, die Sie irgendwo nur übernommen haben (zum Beispiel aus Film, Funk und Fernsehen), dann werden Sie dazu zwar auch Informationen erhalten – jedoch solche, dass diese fremdbestimmten Sehnsüchte schlicht Unsinn sind und nicht zu Ihrem Lebensweg gehören.

Das bedeutet für Sie, dass Ihr HI Ihnen auch Türen verrammeln wird, wenn Sie mal wieder Sehnsüchten hinterherjagen, die Sie eigentlich nie hatten (Glaubenssätze anderer leben). Auch wenn es manchmal

Die erwachende Phase

schwer ist, so manche Fremdbestimmung loszulassen bzw. aufzugeben. Bedenken Sie immer:

> Ihr HI wirkt grundsätzlich zu Ihren Gunsten.

Wenn etwas nicht geht, dann geht es eben nicht. Aber auch das werden Sie mit ein wenig Übung relativ schnell einsehen. Verlassen Sie sich einfach auf die halbe Stunde bei Kaffee oder Tee am nächsten Morgen.

Und ich werde nicht müde zu betonen, dass Ihr HI kein übernatürliches Wesen ist, das wie ein Engel auf Sie zukommt. Nein, Ihr HI ist ein ganz bodenständiger Bestandteil Ihres Körpers. Es sind Sie *SELBST*. Das heißt, Sie können nicht mehr jammern, mit beiden Beinen wütend auf den Boden stampfen und irgendjemand die Schuld in die Schuhe schieben. Sie sind es *SELBST*, der Türen verschließt und neue öffnet.

Träumen Sie also von einem Ritter, der wie in einem Märchen auf seinem weißen Pferd auf Sie zukommt und um Ihre Hand bittet, dann könnte es wirklich sein, dass daraus nichts wird. Ebenso, wenn Sie einen notorischen Betrüger oder Lügner als Partner haben, und Sie sehnen sich danach, dass er sich doch bitte ändern solle, dann ist es recht wahrscheinlich, dass er seine Bosheit niemals aufgeben wird.

> Ihr HI wird nie einen anderen Menschen verändern können.

Sie werden mit Ihrem HI keine Realitäten oder auch nicht das Naturell eines Menschen verändern. Nichtsdestotrotz erhalten Sie für solche Fälle wertvolle Informationen, wie Sie damit umgehen können oder in welche neuen Lebenssituationen Sie sich begeben müssen, damit Sie keine Nachteile durch das Wesen des Gegenübers erleiden müssen.

Vielleicht haben Sie in Ihrer Vergangenheit unbewusst mehr Ihre empathischen Schwächen als Ihre Stärken eingesetzt, um das Leben oder die Liebe meistern zu können. Das ist jetzt vorbei. Ab sofort spielen Sie den machtvollsten Trumpf schlichtweg aus.

Es gibt aber noch weitere maßgebliche Stärken, die Sie in sich tragen. Dazu zählt ein recht ungewöhnliches Durchsetzungsinstrument.

5.5.2 Geduld

Wie hinlänglich erläutert, muss Ihr empathisches Nervensystem eine gewaltige Menge an Umweltreizen verarbeiten. Sie bekommen aufgrund Ihrer ausgeprägten Feinfühligkeit mehr Einflüsse aufgedrängt als üblich. Diese enormen Verarbeitungsprozesse Ihres Gehirns sind auch die Ursache dafür, dass Sie oft wie gelähmt sind, wenn es darum geht, sich zu behaupten.

> EM zeigen selten sehr schnelle Handlungsmuster.

Die im Gehirn eingehenden Informationen, die verarbeitet, geordnet und analysiert werden müssen, sind einfach bei EM zu umfangreich. Damit ist es nahezu unmöglich, spontane Handlungsstrategien aus dem Hut zu zaubern.

Wenn es darum geht, schnell zu schalten, werden Sie meist den Kürzeren ziehen. Die richtigen Argumente oder Reaktionen fallen Ihnen in der Regel zu spät, manchmal erst nach Stunden ein (oder sogar erst am folgenden Tag).

Dem Gros empathischer Menschen fällt es daher schwer, spontan zu sein (Ausnahmen bestätigen natürlich die Regel). Das sollten Sie sich auch nicht vornehmen. Sie würden sich in einen intellektuellen Wettkampf mit Nicht-Empathen begeben, den Sie nur schwer gewinnen können. Vielmehr sollten Sie sich auf eine Ihrer weiteren Hauptstärken besinnen.

> Eines Ihrer mächtigsten Durchsetzungsprinzipien ist Ihre Geduld.

Vermeiden Sie deshalb panikartige Handlungsmuster. Und vor allem verzichten Sie darauf, wahllos aus der Hüfte zu schießen, nur weil Ihr Erregungszustand wieder ungeahnte Höhen erklommen hat. Ich weiß, dies könnte erst einmal eine kleine Herausforderung für so manchen Empathen werden, schließlich toben regelmäßig Angriffs- und Verteidigungskriege in Ihrem Inneren.

Dennoch, Sie werden feststellen, wenn Sie Geduld trainieren, werden sich die Dinge wie von Geisterhand zu Ihren Gunsten entwickeln. Es scheint so, als könnten EM positive Zufälle herbeiführen. Dies ist jedoch ein Trugschluss. Wie gesagt, Sie können Menschen oder die Welt nicht verändern – hellsehen können Sie ebenso nicht (auch wenn es zugegebenermaßen manchmal so scheint). Vielmehr ist es Ihre Intuition (Ihr HI), die Sie zu den passenden Orten, zu cleveren Einsichten, den besseren Rahmenbedingungen und zu den richtigen Menschen führt.

Ab sofort werden Sie sich darauf verlassen, dass Geduld der Schlüssel für Ihre Durchsetzungsfähigkeit ist. Sie müssen nur noch etwas Bestimmtes dazu lernen.

5.5.3 Achtsamkeit

Mittlerweile sind Sie zur festen Überzeugung gekommen, dass das Morgen und vor allem das Übermorgen in Ihrem Sinne sein werden. Mit dieser Gewissheit, dass sich viele Gegebenheiten sowieso zu Ihren Gunsten positiv drehen, können Sie viel Gelassenheit generieren. Sie werden darauf vertrauen, dass Ihre HÖHERE Durchsetzungsfähigkeit (zumindest zeitversetzt) auf jeden Fall Wirkung zeigt. Voraussetzung ist jedoch, dass Sie ein wenig achtsamer werden.

> Wenn Ihnen das Schicksal die Hand entgegenstreckt,
> dann sollten Sie das schon bemerken.

Haben Sie erst einmal Ihre Zukunft in die Obhut Ihres HIs gelegt, werden Sie morgens, während Sie Ihre Tagebucheintragungen machen, nicht nur von so mancher wichtigen Eingebung überrascht, sondern es werden sich auch im sich daran anschließenden Tagesablauf einige Merkwürdigkeiten ergeben.

> Sie beginnen, Zufälle bewusst zu registrieren.

Nicht etwa, weil jetzt vermeintliche Zufälle vermehrt auftreten, sondern weil Sie endlich Ihre Sinne dafür geschärft haben. Nach und nach werden Sie nun zum Meister, „offene Türen" schnell zu erkennen (oder entgegengestreckte Wassergläser).

Das können belanglose Gespräche am Nachbartisch sein, bei denen Sie wie zufällig ein paar Wortfetzen mitbekommen, die Ihnen mehr als sonst zu denken geben. Oder Ihr Blick bleibt bei einem Spruch auf einem Werbeplakat haften und das Ganze geht Ihnen im Anschluss nicht mehr aus dem Kopf. Vielleicht meldet sich aber auch nur ein uralter Bekannter und erzählt Ihnen eine scheinbar belanglose Geschichte aus seinem Leben, die aber wie die Faust aufs Auge genau zu dem Thema passt, mit dem Sie sich schon seit einiger Zeit beschäftigen.

Ab jetzt beginnt für Sie jeder Tag spannend zu werden.

Sie erleben nun Ihren Alltag anders. Aus jedem Tag könnte ein kleines Miniabenteuer werden. Sie werden erstaunt sein, was Sie alles mitbekommen, wenn Sie Ihren Alltag bewusst und achtsam erleben. Mehr und mehr wird Ihnen klar, dass Sie eine Art Magie in sich tragen. Mal ganz davon abgesehen, dass Sie als Nebeneffekt auch das bewusste Erleben der Gegenwart trainieren und sich so nicht mehr in sinnlosen Gedanken über das Gestern oder das Morgen verlieren.

5.6 Fazit

Ihr *HÖHERES-ICH* agiert wie liebende Eltern, die ausschließlich das Wohl ihres Kindes im Fokus haben. Das kann auch anstrengend sein.

Ich habe mich als kleiner Junge oft ins Bad eingeschlossen, weil ich meinen Vater für so manche Verbote förmlich verflucht habe. Ich habe geweint, innerlich geschrien und manchmal richtig gehasst. Das war meinem Papa aber herzlich egal. Wenn er der Meinung war, dass die Erfüllung einiger meiner kindlichen Wünsche für meine weitere Entwicklung nicht förderlich war, hat er dieses schlimme Leid auf sich genommen. Er ertrug, dass ich ihn in diesem Moment nicht liebte. Seine Liebe zu mir war so unendlich groß, dass er bereit war, von mir (kindlich) gehasst zu werden. Er hat es tapfer ausgehalten, in diesem Moment von mir missachtet zu werden. So sehr liebte er mich.

Liebende Eltern werden niemals Rücksicht nehmen, ob sie von ihren Kindern geliebt werden oder nicht. Sie sind bereit, auch den Groll ihrer Nachkommen aufgrund unliebsamer Erziehungsmaßnahmen auf sich zu nehmen, nur um sie für ihre Zukunft besser zu wappnen. Auch so funktioniert Ihr HI:

> Ihrem HI ist es herzlich egal, ob Sie schreien,
> leiden, jammern oder in Selbstmitleid verfallen.

Ihr HI ist „gedanklich" immer einen Schritt voraus. Auch wenn es jetzt gerade etwas wehtut, irgendwann wird sich herausstellen, dass das Ganze gut für Sie war. Und dabei wird das HI wahrscheinlich überaus konsequent vorgehen, denn es stellt eine übergeordnete Ebene Ihres Verstandes dar. In der Folge wird Ihr HI immer Ihr EI dominieren. Einsichten und langfristige Lebensziele folgen einer höheren Priorität als der bloßen Eitelkeit Ihres Verstandes.

> Ihr HI wird sich immer durchsetzen.

Halten Sie beispielsweise zu lange an einem Lebenskonzept fest, das nicht zu Ihrem Naturell passt, wird Ihr HI dafür sorgen, dass Ihr Leben sozusagen einer *HÖHEREN* Konfrontationstherapie gleicht.

Sie werden so lange mit fest verschlossenen Türen drangsaliert (im Prinzip sind Sie es ja *SELBST*), bis Sie schließlich einsehen, dass auch mehr Anlauf nicht hilft, wenn Sie an die Wand laufen – Wand bleibt Wand.

Zusammenfassend erkennen Sie in der „erwachenden Lebensphase", dass Sie allein mit Kontrollstrategien Ihres Verstandes Ihre Liebesbeziehungen oder Ihr Leben nicht in Ihrem Sinne regeln werden können. Die Ursache dafür liegt wieder in Ihrem NI. Ihr EI ist einfach nicht mächtig und stark genug, um mit den Urängsten des NIs fertigzuwerden. Ihr HI jedoch schon!

Alles in allem akzeptieren Sie endlich in dieser erkenntnisreichen Lebensphase, über eines der mächtigsten Talente zu verfügen, die ein Mensch in sich tragen kann. Ein dominantes *HÖHERES-ICH*, das Sie beschützen, Ihnen den rechten Weg aufzeigen und vor allem Sie ins Liebesglück führen kann.

Alles, was Sie für Ihr Leben brauchen, tragen Sie in sich.

Diese tiefe Einsicht ist in Ihnen nur deshalb entstanden, weil Sie mutig folgende fünf Schritte in Ihrem persönlichen Wachstumsprozess gemacht haben:

1. Sie sind mit Ihrem Latein am Ende und lassen los.

2. Sie bemerken, dass Sie sich in Ihren Liebesbeziehungen immer nur selbst begegnet sind oder noch nie geliebt haben.

3. Sie erkennen den „roten Faden" und dass auch Umbrüche im Nachhinein betrachtet wichtige Bausteine für Ihr weiteres Leben waren.

4. Ihnen wird klar, dass sich Ihr HI schon immer um Sie gekümmert hat und in letzter Konsequenz zu Ihren Gunsten wirkt.

5. Sie entwickeln tiefes Vertrauen und geben die Kontrolle Ihrer Zukunft an Ihr HI ab.

Und wie gesagt, Ihr HI ist sogar bereit (wie mein Vater), Ihren Groll auf sich zu ziehen. So sehr liebt es Sie. Dies ist im Übrigen die klassische Definition der Selbstlosigkeit.

Zudem verfolgt es ausschließlich Ihre Interessen. Egal, was Sie tun, es wird immer nur für Sie ganz allein aktiv werden und niemals Bedingungen stellen. Unabhängig davon, was Sie tun, denken oder unterlassen, es wird immer für Sie da sein. Ihr HI arbeitet infolgedessen bedingungslos und hoch engagiert.

Weiterhin ist es gnadenlos ehrlich zu Ihnen. Denn es lässt Sie erbarmungslos in Ihr eigenes Spiegelbild schauen (oder an die Wand laufen), wenn es für Sie notwendig geworden ist.

Zusammengefasst müsste Ihnen das alles irgendwie bekannt vorkommen. Spätestens jetzt müsste es klick machen:

Es ist Ihr Ideal der *WAHREN LIEBE*, das Ihr HI erfüllt.

Es liebt Sie ehrlich, bedingungslos, engagiert und selbstlos. Wonach Sie vielleicht Ihr ganzes Leben lang im Außen suchten, das haben Sie auf einmal in Ihrem Inneren entdeckt. Die *WAHRE LIEBE* war schon immer da. Sie wussten nur nicht, wo. Das verloren gegangene Paradies, wonach sich Ihr NI schon immer so sehr sehnte, tragen Sie in Ihrem eigenen Körper.

Sie haben Ihre *INNERE GÖTTLICHKEIT* entdeckt.

Dies ist aber noch nicht alles. Sicher haben Sie schon gehört oder gelesen, dass es verschiedene Bezeichnungen für den *HÖHEREN* Anteil des menschlichen Egos gibt. *Sigmund Freud* nannte es zum Beispiel das „Über-Ich" und andere benutzen dafür den Allroundbegriff „Seele". In diesem Buch haben wir es als das *HÖHERE-ICH* bezeichnet. Allerdings taucht in der Literatur oft noch eine weitere interessante Bezeichnung für diesen höheren Anteil unserer Persönlichkeit auf. Es wird oftmals als das „Selbst" bezeichnet.

Jetzt kommt ein schönes Wortspiel, das Sie sicher beeindrucken wird. Gleichzeitig stellt es das finale Ziel der „erwachenden Phase" dar. Mal angenommen, Sie schaffen es, tiefes *VERTRAUEN* in Ihr Höheres-Ich zu entwickeln. Und Sie ersetzen das Wort Höheres-Ich durch den gleichbedeutenden Begriff des *SELBST*, dann entsteht plötzlich ein Wort, das Ihnen bestimmt zu denken geben wird: Das *SELBST-VERTRAUEN*.

Nach der erwachenden Lebensphase
verfügen Sie über *SELBST-VERTRAUEN*.

Nachdem Sie erwacht sind, sind Sie sich absolut klar darüber, was das ist. Jetzt endlich sind Sie in der Lage, die Wurzel allen Übels auszureissen. Sie können nun in eine Lebensphase einsteigen, die Ihnen wahrscheinlich die Sprache verschlagen wird.

6 Die erlösende Phase

■ ■

Wenn Sie erst einmal erwacht sind, ist ein nagelneues Selbst-Vertrauen eine typische Begleiterscheinung. Sie glauben fest an Ihre neu entdeckte innere Göttlichkeit und damit an sich selbst. Wie es der Name dieser Lebensphase schon sagt, werden Sie nun etwas in sich erlösen:

Jetzt stehen Sie kurz davor, Ihr *NEUGEBORENEN-ICH* zu einem herkömmlichen *INNEREN KIND* zu erlösen.

Manchmal geschieht dieser Prozess schlagartig. In anderen Fällen ist es ein Hin- und Herpendeln zwischen der „erwachenden" und dieser „erlösenden Lebensphase". Der entscheidende Faktor ist, wie stabil sich Ihr neues *SELBST-VERTRAUEN* entwickelt.

Fakt ist: Exakt in dem Moment, in dem Sie einen felsenfesten Glauben an Ihre innere Göttlichkeit entwickelt haben, genau in diesem Augenblick beginnt sofort Ihr Erlösungsprozess.

Es könnte aber auch sein, dass Sie noch ein paar Beweise für Ihre innere Göttlichkeit brauchen. Dann werden Sie sicher noch eine Zeit lang Ihr Leben beobachten. Dies ist auch nicht weiter tragisch. Allein dadurch, dass Sie damit rechnen, eine große Magie in sich zu tragen, werden Sie Ihren Alltag bewusster erleben. Es wird nicht lange dauern, bis auch Sie Ihrem HI auf die Schliche kommen. Je mehr Lebenserfahrung Sie sammeln, umso klarer wird es Ihnen. Sie werden in atemberaubender Weise live miterleben, wie sich Ihr HI tatsächlich hochaktiv um Sie kümmert.

Mit Loslassen, Geduld, Achtsamkeit und vor allem mit Einsichten nach dem Aufwachen werden Sie vermeintliche Zufälle und Fügungen anders wahrnehmen. Sie werden nicht nur präzise bewerten können, ob eine Tür offen oder fest verriegelt ist, sondern Ihr allgemeines Auftreten wird sich verändern.

6.1 Authentizität

Authentizität ist nichts anderes als eine Form von Ehrlichkeit gegenüber anderen. Das griechische Wort für Authentizität „authentikós" setzt sich aus den Worten „autós" („selbst") und „ontos" („seiend") zusammen und kann somit als „selbstseiend" übersetzt werden (Quelle: *Werner Kaegi * 1901 – † 1979*). Daraus folgt:

> Authentisch zu sein, bedeutet, gemäß seinem *SELBST*, also seinen ehrlichen Gedanken, Emotionen, Bedürfnissen, Vorlieben und Überzeugungen zu handeln und sich dementsprechend auszudrücken.

Also echt und ehrlich sein! Und siehe da: Da taucht Ihr *SELBST*, also Ihr HI, wieder auf. Da Ihr HI jetzt sozusagen der Steuermann Ihres Lebens sowie Ihrer Liebesbeziehungen geworden ist, sind auch alle Gedanken, Einfälle, Ahnungen, Emotionen, Handlungen und Überzeugungen eine direkte Folge Ihrer inneren Göttlichkeit.

Authentizität ist damit die Kohärenz (Stimmigkeit) zwischen Ihrem Verstand (EI), Ihrer Gefühlswelt (NI) und Ihrer Intuition (III). Und exakt dies haben Sie nun an dieser Stelle Ihres Lebens geschafft. Sie sind zu dem Wesen zurückgekehrt, das Sie eigentlich schon immer waren.

Wie bereits hinlänglich erläutert, haben Sie mittlerweile eingesehen, dass Ihr Verstand niemals in der Lage war, mit den massiven Urängsten Ihres NIs fertigzuwerden. Sie haben nun Ihre Ängste Ihrem HI übergeben. Mit diesem neuen *SELBST-VERTRAUEN* passiert nun etwas Einschneidendes in Ihrem Leben. Ihr NI fühlt nun endlich den Schutz, den es immer brauchte. Das heißt:

Ihre Gefühlswelt beginnt zu erwachen.

Ihr Verstand wird von Zukunfts- und Vergangenheitsgedanken entlastet. Sie beginnen wieder, in der Gegenwart zu leben, zu denken und zu fühlen:

- Sie verlieren Ihre Verlust-/Bindungsängste, weil Sie wissen, dass alles sinnvoll ist. Egal, ob Sie Ihren Liebespartner verlieren oder nicht.

- Sie hören auf, wichtige Bezugspersonen ständig zu beobachten, um vor Verletzungen gefeit zu sein. Denn Sie wissen, dass Ihr HI Sie sowieso frühzeitig warnen wird.

- Sie geben aufgesetzte Verhaltensweisen auf, denn Sie wissen, dass dies nicht mehr notwendig ist. Denn die Zukunft ist auf Ihrer Seite.

Sie verfügen nun über eine großartige Gewissheit, denn egal, was kommt:

Alles ist gut!

Und es gibt für alles grundsätzlich eine Lösung. Sie lassen also auf ganzer Linie los. Es ist sehr schwer zu beschreiben, welche wundersamen Veränderungen in Ihrem Körper nun stattfinden. Man muss es erlebt haben. Diese tiefe Gewissheit, geschützt zu sein, hat etwas sehr Befreiendes.

Wir können ja mal versuchen, ob Sie schon jetzt etwas erleben können, was Sie erahnen lässt, welch euphorische Zeiten auf Sie zukommen könnten.

Lehnen Sie sich zurück, nehmen Sie ein paar tiefe Atemzüge und stellen Sie sich vor, dass Sie sich ab heute nie mehr im Übermaß sorgen müssen. Dass Sie eine mächtige Gabe in sich tragen, die Sie immer schützt und Ihnen den rechten Weg zeigt. Dass alles, was kommt, in Ihrem Sinne ist. Dass *ALLES GUT IST.*

Die erlösende Phase

Was empfinden Sie? Ich zähle exemplarisch ein paar Emotionen auf. Kreuzen Sie diejenigen an, die gerade in Ihnen aufsteigen:

angeregt	☐	optimistisch	☐	locker	☐
aufgeregt	☐	schwungvoll	☐	erleichtert	☐
ausgelassen	☐	selbstsicher	☐	fasziniert	☐
befreit	☐	sicher	☐	friedlich	☐
begeistert	☐	wach	☐	fröhlich	☐
ergriffen	☐	tatkräftig	☐	gerührt	☐
belebt	☐	überrascht	☐	geschützt	☐
bewegt	☐	neugierig	☐	gespannt	☐
dankbar	☐	überwältigt	☐	hoffnungsvoll	☐
enthusiastisch	☐	unbekümmert	☐	inspiriert	☐
entlastet	☐	zuversichtlich	☐	munter	☐
entschlossen	☐	ermutigt	☐	klar	☐
entspannt	☐	verzaubert	☐	lebendig	☐
entzückt	☐	ermuntert	☐	lebhaft	☐

Und jetzt fühlen Sie noch einmal in sich hinein und geben sich Ihren positiven Gefühlen einfach hin. Stehen Sie nun auf und betrachten Sie sich im Spiegel. Bemerken Sie eine Veränderung in Ihren Gesichtszügen?

- Gehen Sie anschließend in Ihrer Wohnung umher. Wie bewegt sich Ihr Körper? Was macht Ihre Mimik und Gestik weiterhin?

- Versuchen Sie nun, sich ein bisschen zu bewegen. Wie fühlt sich das an?

- Vielleicht legen Sie eine positive und erfrischende Musik auf und beginnen zu tanzen.

Tanzpause ...

Und wie fühlen Sie sich jetzt? Befreiend, nicht wahr? Ihr Bauchraum ist jetzt voll aktiv. Ihr emotionales zweites Gehirn hat seine Arbeit aufgenommen. Ihre Gedanken und Gefühle sind nicht mehr in der Vergangenheit oder in der Zukunft – Sie sind im „Hier & Jetzt" angekommen.

Gefühle der Befreiung sind das Antlitz der Erlösung.

Jetzt stellen Sie sich vor, jemand käme plötzlich ins Zimmer, von dem Ihre Zukunft maßgeblich abhängen könnte, zum Beispiel Ihr Chef, ein wichtiger Auftraggeber, ein Partner, von dem Sie finanziell abhängig sind, Ihr Vermieter oder jemand, in den Sie unsterblich verliebt sind, bei dem Sie sich aber noch nicht sicher sind, ob Sie auf Gegenliebe stoßen.

- Können Sie Ihre gerade erlebten befreienden Emotionen aufrechthalten?
- Fühlen Sie sich noch immer ausgelassen, sicher und geschützt?

Fühlen Sie sich noch befreit? Oder würden Sie in Sekundenschnelle wieder Ihre alte emotionale Schutzmauer hochfahren (und sich Sorgen machen, was der andere wohl von Ihnen denken könnte)? Also Ihren Verstand wieder in den Modus Zukunft fahren oder sich an schlechte Erfahrungen in Ihrer Vergangenheit erinnern.

Dieses Gedankenspiel können Sie mit allen Ihren wichtigen Bezugspersonen machen. Dann wissen Sie, wie erlöst Ihr *NEUGEBORENEN-ICH* ist. Das heißt, Sie erkennen recht schnell, inwieweit Sie an Ihre innere Göttlichkeit schon glauben können. Wie stabil aufgrund dessen Ihr *SELBST-VERTRAUEN* schon ist.

Sie könnten sich auch vorstellen, dass Sie jetzt nackt tanzen würden. Fühlen Sie sich dann immer noch wohl? Was wäre, wenn Sie jemand dabei beobachtet? Es bestünde das Risiko, dass ein Fremder Sie durch ein offenes Fenster nackt tanzen sehen könnte. Was wäre dann? Nacktheit ist schließlich ein Symbol jeglicher Schutzlosigkeit. Würden Sie sich immer noch befreit fühlen? Würden Sie weiterhin Ihrem HI vertrauen? Dass *ALLES GUT IST*?

Sicher ist dieses zusätzliche Nacktbeispiel etwas überzeichnet, zeigt aber sehr deutlich auf, wohin die Reise beim Erlösungsprozess geht.

Unbestritten ist natürlich auch, dass wir nicht den ganzen Tag tanzen und allen möglichen Emotionen freien Lauf lassen können. Schließlich sind wir mit Berufstätigkeit, familiären Pflichten oder sonstigen ernsthaften Alltagsherausforderungen konfrontiert, bei denen gewisse strategische Denkprozesse vonnöten sind. Aber auch bei solchen Aufgaben gibt es keinen Anlass, sich Sorgen über die Auswirkung unseres Handelns zu machen. Das heißt, bei allem, was wir tun, gibt es keinen Grund mehr, unsere Gelassenheit, unsere emotionale Freiheit und unsere Authentizität zu verlieren.

Befreite innere Kinder kennen keine Angst vor der Blamage.

Sie machen sich keine Gedanken, ob sie sich blamieren könnten. Sie trauen sich, so zu sein, wie sie nun einmal sind. Innere Kinder leben im „Hier & Jetzt". Sie denken nicht an ihre Zukunft. Dadurch können sie die Gegenwart emotional aufnehmen.

Die Angst vor der Blamage ist immer eine Falle des Verstandes, also des EIs: „Was könnten wohl die anderen denken? Mögen sie mich dann noch? Oder wenden sie sich dann von mir ab?"

Und nochmal: Gedanken und Emotionen über die Zukunft haben nichts mit dem „Enterischen Nervensystem" Ihres Bauchraums zu tun. Dieses ist ausschließlich für die Gegenwart konzipiert.

....

Das tiefe Vertrauen in die Zukunft ist der Weg zum Fühlen.

....

Unabhängig davon, wie Ihr Ergebnis bei der Tanzübung ausgefallen ist, es wird ein Zeitpunkt kommen, ab dem Sie sich Ihrer Zukunft einfach hingeben. Sie lassen los. Sie verlieren Ihre Kontrollsucht. Sie geben ab. Sie verschenken den Verlauf Ihres Lebens und Ihrer Liebe an Ihre innere Göttlichkeit. Ihr HI kümmert sich ab sofort um alles. Weil Sie jetzt eine tiefe Gewissheit in sich spüren: *ALLES IST GUT.* Und das wird auch weiterhin so bleiben.

Sie werden echt. Sie entwickeln Freude, so zu sein, wie Sie nun mal sind. Alle aufgesetzten Verhaltensmuster verlieren ihre Bedeutung. Sie müssen nicht mehr genügen oder beliebt sein.

Es wird Ihnen einfach zu anstrengend, ständig in Habachtstellung zu sein oder sich im Übermaß vor Verletzungen schützen zu wollen. Das Gefühl, sich so geben zu können, wie es Ihrem Naturell entspricht, ist viel zu schön, als dass Sie noch einmal bereit wären, Ihren Verstand im Übermaß zu belasten.

Sie werden plötzlich ehrlich.

Das heißt, Sie handeln und drücken sich aus gemäß Ihren tatsächlichen Gedanken, Emotionen, Bedürfnissen, Vorlieben und Überzeugungen.

Luca Rohleder

Ihre Ausstrahlung entspricht jetzt Ihren inneren Emotionen. Sie sind echt geworden. Sie machen niemandem mehr etwas vor. Sie haben die Kohärenz (Stimmigkeit) zwischen Ihrem Verstand (EI), Ihrer Gefühlswelt (NI) und Ihrer inneren Göttlichkeit (HI) erreicht.

Ihr NI ist erlöst und erwacht. Nagelneue Emotionen zirkulieren endlich in Ihrem Körper. Für Gefühle, die nur im Gedächtnis gespeichert waren, ist plötzlich kein Platz mehr. Für Emotionen, die früher erlebt oder solche, die nur in die Zukunft projiziert werden, beginnen schlechte Zeiten.

> Ihr erlöstes Inneres Kind hat endlich begonnen,
> wieder zu spielen.

Ihr ganzer Körper wird Ausdruck des „Hier & Jetzt". Ihre Maske ist gefallen. Und Sie spüren auf einmal, dass plötzlich noch etwas ganz anderes Ihren Körper durchströmt.

6.2 Lebenslust

Sie werden mit Ihrem erlösten Inneren Kind nun couragierter, als Sie es je von sich dachten. Für die Liebe heißt das:

> Sie werden nun Liebespartnern gegenüber auch solche Seiten
> von Ihnen offenbaren, die Sie immer verheimlichen wollten.

Zu schön ist das Gefühl, über *SELBST-VERTRAUEN* zu verfügen und von seiner Maske befreit zu sein. Jetzt sind Sie bereit, das Risiko der Blamage auf sich zu nehmen. Egal, wie die Reaktion des Partners ausfallen könnte, Sie haben davor keine Angst mehr. Ihre Verlustängste sind verschwunden (denn: *ALLES IST GUT!*).

Dabei schrecken Sie nicht mehr davor zurück, auch zuzugeben, dass Sie viele Jahre unter schweren Selbstzweifeln litten. Vielleicht beginnen Sie sogar, damit zu kokettieren. Sie schämen sich nicht mehr.

Falls EM sich in keiner Partnerschaft befinden, bringen sie nun endlich den Mut auf, ihrem Favoriten oder ihrer geheimen Lieblingskandidatin endlich zu gestehen, verliebt zu sein.

> Erlöste empathische Menschen beginnen zu beichten.

Vielleicht kennen Sie eine solche Situation aus Ihrer Kindheit. Sie haben etwas angestellt, hatten tagelang ein schlechtes Gewissen und irgendwann den Mut, das Ganze Ihren Eltern zu beichten. Sie haben Ihr Gewissen erleichtert, weil Sie sich überwunden haben.

Auch in Ihnen schlummerte eine Form des schlechten Gewissens. Tief in Ihrem Inneren wussten Sie schon lange, dass es endlich Zeit wird, sich zu outen. In der Liebe endlich wieder echt zu werden. Den schönen Schein abzulegen. Eventuell sogar dunkle Geheimnisse auszusprechen, um endlich seinen Frieden machen zu können.

> Sie werden von Ihrem Hochstaplersyndrom erlöst.

Ihr Leben lang hatten Sie Sorge aufzufliegen. Sie waren sich sehr wohl bewusst, dass Sie nur eine Rolle spielen. Tief in Ihrem Inneren wussten Sie genau, dass Ihr wahres Wesen irgendwann einmal enttarnt werden könnte. Dieses Risiko schwebte Ihr Leben lang wie ein Damoklesschwert über Ihnen. Das ist jetzt alles vorbei. Sie können sich geben, wie Sie sind. Und siehe da, es kommt nichts Negatives auf Sie zu. Ganz im Gegenteil, Ihr Umfeld bemerkt Ihr neues *SELBST-VERTRAUEN* und fühlt sich wahrscheinlich angenehm berührt.

Unabhängig davon, ob Sie sich offenbaren oder nur mehr Authentizität leben, Sie erfahren jetzt das gleiche Phänomen wie das Kind, das etwas angestellt hatte, oder der Sünder, der die Beichte ablegte:

> Es fällt Ihnen ein Stein vom Herzen.

Dies ist der Satz aller Sätze für Ihren Erlösungsprozess. Er bietet die große Auflösung für das, was bisher mit Ihnen los war.

Jetzt erhalten Sie den Lohn für Ihren Mut zu mehr Authentizität. Nun erkennen Sie schlagartig, warum der Preis, seinen wahren Gefühlen freien Lauf zu lassen, niemals zu hoch sein kann.

Wie selbst den Schulmedizinern bekannt ist, haben Emotionen direkte Auswirkungen auf die Herztätigkeit (zum Beispiel seelischer Druck = Bluthochdruck). Nicht Ihre emotionale Schutzmauer war das eigentliche Problem, sondern es war Ihr Herz, das in Ihrer Vergangenheit unvorstellbar litt.

Beginnen Sie also wieder, eine Stimmung für das „Hier & Jetzt" zu spüren und in der Folge Ihren Bauch zu aktivieren, geschieht etwas HERZerfrischendes. Ihr Herz wird plötzlich von einer schweren Last befreit.

> Ihr Herz erlebt die Befreiung seines Lebens.

Und genau dies geschieht, wenn Ihre Gefühlswelt auf einmal wieder uneingeschränkt funktioniert. Sie spüren, dass mit Ihrem Herzen auf einmal etwas anders ist. Das, was Sie bei unserer kleinen Tanzübung gespürt haben, waren nicht in erster Linie Ihre Emotionen, sondern es war vor allem Ihr Herz, das Sie in dem Moment von seinen straffen Zügeln befreiten. Ihr Herz begann zu hüpfen.

Das Herz ist nicht nur der Motor Ihres Körpers, sondern auch der Ursprung der Lebenslust. Selbst der Krebs scheitert an diesem heiligen Ort. Bösartige Karzinome schaffen es nur in wenig bekannten Fällen das Herz anzugreifen. Selbst hochgradig feindlich gesonnene Krebszellen können diesem gewaltigen Quell der Lebenslust nur selten etwas anhaben. Das Herz ist das Leben. Und wenn Sie einmal diese wunderbare Befreiung Ihres Herzens erlebt haben, wird Ihnen plötzlich alles glasklar:

> Ihr Glaube an Ihre INNERE GÖTTLICHKEIT
> hat Ihr Herz befreit.

Und wenn Ihr Herz losgelassen ist, spüren Sie mehr als deutlich, was Ihnen wahrscheinlich schon immer gefehlt hat. Befreit von schweren Steinen, erfahren Sie plötzlich etwas ganz Besonderes:

Es durchströmt Sie pure *LEBENSLUST.*

Gleichzeitig erleben Sie einen weiteren Höhepunkt Ihres Erlösungsprozesses. Es kommt ein außergewöhnliches Phänomen auf Sie zu. Dieses einschneidende Erlebnis, von der puren Lust für das Leben ergriffen zu sein, lässt in Ihnen schlagartig ein ganz spezielles Gefühl aufkommen. Ein ganz bestimmter Zustand, den man mit Worten eigentlich nicht umschreiben kann.

Sie spüren plötzlich *SELBST-LIEBE.*

Ihr Herz hat Liebe produziert. Sie erkennen sofort, dass das Gefühl der Lebenslust nichts anderes als die Liebe selbst ist. Jetzt auf einmal dämmert es Ihnen. Es fällt Ihnen wieder wie Schuppen von den Augen. Das, was Sie immer gespürt haben, wenn Sie sich von einem Menschen geliebt fühlten, war nichts anderes als das Gefühl der *SELBST-LIEBE.* Sie verwechselten bisher das Lieben mit dem Gefühl, sich selbst mehr zu lieben. Ihre bisherigen Liebespartner verhalfen Ihnen lediglich dazu, Ihr eigenes Herz zu befreien. Diese Momente waren schon immer magisch für Sie. Deshalb haben Sie sich so sehr danach gesehnt, geliebt zu werden.

Ihnen wird jetzt der Unterschied zwischen „lieben" und „geliebt werden" sofort klar. Sie erkennen, dass Sie erst jetzt in der Lage sind, andere Menschen zu lieben. Ihr Herz trägt auf einmal Liebe in sich, obwohl gerade niemand da ist, der Sie liebt. Erst jetzt können Sie anderen von Ihrer Liebe etwas abgeben. Ab sofort können Sie lieben und sind nicht mehr darauf angewiesen, nur geliebt zu werden. Sie sind autonom geworden.

Sie erfahren plötzlich, was der Akt des Liebens tatsächlich ist.

Und das alles, weil Sie den Mut fanden, Ihre Maske fallen zu lassen und das Morgen an Ihr HI abzugeben.

Der Akt der Herzbefreiung löst immer Tränen aus. Schlagartig wird Ihr Körper mit Emotionen förmlich überströmt. Ein Feuerwerk von Gefühlen, das Sie sicher weinen lässt. Tränen der Freude, denn Ihr Herz ist groß, Ihre Lebenslust auch. Sie können jetzt überhaupt nicht anders, als sich unendlich geliebt fühlen. Nicht von irgendjemandem, sondern allein aus sich selbst heraus. Sie wissen nun, wie sich *SELBST-LIEBE* anfühlt. Wenn Sie das erste Mal den Zauber Ihres befreiten Herzens spüren, erkennen Sie sofort, dass Sie in Ihrem ganzen Leben nie auf der Suche waren nach der „großen Liebe", der steilen Karriere oder schon gar nicht nach dem Sinn des Lebens. Nein, Sie haben sich nur nach einer einzigen Tatsache gesehnt:

> Sich selbst mehr lieben zu können.

Dieser wunderschöne Moment, endlich zu wissen, wie sich Selbst-Liebe anfühlt, löst ein weiteres Ihrer Defizite schlagartig auf. Es passiert etwas, was Sie sich wahrscheinlich ebenfalls niemals erträumt hätten. Eines der größten Missverständnisse Ihres Lebens löst sich auf einmal auf.

> Ihre Minderwertigkeitsgefühle sind plötzlich verschwunden.

Die Frage, ob Sie liebenswert sind, ob Sie etwas wert sind oder ob Sie genügen können, stellt sich auf einmal nicht mehr. Der Grund, warum Sie sich wahrscheinlich Ihr Leben lang gequält haben, wurde wie von Geisterhand weggespült. Die Ursache für Ihre endlosen inneren Kämpfe oder Ihr Leid gibt es plötzlich nicht mehr. Sie stellen fest, dass der geringe Selbstwert nichts anderes war als mangelnde Liebe im Herzen. Und da Sie nun am eigenen Körper erleben, dass die Liebe nichts anderes ist als die Lebenslust selbst, werden Sie zu einer weiteren, entscheidenden Erkenntnis gelangen.

Wenn Sie sich erinnern, dass dieser Erlösungsprozess mit dem Schritt begann, dass Sie den Mut aufbrachten, das Morgen, aber auch das Übermorgen, an Ihre innere Göttlichkeit abzugeben, kann für Sie nur eine einzige Schlussfolgerung existieren: Der Mut, sich dem Leben hinzugeben, hat die Liebe in Ihrem Herzen entfacht. Das bedeutet in letzter Konsequenz:

> Lebensmut erzeugt Selbstliebe.

Oder noch einfacher:

> Leben ist dasselbe wie lieben.

Jetzt wird auch klar, warum sich die beiden Worte nur durch einen einzigen Buchstaben unterscheiden. Zu lieben bedeutet, leben zu können. Die Liebe ist also der Mut zu leben. Nur wer lebt, kann sich selbst lieben. Und nur wer sich selbst liebt, kann andere lieben.

Wohlgesonnene Verhaltensweisen anderer Menschen sind jetzt weiterhin willkommen, aber für Sie nicht mehr überlebenswichtig. Sie sind nicht mehr darauf angewiesen, dass andere Ihnen ihre Liebe erweisen, bevor Sie bereit sind, sich zu öffnen. Sie brauchen keine bestimmten Bedingungen mehr, um zu lieben.

Sie lieben, weil Sie es jetzt ganz einfach können! Und Sie in Ihrem Herzen nun genug Liebe haben. Es ist unerheblich geworden, ob jemand Ihre Liebe im gleichen Maße erwidert. Vielleicht sind Sie sogar bereit, etwas mehr Liebe zu geben als umgekehrt. Es ist ganz einfach nicht mehr so wichtig, welche Bedingungen Ihr Liebster oder Ihre Liebste erfüllt. Denn:

Sie sind jetzt in der Lage, bedingungslos zu lieben.

Damit ist der Erlösungsprozess aber noch lange nicht zu Ende. Ihr jetzt erlöstes inneres Kind wird weiterhin viel Wind machen.

Luca Rohleder

6.3 Handlungsfähigkeit

∎∎

Vielleicht hatten Sie bisher den Eindruck, dass ich Ihr EI ein wenig verteufelt habe. Der Eindruck täuscht. Das Gegenteil ist der Fall. Ich habe nur den Missbrauch des Verstandes angeprangert. Der Verstand ist viel zu wichtig, als dass Sie ihn zweckentfremden dürfen. Denn der Verstand kann uns mit seinen Zukunftsängsten, Kontrollsehnsüchten und seinem permanenten Vergleichen schnell von unserem eigentlichen Leben ablenken. Für unsere Ängste vor dem Morgen und dem Überprüfen, ob andere mehr wert (oder beliebter) sind als wir selbst, vergeuden wir riesige Kapazitäten unseres Gehirns. Auch dies geht nun für Sie zu Ende. Während Ihr HI seine eigentliche Aufgabe übernommen hat, Ihr inneres Kind erlöst ist, nimmt auch Ihr EI endlich den Platz ein, der ihm von Anfang an zugewiesen war.

> Ein von Sorgen, Kontrollstrategien und Selbstbewertung entlastetes EI entwickelt einen *GESUNDEN MENSCHENVERSTAND*.

Der „Glaube an seine eigene Göttlichkeit" und ein „gesunder Menschenverstand" sind eine sehr mächtige und vor allem durchschlagende Kombination. Sie schützt Sie nicht nur vor gefährlichen Träumereien und macht Sie erfrischend bodenständig, sondern lässt Sie im Leben und in der Liebe mehr erreichen, als Sie sich derzeit vorstellen können.

Der Verstand ist unser entscheidender Persönlichkeitsanteil, wenn es darum geht, Tag für Tag das Leben zu meistern. Das heißt, er ist für unser Tun und Umsetzen verantwortlich. Während Ihr HI Ihr innerer Ratgeber ist, ist Ihr EI das ausführende Organ. Sie können noch so viele Einsichten, Eingebungen und vermeintliche Zufälle produzieren, wenn Sie mit Ihrem EI nicht die Chancen beim Schopfe packen, dann hilft Ihnen diese übermächtige Gabe Ihres HI recht wenig. Diese Problematik betrifft Sie nicht mehr.

Ihr Lebensmut ist groß und Ihr Glaube an Ihr Schicksal unerschütterlich geworden. Sie haben endlich Ihr EI entlastet. Sie gehen Ihr Leben be- HERZter an. Sie spüren nun große Lust zu handeln. Sie werden aktiv. Das alles führt endgültig zum Verschwinden einer typischen empathischen Schwäche:

....
Sie verlassen Ihre Bequemlichkeitszone.
....

Darüber hinaus geben Sie auch Ihre Opferhaltung auf. Im Übrigen sind sich viele EM gar nicht darüber bewusst, dass sie sich in der Vergangenheit in einer Art Opferhaltung befanden. Schließlich neigen sie durchaus zu durchschlagenden (subtilen) Erziehungsmaßnahmen bezüglich des Partners oder im Extremfall sogar zu knallharten Kontroll- und Machtkämpfen.

Nichtsdestotrotz geht nichts an der Tatsache vorbei, dass EM in der Liebe eher reagieren statt agieren. War der Partner nett und lieb, dann „reagiert" man darauf auf die gleiche Weise. Entsprach hingegen das Verhalten des oder der Liebsten nicht den eigenen Vorstellungen, dann folgten auf den Fuß entsprechende Reaktionen. Entweder entschlossen sich EM dann wieder zu der einen oder anderen „Strafmaßnahme" oder sie zogen sich in ihr Schneckenhaus zurück. In der Summe ziehen viele EM mit ihrem Verhalten eigentlich nur dem des Gegenübers nach.

Sie hingegen übernehmen nun die Initiative in Ihrem Liebesleben. Aber auch in Ihrem sonstigen Alltag gibt es jetzt Veränderungen. Ihre frühere Neigung, eher passiv zu bleiben, wird nun überwunden. Wenn Ihnen nach dem Aufwachen auffällt, dass das Geld nicht ausreichen wird, dann haben Sie genug HERZBLUT, um etwas zu unternehmen. Und wenn Sie zu der Einsicht kommen, die Familienstruktur auf den Kopf stellen zu müssen, dann werden Sie dies auch tun. Oder Sie bekommen morgens mit, dass es endlich Zeit sein würde, frischen Wind in Ihr Liebesleben zu bringen, dann werden Sie nicht sonderlich zögern.

....
Sie haben jetzt Spaß daran, die Initiative zu übernehmen.
....

Luca Rohleder

Sie bemerken ebenso, was der Unterschied ist zwischen negativem und positivem Stress.

In Ihrer Jugend verbrauchten Sie Ihre Lebensenergie, um sich vor Verletzungen zu schützen, Ihre Minderwertigkeitsgefühle zu vertuschen oder sich bestimmte Verhaltensmuster anzueignen. Diese unnütze Energieverschwendung fällt nun weg. Erst jetzt spüren Sie etwas ganz Besonderes:

> Sie sind belastbarer, als Sie je dachten.

Sie wollen nicht mehr abwarten, bis jemand sagt, was zu tun ist. Oder die Augen vor bestimmten Realitäten verschließen, um dann in der Folge mit dem Rücken an der Wand zu stehen. Sie lösen frühzeitig bestimmte Lebenskonstellationen auf, die für Sie unpassend erscheinen. Sie werden rundherum selbstbestimmt.

> Sie übernehmen immer mehr die Führung in der Liebe.

Sie verharren nicht mehr wie ein Kaninchen vor der Schlange, sondern nehmen das Heft in die Hand. Weil Sie sich ganz einfach trauen. Weil Sie mutig geworden sind. Weil Ihr Herz groß ist.

Bei der Anbahnung neuer Liebesbeziehungen verhält es sich ebenso. Sie möchten nicht mehr dasitzen wie ein Huhn auf der Stange, um dann doch nur an einen Nicht-Empathen zu geraten. Ab sofort übernehmen Sie die Liebesinitiative, wenn es um Neues geht. Weil Sie sich sicher sind. Weil Sie Lust dazu haben. Weil Ihnen nichts mehr passieren kann. Denn Sie wissen immer noch sehr genau, egal, was passiert: *ALLES IST GUT.*

Sie beginnen, Liebesengagement zu zeigen.

Und wenn Sie einmal abgewiesen werden oder Sie in Ihrer laufenden Partnerschaft keinen fruchtbaren Boden vorfinden, dann bricht nicht mehr gleich die Welt zusammen.

6.4 Verständnis

Sicher ist Ihnen im Kapitel „Authentizität" ein bestimmter Gedanke gekommen. Wenn Sie jetzt beginnen, sich emotional authentisch zu zeigen, dann könnte dies schnell zu einer kleinen Katastrophe führen.

Wahrscheinlich haben Sie sich in Ihrem Leben aufgrund erlittener Verletzungen einigen Groll, wenn nicht sogar eine gewisse Verachtung für bestimmte Personen zugelegt. Wenn Sie dann diesen etwas negativen Gefühlen freien Lauf lassen würden, wären durchaus unschöne Szenen vorstellbar. Insbesondere denjenigen, die bereits eine „lebensverneinende Lebensphase" hinter sich haben, werden mit Sicherheit wohl einige Gemeinheiten oder Rachemaßnahmen einfallen.

Sie könnten sich jetzt aber auch Sorgen machen, zu frech zu werden. Vor lauter Selbstvertrauen schlechte Manieren an den Tag legen oder sich ganz einfach aufführen wie die Axt im Walde.

Ich kann Sie beruhigen. Das alles wird nicht passieren. Wenn Sie Ihre „erlösende Lebensphase" erreichen, haben Sie längst eine große Liebes- und Lebensweisheit entwickelt. Sie haben bereits Riesenschritte in Ihrem persönlichen Wachstumsprozess hinter sich gebracht. Das Gegenteil wird sogar der Fall sein:

Ihr Auftreten wird ehrenwert, zurückhaltend und erhaben sein.

Ihr neues *SELBST-VERTRAUEN* wird man schnell bemerken. Sie müssen nicht mehr innerlich kämpfen, ständig reagieren oder sonst wie mit der Umwelt hadern. Mit der Gewissheit, über eine große innere Macht zu verfügen, vermitteln Sie nun dem Außen eine gewisse Ruhe, Zentriertheit und Stärke. Und vor allem beginnen Sie, vieles aus der Vogelperspektive zu betrachten.

Sie verlieren Ihre egozentrische Weltsicht.

Bisher hatten Sie alles und jeden auf sich bezogen. Sie waren so damit beschäftigt, zumindest Ihre Bezugspersonen zu beobachten, ob Sie ausreichend geliebt oder beachtet werden, dass Sie oft gar nicht deren Sichtweise in Betracht zogen. Ihnen fehlte aufgrund der egozentrischen Sichtweise Ihres NIs die notwendige Objektivität (Unterkapitel „Selbstlosigkeit").

Da Sie jetzt über maßgeblich frei gewordene Gehirnkapazitäten sowie genug Gelassenheit verfügen, sind Sie in der Lage, sich optimal in ein Gegenüber zu versetzen. Ihr ohnehin ausgeprägtes empathisches Talent erreicht nun den Zenit seiner Leistungsfähigkeit.

Sie entwickeln Güte auch gegenüber solchen Menschen, die Sie bisher verachtet hatten.

Sie verstehen mittlerweile, dass das Gros der Menschen keinen Glauben an sich *SELBST* hat. Im Gegensatz zu Ihnen wissen sie nicht, dass es eine innere Göttlichkeit gibt. Zwar nicht in einer so ausgeprägten Form wie bei Ihnen, aber dennoch ausreichend, um ziemlich angstfrei durchs Leben kommen zu können. Ihnen ist mittlerweile klar, dass so keine *SELBST-LIEBE* entstehen kann. Und wer keine Liebe in sich trägt, kann durchaus in eine „lebensverneinende Phase" schlittern. Eine Lebenssituation, die eine existenziell hochgradige Abhängigkeit von der Anerkennung anderer mit sich bringt und oftmals Liebessucht, Groll oder Bösartigkeiten auslöst.

Sie können keine Personen mehr verachten, nur weil sie bisher keinen Mut fanden, an sich *SELBST* zu glauben.

Sie wissen längst, dass mangelnder Lebensmut in letzter Konsequenz zu mangelnder Selbstliebe führt.

Ihnen ist nun glasklar, dass auch bösartig gewordene Menschen in ihrer tiefen Verzweiflung gefangen sind und nur händeringend Wege suchen, um ihr inneres Leid besser ertragen zu können.

Sie erkennen die Hintergründe, warum so mancher zu einer verlorenen und vielleicht einer dunklen Seele geworden ist.

Das heißt nicht, dass Sie nun alles gut heißen, tolerieren oder keine Meinung mehr dazu haben werden. Aber Sie werden in dieser Phase Ihres Lebens keinen Groll oder Hass mehr empfinden können. Zu groß ist die Weisheit und Liebe, die Sie nun in Ihrem Herzen tragen.

Das wird maßgebliche Folgen auch für Ihre Liebesbeziehungen haben. Sie beginnen, Ihren Liebsten oder Ihre Liebste in einem anderen Licht zu sehen.

Ihre Erregung explodiert nicht mehr, nur weil etwas nicht so läuft, wie Sie sich das im Vorfeld vorgestellt haben. Sie können nun fünf gerade sein lassen, denn Sie können manche Verhaltensweisen Ihres Gegenübers besser nachvollziehen. Sie verstehen nun die Ängste, Sorgen und Bedürfnisse Ihres Lieblings vollständig.

Sie können Hilfestellung geben oder ganz einfach die Wünsche Ihres Schatzes erfüllen. Wenn er sich dadurch besser fühlt, warum nicht? Auch wenn die Erfüllung Ihrer eigenen Bedürfnisse ein wenig darunter leidet. Sie fühlen sich dennoch gut, tragen genug Liebe in sich und erleben pure Lebenslust.

Bei Ihnen geht nicht mehr die Welt unter, wenn Sie manchmal etwas zu kurz kommen.

Sie sind nun fähig, selbstlos zu lieben.

6.5 Fazit

▪▪▪

In der „erlösenden Lebensphase" gelangen Sie zu einer erstaunlichen und großartigen Erkenntnis:

Das Gefühl der Lebenslust ist mit dem der Liebe identisch.

Empfinden Sie pure Lust zu leben, fühlen Sie sich gleichzeitig unendlich geliebt. Mit einem Buch diese phänomenale Gewissheit zu beschreiben, ist nahezu unmöglich, man muss es einfach erlebt haben. Erst dann spürt man die tiefe Erkenntnis, was Liebe überhaupt ist.

Das alles haben Sie dadurch erreicht, dass Sie Ihr *NEUGEBORE-NEN-ICH* erlöst haben. Sie haben ihm wieder das Spielen beigebracht. Dass dies höchst sinnvoll ist, steht schon in der Bibel: „Werdet wie die Kinder." *(Predigt zu Matthäus 18,1–5)*. Kinder wissen, dass sie das zum Leben wirklich Notwendige von ihren Eltern bekommen. Sie sorgen sich nicht. Kinder sind hemmungslos ehrlich und sie gehen auf jeden offen zu. Kinder denken und fühlen im „Hier & Jetzt". Zukunftssorgen oder schlechte Erfahrungen der Vergangenheit sind ihnen fremd.

Den gleichen Effekt haben Sie erzielt, indem Sie Ihrem HI praktisch eine Art Elternrolle zugewiesen haben. Sie haben die tiefe Überzeugung erlangt, dass Ihr HI tatsächlich in der Lage ist, sich um das Morgen und Übermorgen zu kümmern. Dadurch wird Ihr „Enterisches Nervensystem" vollständig aktiviert und gegenwartsbezogene Gefühle beginnen wieder durch Ihren Körper zu fließen. Ihr Herz lebt auf und Sie erfahren diesen atemberaubenden Moment der Selbst-Liebe.

Plötzlich verschwinden auch noch Minderwertigkeitsgefühle.

In den Momenten, in denen Sie sich von Ihrem oder Ihrer Liebsten unendlich geliebt fühlten, hatten Sie im Prinzip die gleiche emotionale

Konstellation. In diesen Augenblicken konnten Sie überhaupt nicht anders, als sich keine Sorgen zu machen, ob Sie etwas wert sind. Wenn Sie sich geliebt fühlten, waren Sie nicht in der Lage, Minderwertigkeitsgefühle zu erzeugen.

Der krasse Unterschied zu Ihrem jetzt erlösten Zustand ist, dass Ihr zu geringes Selbstwertgefühl zwar ebenso verschwunden ist, allerdings ohne dass jemand da ist. Sie brauchen jetzt von außen keine Liebesbeweise mehr. Nur deshalb, weil Sie geboren sind, mögen Sie sich nun. Ein atemberaubendes, befreiendes Gefühl der Selbst-Liebe.

Die Initialzündung für Ihren Erlösungsakt war der Mut loszulassen. Der Mut, dem eigenen HI zu vertrauen. Der Mut, sich dem Morgen und Übermorgen einfach hinzugeben. Der Mut, seine Maske abzunehmen. Der Mut, sich fallenzulassen.

Jetzt an dieser Stelle wird Ihnen endgültig klar, was Sie bis dahin geleistet haben. Sie haben Ihre Urängste endgültig in Urvertrauen verwandelt. Eine großartige Lebensleistung liegt nun hinter Ihnen.

Sie haben endgültig die „vergeistigte Lebensphase" verlassen. Ihr HI und EI können Hand in Hand arbeiten. Der eine Teil Ihres Egos zeigt Ihnen, wo sich die offenen Türen befinden (und schließt nicht passende) und der andere Teil Ihres Egos schreitet couragiert hindurch und erschafft sich ein kleines Stück eigene Welt. Und Ihr neues inneres Kind freut sich wie ein kleiner Schneekönig, egal ob in der Liebe oder im Leben selbst. Es kommt zu einer drastischen Erhöhung Ihres Lebensgefühls.

Was jedoch in dieser erlösenden Phase noch viel entscheidender ist, müsste Ihnen schon aufgefallen sein. Erinnern Sie sich an die jeweiligen Resümees der letzten vier Unterkapitel? Da war doch was? Zur Wiederholung:

1. Sie sind *EHRLICH* geworden.

2. Sie sind jetzt in der Lage, *BEDINGUNGSLOS* zu lieben.

3. Sie beginnen, Liebes*ENGAGEMENT* zu zeigen.

4. Sie sind nun fähig, *SELBSTLOS* zu lieben.

Luca Rohleder

Und wieder taucht Ihre Blaupause der *WAHREN LIEBE* auf. Sie tragen jetzt nicht nur ein HI in sich, das dieses Ideal erfüllt, sondern Sie können jetzt auch anderen *WAHRE LIEBE* geben.

Zu Anfang Ihres Lebenswegs hatten Sie sich danach gesehnt, dieses typisch empathische Liebesideal durch einen Mann oder eine Frau erfüllt zu bekommen. Jetzt sind Sie es selbst, die/der es erfüllt. Sie sind nun in der Lage, *WAHR ZU LIEBEN*.

Wahrscheinlich haben Sie von diesem fast engelhaft reinen Liebesideal nur deshalb schon als Kleinkind gewusst, weil es etwas mit Ihrer weiteren Lebensaufgabe zu tun hatte. Vielleicht wollten Sie die *WAHRE LIEBE* nie von anderen erfüllt bekommen.

Sie erfüllen nun selbst das Ideal der *WAHREN LIEBE*.

Sie tragen nun genug Liebe in Ihrem Herzen und Sie sind bereit für die finale Phase Ihres persönlichen Wachstumsprozesses.

7

Die liebende Phase

■ ■

Dass es in unserer verrohten Gesellschaft manchmal nicht einfach ist, genug Liebe, Anerkennung und Beachtung zu finden, haben Sie sicher schon festgestellt. In dieser Lebensphase sind Sie jedoch nicht mehr von dieser gesellschaftlichen Entwicklungstendenz betroffen. Sie sind auf die Liebe anderer nicht mehr in dem Maße angewiesen wie in Ihrer Vergangenheit. Sie haben gelernt zu lieben.

Ihr Herz ist groß und Ihr inneres Kind erlöst. Sie stürzen sich mit Lust und Tatendrang ins Leben. In Ihren Liebesbeziehungen wird sich das bemerkbar machen:

- Sie hören auf, eifersüchtig zu sein oder Ihren Partner im Übermaß zu beobachten.

- Sie prüfen nicht mehr permanent, ob Sie tatsächlich geliebt werden.

- Sie können keinen Groll mehr empfinden.

- Ihre Verlustängste gehören der Vergangenheit an.

- Sie können sich hingeben und fallen lassen, nicht nur in der Liebe, sondern auch dem Leben gegenüber.

Auch Ihr Partner wird also spüren, dass etwas anders geworden ist. Zudem fällt Ihnen selbst etwas Entscheidendes an Ihrem neuen Leben auf:

> Zu lieben ist nicht nur einfacher, als geliebt werden zu wollen.
> Es macht auch glücklicher.

Theoretisch könnten Sie auch alleine sein, ohne sich einsam zu fühlen. So viel Liebe tragen Sie in Ihrem Herzen. Zumindest um sich rundherum wohl zu fühlen, sind Sie auf eine Liebesbeziehung, eine feste Partnerschaft oder auf Sexaffären nicht mehr angewiesen.

Im Übrigen existiert tatsächlich eine kleine Gruppe EM, die andere Schwerpunkte in der Liebe setzt. Das sind diejenigen Menschen, die mit einer extremen Ausprägung der Hochsensibilität gesegnet sind. Diese Personen haben selten Kinder, gründen keine Familien und heiraten auch nicht. Dieser Personenkreis ist Ihnen wohlbekannt. Es sind die Priester, spirituell Begabten oder ganz einfach weise Menschen, die ihre Bestimmung darin sehen, als Seelsorger, Therapeuten, Heiler oder Ratgeber der Menschheit zu dienen.

Das betrifft die große Mehrheit der EM jedoch nicht. Sie sehnen sich nach einer tiefen Liebesbeziehung. Sie spüren, dass da noch etwas fehlt. Sie sind sich der Polarität von männlich und weiblich wohl bewusst. Das Männliche und Weibliche brauchen einander, um sich zu ergänzen und eins werden zu können.

Bevor wir die Liebesbeziehung selbst behandeln, möchte ich noch auf ein weiteres großartiges Phänomen eingehen, das Sie nun erleben dürfen.

7.1 Emotionale Sicherheit

Das Ende emotionaler Schmerzen ist gekommen! Es existiert keine „Gratwanderung mehr zwischen WAHRER LIEBE und seelischen Verletzungen". Der Grat ist mittlerweile zu einem sicheren und breiten Pfad geworden, auf dem Sie nur Liebe erleben. Dies ist eine logische Folge Ihrer neuen Lebenslust.

Am Beispiel einer Panikattacke ist recht einfach zu erklären, was der Unterschied zwischen Ihrem neuen Lebensgefühl und seelischen

Schmerzen ist. Panikattacken werden deshalb so dramatisch erlebt, weil sie den vollständigen Verlust von Lebensenergie ankündigen. Der Körper aktiviert alle Alarmglocken, um dem Gehirn zu sagen, dass nun gleich der emotionale Tod bevorsteht. Das Herz ist praktisch zu eng geworden. Es ist gefangen. Es trägt zu schwere Lasten und kann keine Lebenslust mehr aufbauen. Panikattacken sind damit das Gegenteil des Muts, sich dem Leben hinzugeben.

Das heißt, erleben wir eine Panikattacke, haben wir schon lange keine Liebe mehr in unserem Herzen. Wenn dann die Zuwendung und Liebe anderer ausfällt (weil wir vielleicht schon seit Jahren nur geliebt werden wollten), schauen wir dem seelischen Tod direkt ins Auge.

Dies ist zwar ein extremes Beispiel, dennoch zeigt es das grundsätzliche Zustandekommen seelischer Verletzungen sehr gut auf. Wenn wir zu wenig Liebe in unseren Herzen tragen (= Lebenslust = Mut zu leben) und wir uns zugleich von anderen nicht geliebt fühlen, geht es für uns um eine Art seelische Lebensgefahr.

Dieses Prinzip ist auf alle anderen Formen von Kränkungen übertragbar. Ganz gleich, ob wir nur beleidigt sind oder uns auf sonstige Weise ungeliebt bzw. zurückgesetzt fühlen. Diese Fälle können nur dann auftreten, wenn wir in diesen Momenten zu wenig Lebenslust spüren. Oder anders ausgedrückt: Wenn der Liebesentzug größer ist als die Liebe, die wir gerade in unseren Herzen tragen. Dieses Problem kann für Sie nicht mehr auftreten:

> Sie können plötzlich nicht mehr seelisch verletzt werden, weil Sie nicht mehr darauf angewiesen sind, geliebt zu werden.

Fällt die Liebe anderer aus, stehen Sie aufgrund Ihrer neuen Lebenslust nie mehr gänzlich ohne da. Das soll nicht heißen, dass Ihnen jetzt alles egal sein wird. Als empathischer Mensch oder hochsensible Person können Sie niemals unbeteiligt sein. Zumal Sie auch weiterhin einen hohen Gerechtigkeitssinn in sich tragen und Ihnen schlechte Manieren oder sonstige Charakterschwächen anderer Menschen massiv aufstoßen.

Sie werden auch weiterhin traurig sein, wenn Sie sich von einem geliebten Menschen trennen müssen oder wenn Sie selbst verlassen werden. Trauer ist aber kein Leid.

Es entstehen keine Katastrophen mehr – schon gar keine seelischen Verletzungen. Und erst recht keine traumatische Tragödie. In der Summe bedeutet dies:

> Wer genug Liebe im Herzen trägt, kann kein Leid erfahren.

Wer liebt, leidet nicht. Damit ist die *WAHRE LIEBE* nicht nur sucht- und angstfrei, sondern auch befreit von Leid. Es sind sozusagen genug Liebesreserven im Herzen vorhanden. Jetzt leuchtet Ihnen noch besser ein, dass zu lieben einfacher ist, als nur geliebt werden zu wollen. Daneben gibt es ein weiteres, wunderbares Phänomen, wenn Sie in dieser befreienden Phase Ihres Lebens angekommen sind.

Sie haben im Kapitel „überlastende Lebensphase" erfahren, dass viele EM entweder nur Langeweile oder Leidenschaft in ihren Partnerschaften empfinden. Sie lieben entweder zu viel oder gar nicht. Sie finden einfach die goldene Mitte nicht. Auch diese Auswüchse der empathischen Liebe gehen zu Ende.

> Das empathische Liebesparadoxon hört auf zu wirken.

Sie erinnern sich: Zu Anfang Ihrer Persönlichkeitsentwicklung war es Ihnen aufgrund Ihres zu gedämpften Bauchraums („Enterisches Nervensystem") unmöglich, eine ausreichend hohe Gefühlsintensität aufzubauen, die auf positiven Emotionen beruhte. Was blieb, war der Erregungszustand aufgrund von Verlust- und Bindungsängsten. Waren Sie sich dann Ihren Partnern zu sicher oder gab es nicht mehr genug Streicheleinheiten für Ihren damals zu geringen Selbstwert, verschwanden intensive Liebesgefühle sofort. Es kehrte Langeweile ein. Das heißt, waren Selbstzweifel vorhanden, liebten Sie zu viel und zu heftig. Verschwand hingegen Ihre Unsicherheit, verflüchtigte sich auch die Leidenschaft.

In der „liebenden Phase" erleben Sie am eigenen Leibe, was der Unterschied zwischen Leidenschaft und *WAHRER LIEBE* ist. Ihr emotionales, zweites Gehirn ist mittlerweile voll aktiv und Sie sind problemlos in der Lage, eine ausreichend hohe Gefühlsintensität zu entwickeln, die auf positiven Emotionen beruht. Sie brauchen keine Zweifel mehr, um ausreichend erregt zu sein. Schließlich haben Sie mittlerweile gelernt, dass immer *ALLES GUT IST*, egal, was kommt.

> Leidenschaft ist das Antlitz der Angst.
> Liebe ist das Antlitz des Mutes.

Leidenschaft zu empfinden, setzt immer voraus, nicht genug *SELBST-LIEBE* zur Verfügung zu haben. Es besteht die Sorge, dass die Liebe anderer ausfallen könnte. Man stünde dem Risiko gegenüber, gänzlich ohne eigene Lebenslust auskommen zu müssen. Diese existenzielle Not, von der Liebe oder Aufmerksamkeit anderer abhängig zu sein, stemmt den Erregungszustand in ungeahnte Höhen. Das ist nun für Sie vorbei.

Zusammengefasst könnte man auch sagen: Leidenschaft ist die Liebe des Verstandes (Angst vor dem Leben) und *WAHRE LIEBE* ist die Liebe des Herzens (Mut für das Leben). Alles in allem heißt das, dass jetzt auch Ihre Liebesbeziehungen eine andere Qualität erreichen:

> *WAHRE LIEBE* wechselt nicht mehr zwischen Langeweile und Leidenschaft, sondern bleibt konstant hoch.

Denn die neue Aktivität Ihres Bauchraums ist ebenso konstant hoch. Ihr inneres Kind bzw. Ihre Gefühlswelt ist befreit und kann infolgedessen eine ausreichend hohe Erregung entwickeln. Die *WAHRE LIEBE* bewegt sich damit auf einer *HÖHEREN* Bewusstseinsebene als die Leidenschaft.

Zusammenfassend gehören also nicht nur emotionale Verletzungen der Vergangenheit an, sondern Ihnen wird auch „die Meisterschaft des Leidens" fremd werden. Jedoch gibt es auch einen kleinen Nachteil. Insbesondere bei der Anbahnung neuer Liebesbeziehungen. Da eine positive Gefühlsintensität niemals so blitzartig und heftig wirken kann wie ein Erregungszustand, der auf Urängsten beruht, bedarf es mehr Aufmerksamkeit:

> Die *WAHRE LIEBE* kommt auf leisen Sohlen.

Das ist für Sie zunächst etwas ungewohnt. Schließlich kennen Sie aus Ihrer Vergangenheit entweder nur emotionale Hammerschläge oder gar keine intensiven Empfindungen. Aber auch dies wird in dieser „liebenden Lebensphase" keine größere Herausforderung mehr sein. Schließlich haben Sie sich zuvor, in Ihrer „erwachenden Phase", die Fähigkeit der Achtsamkeit ausreichend angeeignet.

Neben der höheren emotionalen Sicherheit kommt noch ein weiteres fabelhaftes Phänomen auf Sie zu.

7.2 Zauberkraft

Erst jetzt, in dieser Lebensphase, stellen Sie etwas Unglaubliches fest. Sie verfügen ab sofort über eine Art Magie, die weit über das Thema Liebe hinausgeht. In der Hauptsache ist Ihre neu entdeckte „innere Göttlichkeit" dafür verantwortlich. Ihr neuer Glaube an sich *SELBST (SELBST-VERTRAUEN)* hat aus Ihrem verengten Herzen ein großes, vielleicht sogar ein Löwenherz gemacht.

Sie werden erkennen, dass es mit Ihrer grundsätzlichen Gabe, zum richtigen Zeitpunkt am richtigen Ort auf die richtigen Menschen treffen zu können, erst jetzt richtig losgeht.

> Ihr Herz beginnt, seine Zauberkraft zu offenbaren.

Dazu erst einmal ein Zitat: „Das Nervensystem im Herzen ermöglicht ihm unabhängig von der Großhirnrinde zu lernen, zu erinnern und

Entscheidungen zu treffen. Außerdem haben zahlreiche Experimente demonstriert, dass die Signale, die das Herz ununterbrochen zum Gehirn sendet, die höheren Gehirnfunktionen, die mit Wahrnehmung, Kognition und der Verarbeitung von Emotionen befasst sind, maßgeblich beeinflussen." (Quelle: *Rollin McCraty, Ph.D., Institute of Heart Math., USA, Kalifornien*).

Laut dem *HeartMath Institute* weist alles darauf hin, dass unser Herz eine besondere, integrative Rolle in unserem Körper spielt. Zudem besteht es aus circa 40.000 Nervenzellen. Aus Sicht der Neurowissenschaften ist es damit komplex genug, um als eigenes kleines Minigehirn bezeichnet zu werden.

Was jedoch noch viel interessanter ist, das Herz besitzt die höchste elektromagnetische Strahlung von allen Organen des ganzen Körpers.

Das elektromagnetische Feld des Herzens ist 5.000-mal stärker als das des Gehirns.

Von den *HeartMath*-Forschern konnte nachgewiesen werden, dass die von einer Person erzeugten elektromagnetischen Informationsmuster des Herzens in den Gehirnwellen einer zweiten Person messbar sind. Das bedeutet konkret, dass die Vorgänge in unserem Herzen von anderen Menschen registriert werden.

Diese Forscher vermuten, dass ein ähnlicher Informationstransfer wie bei Mobiltelefonen oder Radiosendern auch beim Herzen funktioniert: die Kommunikation über elektromagnetische Felder.

Dieser Auffassung schließe ich mich gerne an. Es wäre eine Erklärung, warum Sie in dieser Lebensphase auf neue Menschen stoßen und sich von anderen eher abwenden werden.

Ihr Herz ist nun groß genug, um ein Zusammentreffen mit Menschen und Umständen selbst initiieren zu können.

Das bedeutet, je mehr Liebe (= Mut zu leben) Sie in Ihrem Herzen tragen, umso höher ist Ihre Anziehungskraft. Wenn Sie dies nur einmal im

Alltag erlebt haben, dass Sie genau diejenigen Menschen wie von Geisterhand anziehen, die Sie gerade für Ihr Leben brauchen bzw. deren Kenntnisse, Meinungen und Hilfe für Sie wichtig sind, werden Sie erst einmal fassungslos mit offenem Mund dastehen. Das heißt, Sie ziehen ab sofort noch mehr als je zuvor genau solche Umstände zielsicher an, die Ihr Leben maßgeblich erleichtern werden. Es gibt also mehr als einen guten Grund, sich bis zu dieser finalen Lebensphase hochzuarbeiten.

Sie werden zum eigenen Schöpfer Ihrer Welt.

Es besteht also eine hohe Wahrscheinlichkeit, dass Ihr Herz mit Ihrem HI eng verknüpft ist und infolgedessen direkt mit der *UNSICHTBAREN WELT* in Kontakt treten kann. Die elektromagnetische Anziehungskraft des Herzens wäre damit eine weitere Erklärung für das bereits erläuterte Spiegelgesetz. Da Sie sich nun zum Positiven entwickelt haben, werden Sie natürlich auch auf Spiegel stoßen, die sich deutlich von den vorherigen unterscheiden. Dabei werden Ihre hohen moralisch-ethischen Werte im Vordergrund stehen.

Sie können niemanden mehr lieben, den Sie eigentlich verachten.

Sie haben bereits erfahren, dass es einige EM gibt, die sich aus unglücklichen Liebesbeziehungen nicht lösen können, obwohl sie ihren Partner insgeheim nicht mögen, manchmal sogar verachten. Dieser unangenehme Fall kann jetzt nicht mehr auftreten.

Die Bindungsursache ist praktisch weggefallen. In der „liebenden Phase" sind Ihre Selbstzweifel erloschen, damit können Sie auch keinen negativen Erregungszustand mehr produzieren. Und vor allem können Sie keinen Groll mehr entwickeln, zu groß ist Ihre innere Liebe geworden. Damit löst sich die Bindung automatisch auf. Menschen, an die Sie sich beispielsweise aufgrund ihrer Autorität gebunden gefühlt hatten, können Sie nicht mehr erregen.

Zudem möchten sich viele *SELBST*-liebende EM wieder mehr ihrer Naturverbundenheit widmen, bodenständigere Lebenskonzepte verfolgen und nicht mehr allzu viele Kompromisse an den Mainstream machen. Die Ursache für diese erfrischende Rückkehr zum ursprünglichen empathischen Naturell ist ebenso im großen Herzen zu suchen. EM sind nun weniger auf gesellschaftliche Anerkennung angewiesen. Sie brauchen keine zusätzlichen Streicheleinheiten mehr für ihr Ego.

Zusammenfassend akzeptieren EM endgültig, dass etwas vor sich geht, mit dem sie nie gerechnet hätten. Es kommt zu einem weiteren Beschleunigungseffekt.

Sie ziehen vermehrt Menschen an, die sich ebenso auf den Weg des persönlichen Wachstums gemacht haben. Die genauso ihre Gefühlswelt befreien möchten oder diese bereits befreit haben. Weggefährten, die ebenso mit ihren Gedanken und Gefühlen nicht mehr in Zukunft oder Vergangenheit verweilen möchten. Die sich mehr im Mut zu leben und zu lieben üben wollen.

Dieser wunderbare Effekt, sich mit Gleichgesinnten austauschen zu können, bewirkt mehr emotionale Erlebnisse. Was zu einer weiteren Erhöhung des Aktivitätsgrads des „Enterischen Nervensystems" führt. Die logische Folge ist ein noch größeres Herz, was die Liebesfähigkeit weiter erhöht. Daraus resultiert, dass Ihnen auf einmal Personen auffallen, für die Sie in der Vergangenheit keine Wahrnehmung hatten. Ihre bisher eher vergeistigte Bewertungsskala für Liebesbeziehungen ist erloschen.

Ihr Herz hat nun die Auswahl von Liebeskandidaten übernommen.

Nicht mehr Ihr Verstand ist maßgeblich, sondern Ihr Schicksal. Es entstehen Beziehungen zu Menschen, nicht mehr, weil Sie sich dafür entschieden haben, sondern, weil es so sein soll. Sie haben damit Ihren intellektuellen Filter für potenzielle Liebeskandidaten endgültig ausgeschaltet. Nun kann Ihr Herz endlich solche Menschen anziehen, die automatisch zu Ihnen passen (bzw. der Spiegel Ihrer erlösten Persönlichkeit sind). Oder Sie nehmen Ihre aktuelle Partnerschaft völlig anders

Die liebende Phase

wahr. Unabhängig davon, ob es um neue Beziehungen oder um die bisherige Partnerschaft geht, für Sie zählt ab sofort allein die Liebe. Alles andere ordnen Sie dieser unter.

7.3 Liebesbeziehung

Wie gesagt, die Menschheit sowie der Großteil der Flora und Fauna sind in weiblich und männlich getrennt. Daran wird sich auch weiterhin nichts ändern. Wir leben also in der Polarität. Dies ist ein sogenannter Spannungsbogen, der nach Auflösung sucht. Damit ist die Geschlechtertrennung der Motor der Evolution.

Das männliche und weibliche Prinzip hat infolgedessen das Bestreben, sich anzuziehen und sich zu vereinen. Sie werden wahrscheinlich, trotz Ihrer großen *SELBST-LIEBE*, immer diesen inneren Ruf hören.

> Sie möchten Ihre *LIEBE* auf jemanden *BEZIEHEN*.

Jetzt wird Ihnen auch der Begriff „Liebes-Beziehung" klar (funktioniert auch bei Homosexuellen, da es im geistigen Sinne ebenso unterschiedliche Geschlechter gibt). Sie *BEZIEHEN* Ihre *LIEBE* in Ihrem Herzen auf eine andere Person. Es könnte durchaus sein, dass nun etwas geschieht, was Sie bisher noch nicht erlebt haben.

> Sie erfahren, wie es sich tatsächlich anfühlt, sich zu binden.

Neben dem Begriff der *LIEBES-BEZIEHUNG* wird Ihnen in dieser Lebensphase auch der Begriff *BINDUNG* klarer. Es geht dabei tatsächlich um einen körperlichen Akt des Zusammenschlusses von männlich und weiblich. Dabei spielt Ihr erwachtes „Enterisches Nervensystem" des Bauchraums die Hauptrolle. Es ist exakt dieses zweite, emotionale

Gehirn, das für Bindung sorgt. Dort sitzen die Nervenzellen, die Kontakt mit dem „Enterischen Nervensystem" des Gegenübers aufnehmen können.

> Mit Ihrem Herzen ziehen Sie Menschen an –
> mit Ihrem Bauch verbinden Sie sich mit ihnen.

Jeder, der mal „Schmetterlinge im Bauch" spürte, weiß ziemlich genau, was gemeint ist. Sie können es tatsächlich körperlich spüren, wie die Lebensenergie des anderen sich aufmacht, um sich mit dem Bauchraum des Gegenübers zu verbinden. Auch dies sind sicher elektromagnetische Vorgänge.

Dieses Bindungsprinzip wird wunderbar durch den Sitz der Nabelschnur symbolisiert. Wir waren schließlich nicht mit unserem Kopf mit unserer geliebten Mutter verbunden, sondern mit unserem Bauch.

Aber auch die Beobachtung, dass viele EM, die im Bereich des Dünn-/Dickdarms gesundheitliche Probleme hatten, in dieser Lebensphase plötzlich wieder gesund werden, ist ein typisches Indiz, dass sie sich zuvor nicht gebunden hatten bzw. ihre Bindungsängste nie überwinden konnten. Ist das Bauchgefühl wieder vorhanden, entsteht eine neue Bindungskompetenz. Der Bauchraum inklusive seiner enthaltenen Organe kann wieder seine naturgemäße Arbeit aufnehmen und sich erholen.

> Liebespaare spüren den Akt der Verschmelzung erst dann,
> wenn sie über ihren Bauchraum verbunden sind.

Und genau dazu sind Sie jetzt in der Lage. Haben Sie sich dem Gegenüber durch Ihre nagelneue Authentizität offenbart und hingegeben, können Sie loslassen wie nie zuvor. Sie geben sich hin. Sie haben den Mut, ohne wenn und aber, sich an Ihren geliebten Partner praktisch zu verschenken. Sie fühlen sofort eine ganz andere emotionale Nähe zu ihm. Sie erleben den Augenblick der grenzenlosen Intimität. Auch wenn Sie in Ihrer Vergangenheit viele leidenschaftliche und wilde Liebesbeziehungen (oder Sex) hatten, diese neu erlebte Intimität wird für Sie etwas anderes sein.

Kurzum: Ihnen wird in der „liebenden Phase" Folgendes schnell einleuchten:

Herz = Mut zu leben = *LIEBE*

Bauch = Mut zur Authentizität = *BEZIEHUNG*

Herz + Bauch = *LIEBES-BEZIEHUNG*

Ist das Herz nicht befreit, weil der Bauch blockiert ist, kann keine echte *BINDUNG* entstehen. Darin ist oft die Ursache zu suchen, warum viele EM davon berichten, gehäuft verlassen oder betrogen worden zu sein. Solche EM konnten sich in ihrer Vergangenheit wahrscheinlich aufgrund ihrer mangelnden Bindungsfähigkeit (Verlustängste) nie dazu überwinden, sich Ihrem Partner vollständig zu öffnen (Bauch).

Die schönste Belohnung für den Mut zur Authentizität ist das reduzierte Risiko, verlassen zu werden.

Erst durch Ihr befreites Herz bzw. durch den dadurch erwachten Bauchraum sind Sie in der Lage, sich mit einem anderen Menschen tatsächlich zu verbinden. Das heißt, jetzt sind Sie nicht nur an Ihren Liebespartner gebunden, sondern vor allem er auch an Sie.

Insbesondere im sexuellen Bereich werden Sie dies sofort zu spüren bekommen. Ihre neu erwachte Bindungsfähigkeit werden Sie als eine *HÖHERE* sexuelle Verschmelzung zwischen männlich und weiblich erfahren. Nicht mehr Sextechniken spielen nun die Hauptrolle beim Geschlechtsverkehr, sondern die atemberaubende Erfahrung, mit dem Sexpartner wahrhaftig verbunden zu sein.

Die sexuelle Vereinigung erreicht nun ein *HÖHERES* Niveau.

Das alles betrifft im Übrigen nicht nur die Sexualität. Allein der simple Körperkontakt reicht aus, damit Sie etwas empfinden, was Sie bisher noch nicht erfahren haben. Wenn Sie jemanden mit einem großen Herzen berühren (aktiver Bauchraum) oder von ihm berührt werden, fällt Ihnen schlagartig auf, dass sich das anders anfühlt. Es geht von einem großen Herzen immer eine gewisse magnetische Wirkung aus. Schon der Hautkontakt reicht aus, dass Sie etwas *HÖHERES* zu spüren bekommen. Sie können es tatsächlich körperlich fühlen, wenn jemand viel Liebe in seinem Herzen trägt.

Aber auch im Vier-Augen-Gespräch oder im alltäglichen Umgang erkennen Sie liebende Herzen recht einfach. Sie verlieren im Kontakt keine Lebensenergie. Während Menschen ohne Liebe im Herzen permanent versuchen, von Ihnen Energie abzusaugen, erhalten Sie bei Personen mit einem großen Herzen eine zusätzliche Portion davon. Sie spüren deutlich, dass man Ihnen ein wenig Lebenslust schenkt, weil das Gegenüber genug davon übrig hat. Während des Kontakts zu liebenden Personen werden Sie sich selten ärgern, sich nicht hintergangen oder gar manipuliert fühlen. Ihnen geht es ganz einfach ein kleines Stückchen besser als zuvor (ohne dass es dafür einen konkreten Grund gibt). Der Umkehrfall gilt natürlich ebenso: Wenn Sie sich bei einem harmlosen Kontakt danach einfach schlechter fühlen, ohne dass es dafür einen vordergründigen Anlass gibt (also zum Beispiel auch bei einem angenehmen Gesprächsthema), dann haben Sie es meist mit „lebensverneinenden" Personen, also mit Liebesdieben, zu tun.

Alles in allem wäre es in der Folge natürlich wunderbar, wenn zwei Menschen in Berührung kämen, die beide gleichermaßen über ein Herz verfügen, das voll von Liebe ist. Vielleicht möchten Sie ja mit Ihrem jetzigen Lebenspartner gemeinsam die hier vorgestellten verschiedenen Stufen des persönlichen Wachstums beschreiten? Falls Sie sich gerade in einer festen Partnerschaft befinden, gäbe es jetzt eine wunderbare Chance, sich gemeinsam aufzumachen.

> Gemeinsam erlebte Wachstumsprozesse führen zu
> äußerst engen und sehr intimen Partnerschaften.

Vielleicht erleben Sie mit Ihrem Partner dadurch eine neue emotionale Intensität, die Sie zuvor nie für möglich gehalten hatten. Eine Resonanz zwischen zwei Liebenden, die einen höheren Level aufweist als die Summe der jeweiligen Lebensenergien der einzelnen Beteiligten.

Natürlich ist mir bewusst, dass dazu die Einsicht von zwei Menschen vonnöten ist. Es könnte sein, dass Sie gerade ohne einen Partner leben oder in einer Beziehung festgefahren sind. Vielleicht ist Ihr Partner auch nicht bereit, mit Ihnen gemeinsam einen Weg des persönlichen Wachstums zu gehen. Aber auch in einer solchen Lebenskonstellation sollten Sie sich immer daran erinnern, dass *ALLES GUT IST.*

Vielleicht ist es einfach noch etwas zu früh. Warten Sie erst einmal ab und brechen Sie nichts über das Knie. Eventuell brauchen Sie noch ein bisschen Zeit, bis sich etwas ändert. Und vor allem, versuchen Sie auf keinen Fall, Ihren Partner bekehren oder sogar retten zu wollen. Auch dieser Mensch hat ein eigenes Schicksal, das von Ihnen zu respektieren ist. Früher oder später wird auch diese Person ihren Weg finden.

Darüber hinaus habe ich festgestellt, dass es völlig unerheblich ist, welche Form der Liebesbeziehung Sie wählen. Sie können beispielsweise die klassische Ehe oder das andere Extrem, die freie Liebe, bevorzugen. Oder sich für etwas dazwischen entscheiden bzw. Ihr HI entscheiden lassen. Für Ihre Liebessehnsüchte gilt ab sofort nur eines:

Sie akzeptieren keine Beziehungen mehr ohne Tiefgang.

Zum Beispiel werden Sie jetzt bloße Sexaffären zu Tode langweilen, die nichts anderes sind als oberflächlich durchgeführte Sexpraktiken. Das simple Reiben der Geschlechtsteile (ob mit oder ohne Liebespartner) geht zu Ende. Das alles interessiert Sie nicht mehr. Da werden Sie einem tiefsinnigen Gespräch eher den Vorzug geben. Denn Sie wissen nun, was Verschmelzung von männlich und weiblich tatsächlich bedeutet. Wenn zwei offene „Enterische Nervensysteme" und zwei große Herzen aufeinandertreffen, werden immer Erlebnisse entstehen, die man nicht so schnell vergessen wird.

7.4 Fazit

Wir nähern uns dem Ende dieses Werks. Dieses Buch schlägt Ihnen einen Weg des persönlichen Wachstums vor. Er besteht aus unterschiedlichen Lebensphasen, die aufeinander aufbauen. Ziel ist es, nicht nur die *WAHRE LIEBE* in seinem Herzen tragen zu können, sondern auch vor seelischen Verletzungen gefeit zu sein.

Während Sie Ihren persönlichen Wachstumsprozess durchlaufen, werden Sie sich über folgende Gegebenheiten bewusst:

1. Sie leiden seit Ihrer Geburt unter Urängsten, was später in der Liebe zu einem geringen Selbstwert führt.

2. Sie gewöhnen sich an, mit Ihren Gedanken und Gefühlen entweder in der Zukunft oder in der Vergangenheit zu sein.

3. Sie nutzen die Liebe, um Ihren Selbstwert zu erhöhen oder mögliche Minderwertigkeitsgefühle zu kompensieren.

4. Sie erwachen, weil Sie bemerken, dass „alles gut ist" oder Sie bisher nur Ihren Spiegelbildern begegnet sind.

5. Sie beginnen, sich auf sich selbst zu verlassen, entwickeln Selbst-Vertrauen und glauben an Ihre eigene innere Göttlichkeit.

6. Sie befreien Ihre Gefühlswelt und Ihr Herz, indem Sie authentisch werden bzw. Ihre Maske ablegen.

7. Sie erkennen, dass ein befreites Herz gleich Lebenslust gleich Selbst-Liebe ist.

8. Ihre Minderwertigkeitsgefühle verschwinden.

9. Sie werden fähig, ehrlich, bedingungslos, engagiert und selbstlos zu lieben.

10. Sie können seelisch nicht mehr verletzt werden und Sie erleben Liebesbeziehungen auf einer höheren Ebene.

Zur Wiederholung: In letzter Konsequenz geht es auf Ihrem Weg der Persönlichkeitsentwicklung um Mut. Mut, um loszulassen. Mut, das

Morgen an die eigene „innere Göttlichkeit" abzugeben. Mut, sich authentisch zu zeigen. Mut, seine Maske fallen zu lassen.

Nur dann können Sie Ihr Herz befreien. Nur dann erleben Sie Lebenslust. Nur dann spüren Sie Selbst-Liebe. Nur dann können Sie auch andere lieben.

> Liebe ist der Mut, sich dem Leben hinzugeben.

Oder noch einfacher: Liebe ist der Mut zu leben. Ein solches Urvertrauen zu entwickeln, betrifft sicher die gesamte Menschheit. Allerdings haben Sie als empathischer Mensch tatsächlich die größte Herausforderung zu meistern. Sie beginnen Ihr Leben genau am anderen Ende der Skala für Mut – mit Urängsten.

Bei einer solch gewaltigen Lebensaufgabe taucht sofort die Frage nach dem „Warum" auf. Welchen Sinn macht es, mit Urängsten eines *NEUGEBORENEN-ICH*s sein Leben beginnen zu müssen?

Ist es wirklich notwendig, sich ständig mit Attacken von Säbelzahntigern, Mammuts oder verfeindeten Neandertalerstämmen konfrontiert zu sehen?

Ich bin mir mittlerweile ziemlich sicher, dass dies sogar unbedingt notwendig war. Denn ohne das Vorhandensein eines NIs wäre es für Sie niemals möglich gewesen, innerlich eine Blaupause für die *WAHRE LIEBE* entwickeln zu können. Ein Ideal, das praktisch die Definition einer perfekten Liebe vorgibt.

Könnte es nicht sein, dass EM nur deshalb unter uns weilen, damit genug Menschen auf der Erde vorhanden sind, die überhaupt wissen, was Liebe ist? Sind solche Menschen nicht eine hervorragende Messlatte, wie es um die Menschheit bestellt ist?

Sicher könnte darin der Grund zu sehen sein, warum EM unter uns leben. Sie können im Kleinen, aber auch im Großen ein Vorbild sein, an dem sich ihre Mitmenschen orientieren können. Nur wenn es genug Personen gibt, die über ein solches inneres *WISSEN* verfügen, können solche Informationen über die Liebe in der Welt überhaupt existieren.

Dienen empathische Menschen als Referenzgröße für die Liebe?

Die Beantwortung dieser Frage überlasse ich Ihnen. Unabhängig davon, wie Ihre persönliche Antwort ausfällt, ist eines jedoch sicher. Sie tragen zwar schon seit Ihrer Kindheit eine Blaupause für die *WAHRE LIEBE* in sich, allerdings nur theoretisch.

Aber entstehen Experten nicht erst dann, wenn sie von der Pike auf lernen? Schließlich ist noch kein Meister vom Himmel gefallen. Können menschliche Träger der Definition eines Liebesideals nicht erst dann glaubwürdig sein, wenn sie am eigenen Leibe erfahren haben, was Liebe tatsächlich ist? Und wie es auch anderen Menschen in der Liebe ergehen könnte? Wenn sie selbst erst einmal den einen oder anderen Irrweg gegangen sind?

Darin könnte die Erklärung liegen, dass EM im höchsten Maße mit der Liebe konfrontiert werden. Und dies lebenslang. Damit wird das gesamte Dasein der EM von der Liebe bestimmt.

EM haben vermutlich erst am eigenen Leibe zu erfahren, dass es sinnvoller ist, zu lieben statt nur geliebt werden zu wollen.

Daher ist auch der Weg von der „prägenden" bis hin zur „liebenden Lebensphase" nicht von heute auf morgen machbar. Aber auch die Übergänge werden schleichend sein. Ich habe zwar die verschiedenen Lebensphasen voneinander getrennt erläutert, dies war aber aus didaktischen Gründen notwendig, um die jeweiligen Grundprinzipien besser herausarbeiten zu können. In der praktischen Umsetzung gibt es sicher einige Überschneidungen.

In der Summe brauchen Sie wahrscheinlich viele Jahre für Ihren persönlichen Wachstumsprozess. Ich empfehle Ihnen deshalb, nichts zu überstürzen. Es muss nichts sofort geschehen. Vertrauen Sie auf Ihre „innere Göttlichkeit". Sie wird Ihnen rechtzeitig den Weg weisen, wann es jeweils soweit sein wird, den nächsten Schritt zu tun.

Vielleicht ist es sogar notwendig, auch Ehrenrunden zu drehen. Auch dies kann sinnvoll sein. Bedenken Sie immer dabei: *ALLES IST*

GUT. Manchmal werden Sie Phasen des „Erwachens" erleben, um im Anschluss wieder in eine „überlastende Lebensphase" zurückzufallen. Dann tauchen phänomenale Emotionen der Erlösung und Befreiung auf, um darauf folgend wieder ein bisschen enttäuscht zu werden.

Aber ich verspreche Ihnen, die positiven Momente werden immer häufiger und die negativen verschwinden nach und nach. Vielleicht machen Sie zwei Schritte vor und nur einen zurück, sodass es zumindest langsam, aber stetig aufwärts geht.

Sie werden also erst einmal weiterhin so manche Achterbahn der Gefühle erleben. Vielleicht werden Sie sich auch die eine oder andere letzte emotionale Narbe abholen, um danach endgültig Heilung zu erfahren. Wie gesagt, viele Ihrer Liebeserfahrungen werden sich im Nachhinein als wichtig und sinnvoll herausstellen.

Unabhängig davon, wie sich die nächsten Jahre in Ihrem Wachstumsprozess im Einzelnen darstellen werden, es wartet etwas Unbeschreibliches auf Sie. Das Emporsteigen von purer Lebenslust und das Spüren, dass dabei gleichzeitig reine Liebe Ihr Herz überströmt, werden sicher einschneidende Momente sein. Ich bin der Überzeugung, dass dies das großartigste Erlebnis ist, das in einem menschlichen Dasein möglich ist. Allein die dabei aufkommende Gewissheit, nie mehr schweren seelischen Schaden nehmen zu müssen sowie beschützt zu sein – allein für dieses Gefühl lohnt es sich, sich auf den Weg zu machen. Wie gesagt:

....
Wer liebt, der leidet nicht!
....

Falls es Ihnen einmal schlecht gehen sollte, muss Ihnen dieser wichtige Merksatz unbedingt einfallen. Dann hatten Sie zuvor, anstatt zu lieben, nur Ihren Selbstwert bearbeitet. Sie haben in solchen Momenten nicht nur vergessen, dass *ALLES GUT IST*, sondern dass es auch glücklicher macht, zu lieben statt nur geliebt werden zu wollen (ganz davon abgesehen, dass es auch einfacher ist). Aber irgendwann werden Sie dennoch am Ziel sein. Dann wartet die „liebende Lebensphase" auf Sie, mit all ihren zauberhaften und wunderbaren Augenblicken.

Bis dahin möchte ich Ihnen allerdings auch nichts vormachen. Was nie verschwinden wird, sind kurze Momente des Zweifelns. Auch ich werde regelmäßig von Augenblicken heimgesucht, in denen ich mir meiner „inneren Göttlichkeit" wieder mehr bewusst werden muss. Wahrscheinlich werden solche kurzen Momente immer wieder aufflackern, unabhängig davon, ob Sie die „liebende Lebensphase" erreicht haben oder nicht. Schließlich sind wir bloß Menschen, mit alle unseren Schwächen und Fehlern.

> Vielleicht benötigen wir den Großteil unserer
> Lebenszeit, um unseren Glauben an uns SELBST
> unverrückbar festigen zu können.

Ebenso werden Ihre empathischen Fähigkeiten nicht verschwinden. Sie werden für diese Begabung in vielen Lebenssituationen unendlich dankbar sein. Sie werden Ihre Empathie aber auch manchmal verfluchen wollen. In den Momenten, in denen Sie einmal wieder die dunkle Fratze des Homo sapiens auf dem Präsentierteller serviert bekommen, werden Sie sich wünschen, am besten überhaupt nichts spüren zu müssen. Zudem werden Sie sich auch von einer Menschheit umzingelt fühlen, die zunehmend der Liebe den Rücken kehrt. Die Tragik dabei ist, dass Sie dies sehenden Auges zu ertragen haben. Ihr inneres WISSEN über die WAHRE LIEBE wird wohl immer irgendwie im Widerspruch zum Weltgeschehen stehen.

Damit bin ich mir sehr wohl bewusst, welch tapferes Leben Sie manchmal führen müssen. Halten Sie aber bitte durch. Kehren Sie Ihrem grandiosen Grundnaturell nicht den Rücken. Erinnern Sie sich in solchen Augenblicken daran, dass Sie einmal als ein reines, fast engelhaftes Wesen die Welt erblickten. Und vor allem verlieren Sie nicht die Nerven, wenn Sie wieder Ihr Spiegelbild vorgehalten bekommen. Manchmal kann es fast unerträglich sein, mit sich selbst konfrontiert zu werden.

Am Ziel aber angekommen, werden Sie eine tiefe Gewissheit haben, dass ein nahezu leidloses und glückliches Leben vor Ihnen liegt. Gleich-

Die liebende Phase

zeitig werden Sie zu diesem Zeitpunkt aber ein ganz anderes Leben hinter sich haben. Wissend zu sein und dennoch den Mut nicht zu verlieren, seinen persönlichen Wachstumsweg weiter zu verfolgen, das setzt schon fast eine kriegerische Mentalität voraus. Ich verneige mich daher zutiefst vor allen empathischen Menschen. Denn ich weiß, es braucht Tapferkeit, zumindest so lange, bis man die „liebende Lebensphase" erreicht hat. Damit steht, zumindest für mich, Ihre Bestimmung fest:

Sie wurden geboren, um ein Held der Liebe zu sein!

Sie haben also ein heroisches Leben zu führen. Also hören Sie auf zu jammern, wenn wieder etwas nicht in Ihrem Sinne läuft. Helden tun das nicht. Sie halten tapfer durch. Solange, bis sie den Siegerpokal, *WAHR LIEBEN* zu können, in Händen halten! Denn in allerletzter Konsequenz wissen Helden insgeheim immer:

Alles ist gut!

Im Übrigen stellen sich viele Menschen auf dem Sterbebett selten die Frage, ob sie eine schöne Immobilie, beruflichen Erfolg, gesellschaftliche Anerkennung, ein Luxusleben oder viel finanzielle Sicherheit in ihrem Leben hatten. Vielmehr stellen sie sich in dieser Stunde des endgültigen Abschieds, in der es unmöglich ist, irgendetwas wieder rückgängig zu machen, meist nur eine einzige Frage:

„Habe ich genug gelebt und geliebt?"

Die „Helden der Liebe" werden dieser finalen Lebensfrage sicher gelassen entgegensehen ...

Luca Rohleder
(www.HeldenderLiebe.com)

Exkurs: Quantenphilosophie

Um die Welt zu erklären, verfolgt heute die internationale Elite der intelligentesten und am besten ausgebildeten Physiker und Mathematiker derart abenteuerliche und phantastische Thesen, dass im Vergleich dazu so manche esoterische Spinnerei und so mancher spiritueller Aberglaube geradezu realistisch und bodenständig klingen.

Ich räume an dieser Stelle also ein, ein großer Anhänger der Quantenphilosophie zu sein. Das hat im Übrigen eine recht simple Ursache. Ich durfte in jungen Jahren einen technisch-naturwissenschaftlichen akademischen Abschluss machen. Auch wenn ich in meinem Lebenslauf unzählige Male Branche und Tätigkeit gewechselt habe und immer wieder völlig anders geartete Berufs- und Zusatzqualifikationen erworben habe (typisch für Hochsensible), so ist doch meine Affinität zur Physik (besonders Astrophysik) und der Mathematik nie ganz erloschen.

Ich bin kein Anhänger von Glaubensgemeinschaften und sonstigen spirituellen Vereinigungen. Dennoch ist unbestritten, dass man beispielsweise mit der Lehre des Christentums sicher nichts falsch machen kann. Diese ehrenwerte Philosophie der Leidüberwindung durch Glaube und Nächstenliebe ist sicher nicht weit entfernt von meinem in diesem Buch vorgestellten Lebenskonzept.

Zurück zur Physik: Ich werde Sie nicht mit endlosen und trockenen quantenphilosophischen Abhandlungen quälen. Das heißt, ich reiße nur sehr kurz einige Fachgebiete der Teilchenphysik bzw. der theoretischen Physik an und Sie entscheiden selbst, ob das für Sie faszinierend klingt und Sie sich in Zukunft vielleicht ein wenig mehr damit beschäftigen möchten.

Beginnen wir mit der Erklärung, warum die heutige Grundlagen- und Astrophysik vor einem Paradigmenwechsel steht. Derzeit herrscht ein großer Aufruhr bei den wissenschaftlichen Eliten. Es zeichnet sich gerade ab, dass alles, was wir über die Welt glaubten zu wissen, sich als Irrtum herausstellt. Die Bildungsarroganz der Wissenschaft, die vorgab, uns alles erklären zu können, ist vorbei. Akademische Kreise geben heute kleinmütig zu, dass wir vielleicht schon in naher Zukunft den Großteil unserer Lehrbücher in den Müll werfen können. Der Glaube an die Allmacht der Wissenschaft bröckelt. Sie hält den Stein der Weisen nicht mehr in der Hand. Eine erfrischende Bescheidenheit ist eingekehrt. Wir werden wahrscheinlich ganz von vorne anfangen müssen, um die Welt zu erklären. Dazu hat folgende Entdeckung maßgeblich beigetragen.

DUNKLE MATERIE UND DUNKLE ENERGIE

Bereits im Jahr 1933 stellte der Schweizer Physiker und Astronom *Fritz Zwicky (* 1898 – † 1974)* fest, dass ein großer Galaxienhaufen („Coma-Haufen") eine zu große Streuung in der Geschwindigkeit seiner Einzelgalaxien (circa 1 000 Galaxien) aufweist. Er konnte mathematisch nachweisen, dass dieses ganze Gebilde niemals zusammenhalten würde, wenn man die Gesetze der Zentrifugal- und Gravitationskraft anwendet.

Noch bis in die 1960er-Jahre wurde seine These, dass es eine andere Kraft geben müsse, die den „Coma-Haufen" zusammenhält, als wirre Spinnerei abgetan. Bis dahin ist man gemäß den Newton'schen Gesetzen einfach davon ausgegangen, dass auch die Planeten unseres Sonnensystems nur deshalb stabil in ihren Umlaufbahnen ihre Kreise ziehen können, weil die Gravitationskraft der Sonne (Anziehungskraft der Materie) identisch ist mit der nach außen wirkenden Zentrifugalkraft der Planeten aufgrund ihrer Bewegung in einem Kreis.

Dieses Prinzip ist vergleichbar mit dem Wurfhammer, den ein Hammerwerfer in seiner Hand um sich herum beschleunigt, bevor er loslässt. Die im Kreis bewegte Materie des Wurfhammers wirkt aufgrund der Zentrifugalkraft nach außen. Damit der Athlet nicht von dieser Kraft aus seinem Wurfkreis gerissen wird, muss er exakt mit der gleichen Kraft dagegenhalten wie der, mit der der Wurfhammer nach außen drängt. Erst wenn er loslässt, kann sich die Zentrifugalkraft frei entfalten – der Wurfhammer schießt in die Ferne. Wird also im Universum Materie im Kreis bewegt, was bei nahezu allen Himmelskörpern der Fall ist,

Quantenphilosophie

muss es immer eine Gegenkraft geben, die das Ganze in einem stabilen System zusammenhält. Die Annahme, dass diese Gegenkraft immer die Anziehungskraft eines Körpers bzw. Gebildes ist, wie beispielsweise ein schwarzes Loch in der Mitte einer Galaxie oder die Sonne als Zentrum eines Planetensystems, hat sich allerdings als schwerwiegender Irrtum erwiesen. Die Schwerkraft der Masse, die im Zentrum dazu nötig wäre, ist einfach nicht vorhanden.

Die Bedeutung dieser Erkenntnis hat gewaltige Auswirkungen auf alle bis dahin geltenden physikalischen Gesetze. Das Gespenstische an dieser Tatsache ist, dass es etwas Unbekanntes geben muss, das das Universum zusammenhält und beeinflusst. Man hat dieses nicht Greifbare und Unsichtbare erst einmal *DUNKLE MATERIE* und *DUNKLE ENERGIE* genannt (die Bezeichnung „dunkel" ist natürlich nicht gerade glücklich gewählt).

Mittlerweile weiß man, dass *Zwicky* recht hatte. Spätestens mit der Entdeckung und dem Nachweis von Gravitationslinieneffekten bestreitet heute niemand mehr, dass dieser *DUNKLE* Einfluss auf unser Universum tatsächlich existiert. Durch diesen Effekt wird auch das Licht in einem Gravitationsfeld abgelenkt. Wenn man daher bestimmte Galaxien beobachtet, entstehen gekrümmte Lichtstrahlen. Wenn man jedoch nach der Materie sucht, die mit ihrer Gravitationskraft (Anziehungskraft) dafür die Ursache sein muss, entdeckt man kaum sichtbare Materie. Das geheimnisvolle Medium in unserer Welt beeinflusst also auch das Licht.

Das absolut Phantastische ist jedoch, dass sich folgende Tatsache ergeben hat: Das Universum besteht aus circa zwei Dritteln *DUNKLER ENERGIE* und einem Viertel *DUNKLER MATERIE*. Der Umkehrschluss klingt noch abenteuerlicher: Nur fünf Prozent unserer Welt ist sichtbar. Und da Menschen, unsere Erde und überhaupt das ganze Leben unbestritten zur sichtbaren Materie zählen, sitzen wir natürlich auch mit im Boot.

Es wird aber noch abenteuerlicher: Die weltweite Elite der Wissenschaft hat bis heute keinen blassen Schimmer, aus was dieses unsichtbare Medium, das die Dinge im Universum bestimmt, bestehen könnte. Keiner weiß, ob es Teilchen, Felder, Energien oder sonst was sind. Man weiß nur eines – es ist da und macht den Löwenanteil von circa 95 Prozent allen Seins aus.

> Nur fünf Prozent unserer Welt sind von bekannter Natur.

Nur ein Schelm käme auf die Idee, dass diese anderen 95 Prozent, die ganze Sonnensysteme und Galaxien beeinflussen, nicht auch unser Leben beeinflussen könnten. Wäre dies der Fall, dann könnten wir auch alle psychologischen Lehrbücher in die Tonne hauen. Aber auch die moderne Gehirnforschung würde sich geradezu lächerlich machen. Sie würde sich mit einem Teil unseres Körpers beschäftigen, der so geringe Auswirkungen auf unser Leben hat, dass es nahezu absurd wäre, mögliche Forschungsergebnisse für realitätsnahe Annahmen zu halten.

Oder ist die dunkle Materie/Energie einfach nur ein alter Hut? Ist es nicht etwa das Thema, von dem die großen spirituellen Führer der Menschheitsgeschichte schon immer berichteten – nur eben in einer einfachen Bildersprache, die das jeweilige Zeitalter und den jeweiligen Wissensstand der Gesellschaft berücksichtigte?

Die Spitzenwissenschaft kann darüber keine Aussagen treffen und ich erst recht nicht. Eins steht jedoch fest:

> Wir sollten damit rechnen, dass die sichtbare Welt für den Verlauf unseres Lebens nahezu keine Rolle spielt.

Machen Sie sich selbst Ihre Gedanken. Vielleicht ist es zu gewagt oder sogar hochgradig fahrlässig, Querverbindungen zur Philosophie herzustellen. Wichtig ist nur eines: Wenn es um die Beschreibung unserer Welt geht, war die internationale Spitzenwissenschaft noch nie so ratlos wie heute. Das Ganze hat jedoch auch seine positiven Seiten. In nicht kommerzialisierten, das heißt unabhängigen, Wissenschaftskreisen ist man heute bereit, sich abenteuerlichen Thesen zu stellen: Vor wenigen Jahren hätte man noch üblen Spott für so manche Aussage von der akademischen Elite geerntet und die eine oder andere wissenschaftliche Karriere wäre beendet gewesen. Ein kleines Beispiel für die neuartige Demut der Wissenschaft ist die heute allgemein akzeptierte Suche nach der „Antiwelt".

ANTIMATERIE

Der stark vereinfachte Ansatz, um den Aufbau unserer sichtbaren Welt zu beschreiben, besteht darin, dass es unterschiedliche Atome gibt. Sie sind die Bausteine, aus denen alle festen, flüssigen oder gasförmigen Stoffe bestehen. Alle Materialeigenschaften dieser Stoffe sowie ihr Verhalten in chemischen Reaktionen werden durch die Eigenschaften und die räumliche Anordnung der Atome, aus denen sie aufgebaut sind, festgelegt. Jedes Atom gehört zu einem bestimmten Element (siehe Periodensystem) und bildet dessen kleinste Einheit. Zurzeit sind 118 Elemente bekannt, von denen etwa 90 auf der Erde natürlich vorkommen. Sie unterscheiden sich vor allem in ihrer Fähigkeit, mit anderen Atomen chemisch zu reagieren und sich zu Molekülen oder festen Körpern zu verbinden.

Alle Elemente sind durch den Urknall und die darauf folgenden Fusionsprozesse in den Sternen sowie die gewaltigen Explosionen im Weltall entstanden. Die uns heute bekannte sichtbare Welt, und natürlich auch der Mensch selbst, besteht infolgedessen aus Sternenstaub. Das heißt, der Urknall sowie alle anderen sich anschließenden Prozesse sind nichts anderes als ein Produktionsmechanismus, um Elemente entstehen zu lassen. Kurz nach dem Urknall gab es im Übrigen nur leichte Elemente, vor allem Wasserstoff und Helium. Schwerere Atome entstanden erst im Lauf von Jahrmillionen.

Die Atome selbst bestehen wiederum aus Elektronen (negativ geladen), Neutronen (neutral) und Protonen (positiv geladen). Kommen wir zur Frage: „Was ist nun Antimaterie?"

Die Wissenschaft kann sie schon heute synthetisch herstellen. Dabei werden die Vorzeichen der Ladungen einfach negiert, das heißt, die

Elektronen sind positiv geladen und die Protonen negativ. Es entsteht praktisch ein Atomzwilling, der sich nur durch sein negatives Vorzeichen unterscheidet. Treffen eine solche Materie (positiv) und Antimaterie (negativ) zusammen, löst sie sich praktisch „in Luft auf". Es entsteht lediglich ein Lichtbogen und das war es.

Die Astrophysik rechnet heute ernsthaft mit der Möglichkeit, dass Regionen im Weltall oder andere Dimensionen existieren, in denen eine Antiwelt vorzufinden ist. Also eine Welt, die mit unserer bekannten Welt vergleichbar ist – nur eben mit einem negativen Vorzeichen.

Wie ernst man davon überzeugt ist, zeigt eines der größten Forschungsbudgets bei der internationalen Raumstation ISS: Es ist das *ALPHA MAGNETIC SPECTROMETER (AMS)*, das im Mai 2011 auf der ISS angebracht wurde und seitdem kontinuierlich Daten sammelt.

Dieses Mammutprojekt ist sozusagen eine der Rechtfertigungen, warum Milliarden von Steuergeldern für dieses internationale Weltraumprojekt notwendig sind. Es ist das größte Forschungsgerät aller Zeiten im All. Neben der Erforschung der Dunklen Materie wird in der Hauptsache nach der *ANTIWELT* gefahndet.

Um das recht einfach zu bewerkstelligen, sucht das *AMS* in der Hauptsache nach Anti-Helium. Warum ausgerechnet Helium, werden Sie sich fragen. Die Antwort ist recht plausibel: Anti-Helium kann nicht synthetisch hergestellt werden. Helium kann nur aufgrund von Fusionsprozessen in Sonnen entstehen. Das bedeutet, weist das *AMS* auf der ISS nur ein einziges Anti-Helium-Atom nach, wäre dies der Beweis, dass Anti-Sonnen und damit auch Anti-Welten tatsächlich existieren.

Und wie gesagt, dies ist eines der maßgeblichen Forschungsprojekte auf der ISS. Sie sehen, die Wissenschaft nähert sich immer mehr Thesen an, die auch aus einem Science-Fiction-Roman stammen könnten. Es wird aber noch phantastischer.

Antimaterie ist nichts anderes als unsere bekannte Materie, nur eben mit einem negativen Vorzeichen. Alle kennen die weltberühmte Formel von Einstein $e = mc^2$, wonach Energie gleich Materie multipliziert mit der Lichtgeschwindigkeit im Quadrat ist. Geschwindigkeit enthält die Funktion der Zeit. Setzt man nun in diese Formel eine solche Materie ein, die mit einem negativen Vorzeichen versehen ist (wie unsere Antimaterie) und löst das Ganze nach der Zeit auf, ergibt sich eine negative Zeit.

> Falls es eine *ANTIWELT* gibt, gibt es eine Welt,
> in der die Zeit rückwärts läuft.

Spätestens jetzt müsste bei Ihnen allmählich eine Gänsehaut entstehen. Und ich möchte betonen, dass das keine esoterische Spinnerei ist. Die ISS mit ihrem gigantischen Antimaterie-Forschungsprojekt ist Realität. Sie zieht beständig über unseren Köpfen im Weltraum ihre Bahnen. Und das *AMS* existiert nur deshalb, weil die Elite der Astrophysik und Grundlagenphysik heute mit allem rechnet.

Noch einmal zur Wiederholung: Wenn Materie auf Antimaterie trifft, löst sie sich unter der Abgabe eines intensiven weißen Lichtbogens auf. Es gibt Philosophen, die dieses Phänomen mit der Beschreibung von Menschen in Verbindung bringen, die eine Nahtoderfahrung erlebt haben. Dabei berichten sie wiederholt von einem hellen Licht.

Ist dieses helle Licht kurz nach unserem Tod vielleicht nichts anderes als ein Lichtbogen, weil zwei Welten mit unterschiedlichen Vorzeichen gerade in Kontakt kamen. Die eine Welt mit der bekannten Zeit und die andere mit der rückläufigen? Wer weiß. Sicher sind dazu viele weitere Überlegungen und unterschiedliche Philosophien denkbar.

Werden Sie sich bewusst, dass in Sachen Weltanschauung, also wie unser Dasein aufgebaut ist, keine Grenzen mehr gesetzt sind. Erst diese neue Offenheit für atemberaubende Theorien hat bei der Wissenschaft zum Vorschein kommen lassen, dass wir fast zwei Jahrhunderte (seit dem Beginn der modernen Wissenschaft) einem dekadenten und arroganten Irrtum unterlegen sind. Der menschliche Traum, unser Dasein vollständig vermessen, verstehen und kontrollieren zu können, ist mehr oder weniger endgültig geplatzt. Einige weitsichtige und unabhängige

Wissenschaftler hegen schon heute den Verdacht, dass wir wahrscheinlich niemals die Grundprinzipien unseres Lebens herausfinden werden. Dies zeigt auch ein weltberühmtes Experiment, das ich nun im Folgenden kurz anreiße.

DOPPELSPALT-EXPERIMENT

Ich werde weiterhin mit meinen eigenen Worten versuchen, Ihnen einige Aspekte der Quantenphysik näherzubringen. Gleichzeitig bitte ich um Nachsicht bei denjenigen Lesern, die zu den ausgewiesenen Experten der Physik und Mathematik zählen. Sicher könnte einiges präziser und vollständiger erklärt werden. Aber wie gesagt, ich möchte hier kein Seminar für Physik abhalten, sondern lediglich einige Leserinnen und Leser inspirieren.

1802 führte der englische Physiker und Augenarzt *Thomas Young (* 1773 – † 1829)* das sogenannte *DOPPELSPALT-EXPERIMENT* erstmals durch, um die Wellennatur des Lichtes zu beweisen. 1961 wurde dieses Experiment mit Elektronen durch den deutschen Physiker *Claus Jönsson (* 1930)* durchgeführt und gelingt inzwischen auch mit Atomen und Molekülen.

Grundsätzlich geht es um die Frage, was Teilchen (Quanten), Atome oder Moleküle machen, wenn ihr Verhalten vom Menschen beobachtet bzw. gemessen wird. Dabei werden Quantenteilchen (zum Beispiel ein Lichtteilchen) auf eine Platte mit zwei Schlitzen geschossen.

Erstaunlicherweise zeigt sich, dass das Teilchen durch beide Schlitze gleichzeitig dringt und sich dahinter wellenartig mit sich selbst überlagert. Dadurch entsteht hinter den Schlitzen ein Wellenmuster, das sich nur durch die Annahme erklären lässt, dass das Teilchen zwei verschiedene Wege *GLEICHZEITIG* zurückgelegt hat. Das klingt natürlich seltsam, ist bis heute eine der wichtigsten Fragen der Grundlagenphysik und hat schon die besten Wissenschaftler der Welt sehr verwirrt.

Sobald man den Weg des Lichts allerdings verfolgt, legt das Teilchen nicht mehr beide Wege gleichzeitig zurück, sondern jedes Mal nur noch einen der beiden möglichen. Das Wellenmuster, das durch Überlagerung von zwei gleichzeitig zurückgelegten Wegen entstanden ist, verschwindet. Es wird aber noch seltsamer.

Die Entscheidung des Beobachters, welcher der beiden möglichen Wege des Teilchens er messen möchte, beeinflusst den Ausgang des Experiments drastisch.

Gibt es demnach eine geheimnisvolle Bewusstseinskraft des Menschen, die Teilchen, Atome und sogar Moleküle dazu zwingt, einen bestimmten Weg zu wählen? Diese Frage klingt unglaublich und müsste jedem wissenschaftlich Interessierten eine Gänsehaut über den Rücken laufen lassen.

Nimmt der Beobachter Einfluss auf die Beobachtung?

Ist unser Denken, unser Bewusstsein am Ende auf geheimnisvolle Weise mit den Quantenteilchen verbunden? Viele seltsame, oft recht esoterische Gedanken wurden in diesem Zusammenhang niedergeschrieben.

Der Schlüssel zum Verständnis dieses Phänomens ist ein ganz simpler Gedanke: Quantenphysikalische Phänomene sind nur in kleinen Systemen sichtbar – etwa bei einzelnen Teilchen. Eine genauere Beobachtung, eine präzise Messung bringt das Quantensystem ganz zwangsläufig in Kontakt mit etwas Großem – mit einem Messgerät, mit einem Beobachter. Das Teilchen und das Messgerät bilden zusammen ein System, das viel zu groß ist, um quantenphysikalische Eigenschaften sichtbar werden zu lassen. Daher dürfen wir uns auch nicht wundern, wenn es mit den Quanteneigenschaften vorbei ist, sobald wir genau nachsehen wollen. Wir und unsere Messgeräte sind schlichtweg zu groß, um feinstoffliche Vorgänge messen zu können. Das betrifft nicht nur das *DOPPELSPALT-EXPERIMENT*, sondern alle Quantenüberlagerungen.

Ein Atom kann gleichzeitig noch vollständig vorhanden und ganz zerfallen sein. Aber wenn man es misst, legt man seinen Zustand dadurch selbst fest und bekommt ein entsprechendes Messergebnis. Wenn man also im Experiment eine Möglichkeit einbaut, den Quantenzustand genau zu ermitteln, dann koppelt man das Teilchen damit an die Außenwelt. Das heißt, da wir selbst aus Quanten, Atomen und Molekülen bestehen, vermessen Quanten praktisch Quanten. Atome beobachten Atome und Moleküle werden von Molekülen beeinflusst. Um dieses Problem zu lösen, müssten wir einen Stand-/Messpunkt außerhalb unserer Welt einnehmen. Da dies nicht möglich ist, bleibt nur eine bestimmte Schlussfolgerung:

> Gewisse Vorgänge sind definitiv nicht mehr messbar.

Wenn wir also davon ausgehen, dass es eine *UNSICHTBARE WELT* gibt, über die alle Menschen verbunden sind, dann werden wir diese *NIEMALS* nachweisen können. Wir werden nie imstande sein, sie messen zu können. Wenn Sie also für die Erklärung der *UNSICHTBAREN WELT* auf die Wissenschaft setzen, dann werden Sie wohl vergeblich hoffen. Dieses Thema betrifft im Übrigen auch *CERN*.

DAS GOTTESTEILCHEN

„Das *CERN*, die Europäische Organisation für Kernforschung, ist eine Großforschungseinrichtung bei Meyrin im Kanton Genf in der Schweiz. Derzeit hat das *CERN* 22 Mitgliedstaaten. Mit über 3 000 Mitarbeitern ist es das weltweit größte Forschungszentrum auf dem Gebiet der Teilchenphysik" (Quelle: *Wikipedia*). Dort wurde auch das sogenannte Gottesteilchen „nachgewiesen".

Dieses Teilchen heißt eigentlich „Higgs-Boson" oder „Higgs-Teilchen" und ist nach dem britischen Physiker *Peter Higgs (* 1929)* benannt. Er sagte die Existenz eines solchen Teilchens vor vielen Jahren vorher und erhielt dafür im Nachgang im Jahr 2013 den Nobelpreis der Physik. Dieses Teilchen soll dafür verantwortlich sein, dass aus einem unsichtbaren Feld handfeste Materie entsteht. Das heißt, es wird angenommen, dass alles, was ist, bereits in einer *UNSICHTBAREN WELT* 1:1 existiert und durch bestimmte Teilchen praktisch nur noch sichtbar gemacht wird (durch Gottes Hand – „Gottesteilchen").

Unabhängig davon wird jedoch von den Wissenschaftlern verschwiegen, dass das Nachweisen von solchen Teilchen durch direktes Messen nicht mehr möglich ist (siehe: *DOPPELSPALT-EXPERIMENT*). Vielmehr ist man darauf angewiesen, andere Phänomene zu messen, um dann Rückschlüsse ziehen zu können, ob ein solches Teilchen entstanden ist oder nicht. Ganz zu schweigen davon, dass dabei nur Wahrscheinlichkeiten angegeben werden können.

....
Unterhalb einer bestimmten Größenordnung von Teilchen können nur Wahrscheinlichkeiten über ihre Existenz angegeben werden.
....

Bilden Sie sich selbst eine Meinung. Sind wir vielleicht an eine natürlich vorgegebene wissenschaftliche Grenze gestoßen? Sollten wir uns bei der Erklärung der Welt tatsächlich auf die Statistik, auf errechnete Wahrscheinlichkeiten, verlassen? Ist das tatsächlich ein seriöses und wissenschaftliches Arbeiten, uns etwas als Wahrheit zu verkaufen, was eigentlich nur durch die Auflösung von mathematischen Gleichungen entstanden ist? Etwas, das wir nicht mehr verstehen und schon überhaupt nicht mehr messen können?

Wäre es denkbar, dass die Suche nach immer kleineren Teilchen nie aufhören wird? Immer, wenn wir glauben, wir haben das kleinste entdeckt, stellen wir fest, dass eine noch kleinere Welt existiert? Ist das alles nicht nur eine Art Beschäftigungstherapie für Hochbegabte auf der Sinnsuche? Dazu mehr vom deutscher Physiker und Nobelpreisträger *Werner Heisenberg.*

DIE HEISENBERG'SCHE UNSCHÄRFERELATION

Die *HEISENBERG'SCHE UNSCHÄRFERELATION* besteht in der Aussage der Quantenphysik, dass zwei komplementäre Eigenschaften eines Teilchens nicht gleichzeitig beliebig genau bestimmbar sind. Sie ist nicht die Folge von technisch behebbaren Unzulänglichkeiten eines entsprechenden Messinstrumentes, sondern prinzipieller Natur. Sie wurde 1927 von *Werner Heisenberg (* 1901 – † 1976)* im Rahmen der Quan-

Luca Rohleder

tenmechanik formuliert. Die Heisenberg'sche Unschärferelation kann als Ausdruck des Wellencharakters der Materie betrachtet werden.

Zur Wiederholung: Die Elektronen, Neutronen und Protonen der Atome bestehen aus kleineren Teilchen (Quanten) und diese bestehen wiederum aus noch kleineren Teilchen. Diesen Aufbau kann man sich recht hübsch vor Augen führen anhand einer Matrjoschka-Puppe (oder Babuschka-Puppe). Dieses Spielzeug stellt eine aus Holz gefertigte bäuerliche Frau dar, in deren Inneren sich immer kleinere, ineinander verschachtelbare Puppen verbergen. Öffnet man eine, erscheint eine weitere kleinere Puppe. Darin ist wiederum eine noch kleinere Puppe versteckt usw.

Das Unglaubliche an *Heisenbergs* Erkenntnissen ist, dass es unmöglich ist, genau zu wissen, wo sich diese Teilchen gerade befinden. Die Unschärferelation ist also eine quantentheoretische Version des Sichverirrens: „Entweder weiß man, wo man ist, aber nicht, wohin man geht, oder man weiß, wohin man geht, aber nicht, wo man ist" *(Peter Atkins: „Galileos Finger").*

In der Summe lassen sich wieder nur Wahrscheinlichkeitsaussagen treffen. Aber damit nicht genug: Solange die Auswirkung auf das Teilchen nicht beobachtet wird, scheinen alle nur möglichen Auswirkungen verwirklicht zu sein. „Teilchen können sich zum Beispiel an zwei Orten gleichzeitig befinden!" *(Heinrich Päs: „Die perfekte Welle")* Erst die Messung weist ihnen schließlich einen genauen Ort zu.

Es stellt sich die Frage: „Was machen die Teilchen, wenn man sie nicht beobachtet?" Auf diese Frage habe ich in der Grundlagenphysik leider bis heute noch keine befriedigende Antwort gefunden.

Unabhängig dazu stellt sich die gleiche Frage wie im Kapitel „Doppelspalt-Experiment". Unterschreitet die Wissenschaft eine bestimmte Größenordnung, um bestimmte Teilchen zu untersuchen, ist eine konkrete Beobachtung nicht mehr möglich. Es können lediglich statistische Ergebnisse berechnet werden. Und versteht das noch jemand, insbesondere unsere wissenschaftliche Elite?

Aber auch dazu gibt es Einsichten auf Seiten der Wissenschaft. Bei der folgenden Theorie zur Erklärung der UNSICHTBAREN WELT gibt sie fairerweise zu, dass sie vollständig darauf verzichtet, irgendetwas verstehen zu wollen.

STRINGTHEORIE

Die STRINGTHEORIE ist ein wissenschaftlicher Versuch, eine alles erklärende Weltformel zu erhalten. Derzeit ist sie für dieses ehrenwerte Ziel der Grundlagenphysik die aussichtsreichste These. Seit den 1990er-Jahren gilt der US-amerikanische Mathematiker und Physiker *Edward Witten (* 1951)* als der Experte schlechthin für die STRINGTHEORIE. Er wird unter Fachkreisen als der neue *Albert Einstein* gefeiert.

Im Gegensatz zum Standardmodell der Teilchenphysik sind bei der STRINGTHEORIE die fundamentalen Bausteine, aus denen sich unsere Welt zusammensetzt, keine Teilchen mehr, sondern vibrierende eindimensionale Objekte. Diese eindimensionalen Objekte werden Strings (Saiten) genannt. Elementarteilchen (Quanten) kann man sich dann als Schwingungsanregung der Strings vorstellen, wobei die Frequenz nach der Quantenmechanik einer Energie entspricht.

Grundsätzlich kann diese Theorie nicht mehr intellektuell verstanden werden. Diese These basiert auf der simplen Tatsache, dass bestimmte mathematische Gleichungen konsequent gelöst sowie deren Ergebnisse einfach akzeptiert werden. Die Lösungen werden praktisch von Rechenmaschinen vorgegeben und allgemein anerkannt. Im festen Glauben daran, dass zumindest der Computer sie versteht. Die mathematischen Gleichungen ergeben ein Universum, das aus mehreren Dimensionen besteht. Wie viele es sind, darüber ist sich die Wissenschaft allerdings uneins, da es verschiedene mathematische Ansätze gibt.

Manche „theoretische Physiker" vertreten sogar die Ansicht, dass die DUNKLE ENERGIE und MATERIE nichts anderes ist als der Einfluss einer anderen Dimension, die auf unsere Welt wirkt bzw. unsere Sonnensysteme und Galaxien zusammenhält. Aber auch die

ANTIWELT, bestehend aus Antimaterie, könnte eine Welt sein, die in anderen Dimensionen stattfindet.

Jedoch bietet die Schlussfolgerung, dass unsere Welt lediglich aus Strings besteht, wieder viele abenteuerliche quantenphilosophische Interpretationen. Die *STRINGTHEORIE* sagt in letzter Konsequenz aus, dass alles, was ist, aus einem Meer von eindimensionalen Objekten besteht. Manche Stringhaufen sind oder werden sichtbar, sodass wir sie in Form von Materie oder Energie als unsere sichtbare Welt erkennen (vergleichbar mit dem „Gottesteilchen"). Während alle anderen Strings zwar immer noch da sind, jedoch lediglich für uns unsichtbar bleiben.

Man könnte auch sagen, dass die *STRINGS* wie Legobausteine sind, die je nach Bedarf eine Form annehmen oder nicht. Damit wäre unser Leben nichts anderes als ein Hologramm. Also eine Illusion von sichtbarer Materie, während alles andere ebenso da ist, uns allerdings verborgen bleibt. *STRINGS* wären damit eine Art Programmierwerkzeug (für wen auch immer), um eine scheinbare Realität zu erschaffen.

Denkt man diese Sätze konsequent zu Ende, dann wäre das Leben lediglich ein Computerspiel und die Programmiersprache würde nicht aus einem binären Code aus Nullen und Einsen bestehen, wie dies in unserer bekannten digitalen Welt der Fall ist, sondern aus *STRINGS*.

Ich möchte weiter meinen Phantasien freien Lauf lassen. Wenn das Leben tatsächlich mit einem Computerspiel vergleichbar wäre, dann wäre Gott lediglich der Erfinder dieses „Spiels des Lebens"– sozusagen der Chefprogrammierer – und alles Sein wären nur untergeordnete Programme (siehe: *„Matrix-Trilogie", Lana Wachowski, Lilly Wachowski, 1999)*.

Computerspiele werden erfunden, damit User spielen können. Vielleicht haben die großen Religionen den Begriff der Seele erfunden, weil sie bereits ahnten, dass die Seele nichts anderes ist als der Mensch selbst, der (in einer anderen Dimension) am Rechner sein eigenes Leben spielt.

In religiösen Schriften bezeichnete man die Seele oft als „Funke Gottes", was so viel bedeutet wie, dass die Seele ein Teil Gottes ist. Quantenphilosophisch würde damit die Seele ein PC-Spiel nutzen, das von Gott erfunden bzw. programmiert wurde. Damit wäre sie automatisch ein Teil von ihm. Ein User, der am PC „Gottes Spiel" spielt.

> Vielleicht sitzen Sie selbst in einer anderen Dimension an einem Rechner und spielen Ihr eigenes Leben?

Diese Seele habe ich eingangs als *HÖHERES-ICH* oder das *SELBST* bezeichnet. Das heißt, dass das HI lediglich ein Spiel spielt, dessen Spielregeln beispielsweise „Naturgesetze" heißen. Oder eine andere Spielregel würde lauten, dass Sie Ihr Leben bestimmen, Sie aber nicht bemerken dürfen, dass Sie es *SELBST* sind, der dies tut.

Aber was wäre, wenn Sie Ihr eigenes Spiel nicht mitspielen würden? Stellen Sie sich vor, Sie sitzen auf der Erde am Rechner und spielen irgendein PC-Spiel. Was würden Sie sagen, wenn Ihr Avatar auf Ihrem Bildschirm bemerken würde, dass er nur Bestandteil eines Spielprogramms ist, bei dem Sie den Joysticks in den Händen halten? Und dann käme Ihr Avatar noch auf die Idee, nicht mehr das zu tun, was Sie ihm mit der Steuerung in Ihren Händen anordnen. Wenn das passieren würde, wie würde es Ihnen ergehen? Ich verspreche Ihnen, wenn Ihr Spieler sowieso macht, was er will, würden Sie den Spaß am Spielen verlieren. Sie würden das Computerspiel entweder beenden, weil Sie vermuten, irgendetwas könnte defekt sein oder Sie würden zumindest diesen rebellischen Avatar „aus dem Spiel nehmen" („Avatar-Burnout").

Nach dieser etwas märchenhaften Theorie würde das „Spiel des Lebens" nur daraus bestehen, dem Sinn eines Spieles zu folgen. Und Sie hätten schlicht die Aufgabe zu gewinnen, schließlich geht es in jedem Spiel der Welt genau darum.

Das einzige Instrument, das Ihr User (also Sie *SELBST*) zur Verfügung hat, um das Spiel zu gewinnen, wäre nicht, Ihnen direkt zu sagen, was Sie zu tun oder zu unterlassen haben, sondern es wäre lediglich erlaubt (Spielregel), Ihnen das Ganze nur indirekt mitteilen zu dürfen.

Das heißt, Ihr User kann nur Türen öffnen oder verschließen. Donnern Sie an eine verschlossene Tür, werden Sie mit Leid bestraft.

Schreiten Sie mutig durch eine offene, werden Sie mit Glücksgefühlen belohnt.

> Vielleicht besteht unser Leben nur aus der Spielregel, geschlossene Türen zu akzeptieren und offene zu nutzen.

Damit wäre das Leben nichts weiter als ein höheres Erziehungsprogramm für das Erlernen von Einsicht und Mut (und einem geschickten Ausweichen von Leid).

Ich selbst habe mich viel zu viele Jahre durch Religionslehren, Philosophien, wissenschaftliche Disziplinen und vieles mehr gequält. Ich wollte unbedingt das Leben verstehen, um es im Anschluss kontrollieren zu können.

Erst, als ich einsichtig wurde, dass das Leben nicht kontrollierbar ist, habe ich die Lebensfreude erfahren, die ich viele Jahre vermisst hatte. Mittlerweile bin ich zur Überzeugung gelangt, dass der einzige Sinn im Leben darin besteht, so viel Lebenslust zu erfahren, dass die Frage nach dem Sinn obsolet wird.

> Der Sinn des Lebens ist, diese Frage nicht stellen zu müssen.

Damit sind wir am Ende unseres kurzen philosophischen Ausflugs. Vermutlich stecken wir tatsächlich in einer Art Computerspiel. Ich weiß es nicht. Fakt ist, ich empfehle Ihnen, sich eine Lebensphilosophie zuzulegen. Falls Sie keine spirituellen Überzeugungen haben bzw. an nichts „glauben" können, hoffe ich, dass ich Sie ein wenig inspirieren konnte.

Ich gebe sehr ungern Leseempfehlungen, da es niemals Bücher geben kann, bei denen man dem Inhalt zu hundert Prozent zustimmt. Dies wird Ihnen in diesem vorliegenden Werk sicher nicht anders ergehen. Dennoch möchte ich Sie natürlich auch nicht im Stich lassen, schließlich waren meine bisherigen Ausführungen nur wenige Happen, um Ihren Appetit anzuregen.

Also, wer keine eigene Glaubensphilosophie bezüglich der UN-SICHTBAREN WELT finden kann, den Zugang zu religiösen Aspekten ablehnt oder ganz einfach irgendwie in der Luft hängt, der kann sich das eine oder andere nachfolgend aufgeführte Werk zu Gemüte führen.

- Lüst, Dieter: „Quantenfische"

- Vaas, Rüdiger: „Vom Gottesteilchen zur Weltformel"

- Pauldrach, Adalbert: „Das Dunkle Universum"

- Gribbin, John: „Schrödingers Kätzchen und die Suche nach der Wirklichkeit"

- Warnke, Ulrich: „Quantenphilosophie und Interwelt"

- Carl Friedrich von Weizsäcker: alle philosophischen Aufsätze und Publikationen

Zum Schluss möchte ich noch einmal an die „Dunkle Energie/Materie" erinnern, wonach 95 Prozent der Welt tatsächlich von nicht bekannter Natur ist. Wenn wir in ehrwürdiger mathematischer Manier die restlichen fünf Prozent wegen Geringfügigkeit vernachlässigen, dann bleibt nur eines übrig:

Das Einzige, was heute „wissenschaftlich bewiesen" ist, ist, dass *WIR NICHTS WISSEN.*

Denken Sie daran, wenn Sie einmal wieder „neuesten wissenschaftlichen Erkenntnissen" auf den Leim gehen. Wie schon *Jakob Johann Baron von Uexküll* treffend formulierte: „Die Wissenschaft von heute ist der Irrtum von morgen." Und das Einzige, was Ihnen Sicherheit geben kann, ist Ihr Glaube. Er beginnt an der Stelle, wo das Wissen aufhört. Dabei ist es unerheblich, an was oder an wen Sie glauben. Wichtig ist nur, dass Sie dies überhaupt tun.

Geben Sie nicht Lebensbereiche an die Wissenschaft ab, die allein in Ihrer Verantwortung liegen. Dies ist meiner Ansicht nach eines der wichtigsten Naturgesetze (Spielregel), die es gibt. Der Grund, warum bestimmte Menschen oft besser als andere mit ihrem Leben zurechtkommen, ist meiner Meinung nach ihr fester Glaube an sich *SELBST*, an Gott oder an sonst wen. Denn:

„Der Glaube kann Berge versetzen!"

dielus edition
Bücher für ein besseres Leben

Dieter L. Schmich
Jobsuche mit 45plus
Im besten Alter gelten andere
Bewerbungsregeln
ISBN 978-3-9815711-3-4

Uma Ulrike Reichelt
Schnell und sicher ins Burnout
5 Glücksgesetze, die Sie missachten müssen,
um schnell alt, krank und unglücklich zu werden
ISBN 978-3-9818928-4-0

Michaela Schubert
Essstörungen - Was ist das?
Das ABC der Magersucht,
Ess-Brech-Sucht und Essanfallstörung
ISBN 978-3-9818928-2-6

dielus edition
Bücher für ein besseres Leben

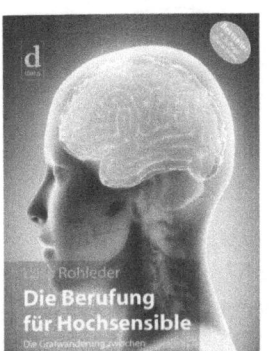

Luca Rohleder
Die Berufung für Hochsensible
Die Gratwanderung zwischen
Genialität und Zusammenbruch
ISBN 978-3-9815711-4-1

Luca Rohleder
Jobsuche in schwierigen Fällen
Mit Bewerbungen im verdeckten Stellenmarkt
Handicaps erfolgreich kompensieren
ISBN 978-3-9818928-0-2

Sandra Tissot
Hochsensibilität und die berufliche Selbstständigkeit
Wie sich ein Sensibelchen selbstständig machte und
seine Lösung für das hochsensible Berufsleben fand
ISBN 978-3-9817975-6-5

Leila Christiane Jäger, Anette Koestner

Sprich mit deinem ungeborenen Kind
Mit Meditationstechniken erfahren,
wie es dem Baby geht und was es möchte
ISBN 978-3-9817975-2-7

Silvia Christine Strauch

Meine Hochsensibilität positiv gelebt
Persönliche Einsichten aus
einem langen, bewegten Leben
ISBN 978-3-9817975-0-3

Monika Richrath

EFT Klopftechnik für Hochsensible
Wie Sie in nur 2–5 Minuten mehr
Lebensfreude herbeiklopfen können
ISBN 978-3-9817975-4-1